KB263942

직원이
행복한 회사

K-GREAT WORK PLACE

직원이 행복한 회사

초판 1쇄 발행 2015년 4월 7일

지 은 이 가재산
발 행 인 권선복
편집주간 김정웅
기록정리 조정아
디 자 인 최새롬
마 케 팅 정희철
전 자 책 신미경
발 행 처 행복에너지
출판등록 제315-2011-000035호
주　　소 (157-010) 서울특별시 강서구 화곡로 232
전　　화 0505-613-6133
팩　　스 0303-0799-1560
홈페이지 www.happybook.or.kr
이 메 일 ksbdata@daum.net

값 18,000원
ISBN 979-11-5602-089-9　13320

Copyright ⓒ 가재산, 2015

행복에너지는 독자 여러분의 아이디어와 원고 투고를 기다립니다. 책으로 만들기를 원하는 콘텐츠가 있으신 분은 이메일이나 홈페이지를 통해 간단한 기획서와 기획의도, 연락처 등을 보내주십시오. 행복에너지의 문은 언제나 활짝 열려 있습니다.

한국형 인사조직 연구회가 발굴한
韓國型 GWP(일하기 좋은 기업) 사례

직원이 행복한 회사

대표 저자 **가재산**

도서출판 행복에너지

『직원이 행복한 회사』 사례집 발간에 부쳐

·
·

필자는 7년 전에 일본에서 '직원들의 유토피아 경영'으로 유명한 야마다山田昭男 미라이공업 사장을 초청하여 인간존중의 경영 현장사례를 직접 들어볼 수 있는 세미나를 코엑스에서 개최한 일이 있었다. 우리나라에서는 거의 없었던 사례발표라 500여 명이 참석하여 대성황을 이루었다.

그 당시 참석자들은 물론 함께했던 경영학 교수님들까지도 입을 모아 그러한 경영방식은 "선진국 일본이니까 충분히 가능한 사례일 것이다.", "과거 연극배우였던 야마다 사장이니까 저렇게 파격적이고 혁신적인 인사방식이 가능했을 것이다."라고 말했다.

그런데 필자가 주축이 되어 3년전 시작한『한국형 인사조직 연구회』가 우리나라 실정에 맞는 인사제도를 연구하는 과정에서 우리나라에도 미라이 공업처럼 '직원중심의 경영, 직원이 행복한 회사'가 상당히 많다는 사실에 깜짝 놀라지 않을 수가 없었다.

'우문현답'이라는 말이 있다. 즉 우리의 문제는 현장에 해답이 있다는 것인데, 한국형 인사조직 연구회가 연구 방향을 잡기 위해 시작한 현장 방문을 통한 '직원이 행복한 회사 사례연구'는 이러한 의미에서 큰 성과를 거두었다고 확신할 수 있다.

더구나 우리기업들은 해방 이후 50여 년 동안 일본식 인사조직을 운영하다가 IMF 이후 미국식 성과주의를 도입한 지 20여 년에 이르고 있다. 기업의 경쟁력을 갖추게 되는 등 밝은 빛도 있었지만 세월호 사고나 땅콩 사건에서 드러나듯 성과주의나 승자독식의 폐해 등 그림자도 곳곳에 도사리고 있다. 이러다 보니 성과주의 인사제도에 대한 문제점과 비판 역시 들불처럼 일어나고 있는 것도 사실이다.

이러한 시점에서 국산 토박이 회사들도 직원이 행복한 회사, 인간 존중을 몸소 실천하는 회사 20개를 발굴하여 정리한 보고서 내용 중에서 대표적인 9개 회사를 출판하게 된 것은 큰 의미가 있다고 하겠다.

특히 사례집에 들어가 있는 미국의 GWPGreat work place 1·2위 기업인 구글과 SAS, 일본의 미라이 공업, 요즘 화두가 되고 있는 싸이보즈 사례와 비교하더라도 전혀 손색이 없는 우리 기업들의 사례에 자랑스러움과 뿌듯함을 느끼고 있다는 것을 필자는 꼭 밝히고 싶다.

기업은 주주, 직원, 고객으로 이루어진다고 볼 수 있다. 그렇다면 이들 중 기업은 누구를 최우선 순위에 두어야 옳은 것일까? 두뇌(창의)와 열정이나 감성같은 마음의 능력이 크게 요구되는 경영 환경에서 앞으로는 '직원'에게 최우선 순위를 두는 기업이 가장 이상적인 기업

이라고 볼 수 있을 것이다.

그 이유는 직원이 행복해야 고객을 행복하게 할 수 있고, 고객이 행복해야 이익이 많이 남아 주주를 행복하게 해줄 수 있기 때문이다. 직원이 행복하면 고객, 주주 모두 행복할 수 있으니 직원을 행복하게 하는 것이 최우선 과제라는 것은 자명한 이치가 되었다. 그래서 훌륭한 일터 만들기 GWP가 크게 대두되고, '사람이 중심이 되는 인본주의 경영', '위대한 기업을 넘어 사랑받는 기업'이 요즘 화두로 등장하고 있는 것 같다.

미국 캔자스주립대 경영학과 토마스 라이트 박사 팀은 근로자의 정신적 웰빙과 직업 만족도가 회사의 실적에 미치는 영향을 조사한 결과, 행복하다고 느끼는 근로자가 있는 직장은 생산성이 10~25% 정도 높은 것으로 나타났다고 밝혔다. 이는 직원 행복이 결국 회사의 성공 또는 실패에 큰 영향을 미치는 것을 말해주는 것이다.

또한 미국 GWP에서 발표한 자료들에 따르면 행복한 일터가 구현되면 구성원들의 이직률이 급격하게 낮아지고 직무몰입을 통하여 기업의 생산성과 수익률이 제고되며 궁극적으로 고객만족을 달성할 수 있다고 한다. 즉 일하기 좋은 기업 Top 10 기업의 평균 이직률은 2%

로 포춘 500대 기업들보다 2.99배의 높은 성과창출을 이룬다고 한다. 이제 일만 열심히 하는 단순한 직장職場이 아니라 'Dream(꿈터), Happiness(행복터), Fun(놀이터)'가 되어야 한다는 의미일 것이다.

한 연구기관에 의하면 우리나라는 내년에 '3050'클럽에 가입하는 세계 일곱 번째 국가가 된다고 발표하였다. 즉 국민소득 3만 불에 인구 5천만 명이 넘는 국가에 포함된다는 것이다.

이미 우리나라는 세계시장을 석권하는 반도체, 자동차, 휴대폰 같은 제품들을 생산하는 경제대국이고, 60년대 원조를 받던 최빈국에서 처음으로 원조를 주는 나라로 탈바꿈한 세계에서 유일한 나라이기도 하다.

그런데 행복 관련한 지표는 세계 최하위권에서 맴돌고 있고 행복으로 따지면 최빈국 수준이다. 그야말로 Happiness hungry 국가인 셈이다. 경제협력개발기구OECD가 34개 회원국을 비교한 지표에는 한국은 노동시간 2위, 산재사망률 1위, 자살률 1위, 국민행복지수 33위를, '삶의 질 지수'는 조사 대상 135개국 중 한국이 75위를 기록했다. 필리핀(40위)이나 이라크(73위)보다도 낮다.

왜 우리 국민은 높은 소득에도 불구하고 직장인들은 이렇게 힘들고

고달픈 삶을 살아야 하는가? 드디어 질문을 던질 때가 되었다. 더 이상의 외면은 책임방기다.

이제 위대한 기업을 만드는 성공의 기준이 경영자들이 정한 성과나 목표의 빠른 성취가 아니라 어떻게 하면 경영자들이 재능 있고 창조적인 사람들로 둘러싸여 그들과의 깊은 교류를 구축할 수 있는가에 맞춰지고 있다. 재능있고 창조적인 사람들과의 관계를 먼저 구축해놓으면 그 안에서 상상할 수도 없었던 혁신적인 아이디어와 큰 성과도 저절로 따라 나올 수 있다는 것이다.

"나는 나의 팀과 일한다."

H&M그룹의 대표 칼 요한 페르손의 말이다. 이제 회사의 경영도 모든 결정을 최고경영자CEO 혼자 내리고 혼자 책임져야 한다는 외로운 관계가 아니라, 함께 일하는 재능 있고 창조적인 사람들과 한 팀이 되어 그 안에서 의논과 결정을 함께하여 경영자들도 부담이 줄고 고독감도 덜면서 함께하는 시대다.

'직원 중심의 경영, 직원이 행복한 회사'는 우리나라에서는 아직 완성 단계가 아니다. 아직 많은 실험을 앞둔 '미생' 단계다. 여기서 분명한 것은 '행복하다'는 의미가 무턱대고 잘해주고, 복리후생이 넉넉한

8

것만을 의미하지는 않는다. 잘나가는 회사는 따뜻함과 함께 엄격함이 존재해야 하고, 개개인이 회사 일에 몰입함으로써 개인의 성장과 함께 회사의 동반성장까지 담보할 수 있는 회사여야 한다.

"중국 베이징에 있는 작은 나비의 날개짓이 미국 뉴욕의 허리케인을 일으킬 수 있다."는 기상학자 로렌츠의 '나비효과Butterfly effect'처럼 아무쪼록 이 훌륭한 사례들이 작은 나비의 날개짓이 되어 우리 기업들의 CEO들을 폭풍처럼 변화시키는 힘이 될 것이라 확신한다.

2015년 설날 아침에

한국형 인사조직 연구회 회장 가재산 씀

Contents

마이다스아이티

행복한 직원과
세상을 만드는
마이다스 손

마 이 다 스 아 이 티

'소프트웨어의 성공 신화', '아시아의 구글'로 불리는 건설과 기계 분야 공학 소프트웨어 업체 마이다스아이티. 마이다스아이티는 유명한 대기업이 아님에도 불구하고 500:1의 입사 경쟁률을 기록할 정도로 많은 이들이 선망해 마지않는 꿈의 직장으로 유명하다. 대기업 못지않은 연봉수준과 대기업을 능가하는 복지 정책들을 듣노라면 혀를 내두를 수밖에 없다. 일류 호텔 쉐프가 요리하는 4만원짜리 고급 식사가 삼시 세끼 제공되고 70분의 낮잠 시간이 공식적으로 주어지는 회사. 스펙·징벌·상대평가·정년이 없는 파격적인 4無 정책을 펼치는 기업. 이 모든 것이 가능했던 이유는 직원 행복에 목숨을 걸고, '인재 키우는 일'을 자신의 절대적 소명으로 인식하는 CEO 이형우 대표의 '자연주의 인본경영' 철학과 그것을 공유한 직원들의 자발적인 노력 덕분이었다. 스스로 성과를 이뤄내고 기업의 발전을 세상의 나눔으로까지 발전시키는 마이다시안(마이다스아이티에 몸담고 성장하는 모든 구성원들이 자신들의 정체성을 대외적으로 드러낼 때 사용하는 조어)들의 열정이 건설 구조 분야 소프트웨어 세계 1위라는 타이틀을 만들었다.

- 창 업 자 : 이형우
- 창업년도 : 2000년
- 자 본 금 : 19억 9천 186만원
- 사 원 수 : 622명(국외 241명, 국내 381명, 2015. 1월 기준)
- 매 출 액 : 700억(2014년 글로벌 매출 기준)
- 소 재 지 : 성남시 분당구 판교로 228번길 17, B동
- 특   징 : 건설구조분야 소프트웨어 세계 1위, 연평균 성장률 20%의 기업
  자연주의 인본경영

대표이사 **이형우**

회사, 즐거운 놀이터!

사업마다 성공을 일으키는 일본 IT업계의 대가 사카모토 게이치는 "근면하지 말라. 하루 종일 부지런하기만 하면 무슨 전략적인 사고가 나오겠는가?"라고 했다.

놀이와 여가, 그리고 성취에 대한 확실한 결과와 자신감을 가진 기업 수장이니까 나올 수 있는 자신감의 발로였다. 마찬가지 우리나라에도 이런 사고방식이 통하고 있는 IT 기업이 있다. 기업 공채 시즌이면 떠들썩한 입사 경쟁률을 기록하는 어느 기업이다. '500:1'. 업계와 구직자들 사이에서 전설처럼 회자되는 이 기업은 소위 말하는 국내 10대 대기업도, 많은 일반인들이 잘 알고 있는 기업도 아니다.

하지만 왜, 어째서 이토록 돌풍 같은 유명세를 치르게 된 것일까?

대한민국의 중소기업에서 독특하고 파격적이라 해봤자 기대와 한계 수준이란 게 엄연히 존재한다. 하지만 이 회사, 대강 훑어만 봐도 저절로 그 유명세가 수긍이 된다.

우선 복지 수준이 파격적이다. '아시아의 구글'이란 별칭은 괜히 붙여진 게 아니다. 회사 입구부터 남다르다. 출입구에 들어서면 곳곳에는 미술과 공예 작품이 걸려있어 마치 갤러리에 온 듯한 착각마저 일으킨다. 사무실을 제외한 공간에는 늘 음악이 흐른다.

마이다스아이티의 직원들은 스스로를 '마이다시안'이라고 부른다. '마이다시안'이 되는 시점부터 이미 특별대우는 시작된다. 신입사원의 부모님에게 자식을 잘 키워서 회사로 보내주어 감사하다는 편지와 화환, 그리고 케이크와 초청장을 배달한다.

초대된 가족들에게 회사 곳곳을 소개하는 설명회를 열어주고, 구내 식당에서 포장한 호텔식 요리를 선물로 준다. 미처 생각지 못한 인사와 환대를 받은 부모님들은 큰 감동을 받는다. 회사와 CEO에 대한 깊은 믿음은 덤으로 생긴다.

'직장이 직원의 평생을 책임진다.'는 말이 그냥 나온 것이 아니다. 연령별, 주기별로 각종 생활자금이 지원된다. 자녀를 둔 구성원에게는 유치원비도 일부 지원하고, 최대 2명까지 고등학교 수업료와 대학

직원들 사진

등록금 전액을 지원한다.

이형우 대표가 남다른 공을 들이는 마이다스아이티의 복지제도의 으뜸은 바로 '식사'다.

마이다스아이티의 식사는 대충 요깃거리로 때우는 수준이 아니다. 360명 규모의 식사에 간접부서를 제외하고 14명의 직접인원이 관여하고 있다. 주방장과 부주방장은 모두 일류호텔 출신이다. 쉐프가 직접 엄선한 산지직송의 재료 등 평균 식재료값만 약 1만 5,000원 정도인, 4만 원짜리 호텔식 뷔페가 마음껏 제공된다. 식사 때문에라도 이직하고 싶지 않을 정도로 메뉴도 다채롭다.

식당 한편에는 즉석에서 원두를 갈아 내리는 커피와 제철 과일 등 카페테리아 공간이 마련되어 있다. 물론 공짜다. 그것으로 끝이 아니다. 매월 1회 '시크릿셰프The Secret Chef'라는 이벤트가 준비되어 있다. 일류호텔 셰프의 정성 가득한 반조리 형태의 음식 패키지를 구성원들에게 레시피와 함께 제공하는 행사다. 이 이벤트는 일과 삶의 조화가 중요시 되는 요즈음 가족과 같이 함께 먹기 때문에 식구들이 특히 좋아한다.

24시간 운영되는 사내 피트니스룸과 1년에 두번 씩 여는 마라톤 대회로 직원들의 건강을 챙기는 것도 이색적이다. 신입 직원에게는 운동복과 마라톤화도 지급된다. 실력이 늘어 보스턴 마라톤 대회에 참가하게 되면 참가비와 부대비용 전액도 지원한다.

매주 화요일마다 회사에서 마련한 행복기금으로 운영되는 미용실이 있어서 구성원들이 편하게 이용할 수도 있다. 이 정도만 되어도 파격적인데 낮잠 시간 70분이 공식적으로 보장하는 제도도 있다.

매일 정오가 지나면 판교에 위치한 세븐벤처빌딩의 마이다스아이

4층 카페테리아

티 동은 70분 동안 불이 꺼진다. 갓 입사한 사원들에게는 수면 베개도 선물로 준다. 지식산업을 하는 회사 직원들이 잠깐의 낮잠으로 정신적으로 쉬고, 기억을 정리하고, 정서적으로 안정화되기를 바라는 이형우 대표의 배려다.

그런데 이런 의문이 든다. 이렇게 좋은 복지 수준이 낮은 연봉에 대한 불만을 상쇄하는 도구로 사용되는 건 아닐까, 설마 이런 엄청난 혜택이 있는데 연봉까지 높을까, 하는 의구심. 결론부터 말하자면 마이다스아이티의 대졸신입연봉은 약 4,000만 원 정도다. 웬만한 대기업에 버금가는 수준이다.

500:1의 어마어마한 입사 경쟁률이 이제는 당연하게 보일 것이다. 이 모든 복지와 자율적인 회사 문화가 모두 직원들을 위한 것만은 아니라고 이형우 대표는 말한다. 그는 냉철함을 지녀야 하는 경영자다. 결국 이런 것들이 회사에 기여하는 부분이 크기에 펼치는 정책들이라고 거리낌없이 속내를 내보인다.

근무 외 잡일에 신경 쓰지 않을 정도로 직원들을 위하여 결과적으로 업무 몰입을 유도하는 이형우式 경영전략이 회사를 즐거운 곳으로 만든 것이다.

많은 경영자들은 글로벌 경쟁이라는 치열한 승부 세계를 약육강식의 전쟁터에 비유한다. 구성원들에게는 전쟁터에서 목숨 걸고 싸우는 군인이 되기를 원한다. 그러나 마이다스의 생각은 다르다.

회사가 구성원들에게 즐거운 놀이터가 되고, 그 놀이터에서 구성원들은 놀이꾼이 되기만 하면 된다. 구성원들이 일을 통해 '행복'해하고, 그 과정에서 기술자로서 '보람' 있는 성과를 창출하며, 이를 세상과 함께 '나눌' 수 있으면 족하다고 생각한다.

구성원이 스스로 자기 완결적으로 움직이도록 존중, 신뢰, 자율이라는 자가발전기를 달아주는 것이 리더의 역할이라 생각한다. 회사가 직원을 존중하고 신뢰하며 자율성을 부여해 주면 부메랑처럼 엄청난 시너지 효과가 되어 돌아온다. 적어도 마이다스아이티에서는 그렇다. 이런 생각은 인간에 대한 배려와 사랑이 없으면 불가능하다.

거대한 문화공간으로 불릴 만큼 직원들의 복지가 파격적인 구글에 견주어도 손색없는 회사. 인생의 목적은 행복이며 경영의 목적은 반드시 사람이어야 한다고 외치는 회사. 사람의 행복만이 경영을 완성하는 본질이라고 굳게 믿고 있는 CEO를 둔 복 많은 회사. '인생의 터닝포인트'로 자기가 몸담은 회사를 손꼽는 조직원을 보유한 회사. 그래서 기술을 통해 인간의 행복을 지향하는 엔지니어들의 꿈이라 불리는 회사.

마이다스아이티. 보통의 대한민국 기업들이 그리는 뻔한 그림을 뒤집는 과감하고, 유쾌한 반전이 가득 찬 회사다.

아시아의 구글

"사람이 사람의 행복을 위하여 하는 활동이 경영이다."

마쓰시타 전기 창업자인 마쓰시타 고노스케가 한 말이다. 경영의 핵심에 존재하는 경영자, 종업원, 고객이나 모든 거래처도 사람이다. 그에 따르면 경영은 사람들이 서로 어울려 서로의 행복을 위해 하는 활동이다.

이런 의미에서 마이다스아이티는 내부적으로 보았을 때 '경영'을 아주 잘하는 회사다.

혹자는 유연하고 창의적인 근무환경 속에서 일하는 마이다스아이티 직원들이 내는 성과들의 질이나 양에 대해 궁금해할 수도 있겠다.

자유분방한 환경과 복지 환경 속에서 놀라운 경영 성과를 견인했던 구글의 직원처럼 마이다스아이티의 조직원들 역시 자신이 대우받고 성장하는 만큼 회사의 발전을 추동하고 있다.

B2B 기업의 특성상 마이다스아이티는 일반인들에게는 다소 생소한 이름이다. 하지만 업계에서는 이미 정평이 높은 기업이다. 공학 분야 소프트웨어 개발과 보급, 엔지니어링 구조해석과 설계 컨설팅, 웹 비즈니스 솔루션 서비스 사업 등 포토폴리오가 다양하다.

설립 7년 만에 건설 구조 분야 소프트웨어(CAE; Computer Aided Engineering : 컴퓨터 지원 공학) 세계 1위라는 타이틀도 거머쥔 마이다스아이티는 척박한 국내 소프트웨어 산업 환경 속에서 '성공신화'를 새롭게 쓴 기업이다.

포토폴리오의 면면을 보면 이는 과장이 아니다.

세계 최고층 건물 두바이 부르즈 할리파를 비롯해 세계 최장 대교인 중국의 수퉁대교, 독특한 유리 구조물을 자랑하는 도쿄국제포럼, 로마에서 가장 높은 주거용 건물인 유로스카이, 베이징 올림픽 메인 스타디움, 상하이 엑스포 파빌리온 등 유수의 건물과 국내 인천국제공항, 타워팰리스, 영종대교, 서해대교, 월드컵 상암 경기장 등에 마이다스아이티의 소프트웨어가 활용됐다.

게다가 이제는 세상에 없던 기술로 인류의 소중한 문화유산까지 복원하고 있다.

성베드로 대성당과 그리스 신전, 73년 만에 복원작업 보수공사에 들어간 콜로세움 등 역사적 유물의 유지보수에 마이다스의 손길이 깃들어있다.

기존 시장에서 CAE 기술은 전 세계적으로 미국, 일본, 영국, 독일, 네덜란드, 호주 6개국만이 보유한 고급 기술이었다. 하지만 마이다스아이티 덕분에 한국 역시 고급 원천기술을 보유한 기술 강국으로 화려하게 등장할 수 있었다.

시장 점유율 면에서도 놀랍다. 국내에선 95%, 해외에선 30%를 차지하고 있다. 매해 평균 20~30%의 꾸준한 성장을 기록하고 있는 소프트웨어 회사는 마이다스아이티가 전무후무하다. 미국의 에이콤, 제이콥스, PB, 영국의 오브 아럽, 휴슨 등 세계 100대 엔지니어링 회사들 절반 이상이 모두 주요 고객이다.

마이다스아이티는 2002년 일본 진출 후 중국, 미국, 유럽, 인도 등 해외시장에 속속 진출하면서 글로벌 시장에서 나래를 펼치고 있다. 전 세계 35개국에 대리점을 두고 있으며 약 110여 개국에 제품을 수출하고 있다.

‘소프트웨어의 성공 신화’, ‘아시아의 구글’, ‘시뮬레이션 기술 분야

의 숨은 거인', 'IT코리아의 히든 챔피언'. 이 모든 명칭이 마이다스아
이티라는 기업 하나를 가리키는 말이다.

여기에 글로벌 인재들까지 속속들이 모여들고 있다. 총 600여 명의
직원 중 40%가 해외 인력이다. 세계의 인재들까지 불러들이는 마이
다스아이티만의 독특한 저력은 무엇일까?

평범한 사람들조차 뛰어난 기술을 보유하고, 특출난 마케팅과 영
업 능력을 가진 인재들로 만드는 마이다스아이티만의 몰입경영에 그
비밀이 숨어있다.

부르즈 칼리파

마이다스아이티만의 뛰어
난 행복 경영전략과 인재육성
철학이야말로 많은 국내외의
인재들을 모이게 만들고 그들
을 비범하게 키우는 마이더스
손이다. 그리고 그 손은 '직원
행복을 돕는 것이 경영자의
책무'라고 말하며 회사 전 영
역에서 바지런히 그 말을 실
현하고 있는 이형우 대표의
것이다.

22

월드클래스 300의 1등 기업

1960년도 부산에서 태어난 마이다스아이티의 이형우 대표는 실업계 고등학교를 다니면서 일찍부터 기술의 중요성을 깨달았다. 부산대 기계설계학과를 졸업하고 1986년 입사한 이 대표가 제일 먼저 사회생활을 출발한 곳은 한 조선회사였다.

처음 말단 평사원인 그가 회사에서 맡은 일은 복사와 잔심부름이었다. 하지만 그는 그런 작은 일조차 무의미하다고 생각하지 않았다. 뭘 하든 '최선'을 다해 '최고'가 되기로 결심한 이형우 대표는 어떻게 하면 빨리 복사를 할 수 있을까를 연구하기 시작했다. 집에 A4용지 1,000장을 가져가서 분류하는 연습까지 했다.

빨리 분류하는 것은 터득했지만 또다른 문제가 있었다. 복사 상태가 그리 양호하지 못한 것이다. 주말도 반납한 채 당시 회사가 있던 거제도에서 부산에 소재한 어느 복사기 회사까지 찾아갔다.

6개월의 피나는 노력 끝에 그는 복사용지가 복사기에 걸리지 않는 동시에 깨끗하게 복사를 잘하는 직원이 되었다. 동료들은 그를 '복사왕'이라 일컬었다.

1989년 포스코 건설의 전신인 제철 엔지니어링에 입사한 이형우 대표는 '용광로를 어떻게 하면 자립으로 설계를 할까?'라는 회사의 화두를 만나게 된다. 구조 해석용 시뮬레이션 소프트웨어 개발과 사업화를 담당했던 팀의 리더였던 이형우 대표는 낮에는 회사에서 설계 업무를 하고, 밤에는 집에 가서 연구를 했다.

이형우 대표는 갈증을 느꼈다. 대기업에서 마음껏 기술을 개발하기에는 여러 가지 한계를 느낀 그는 회사 동료 30여 명과 차곡차곡 창업의 꿈을 키워나갔다.

1여 년이 지나자 아주 초보적인 수준의 소프트웨어를 개발하게 되었다. 문제는 상용화. 어렵사리 만들었지만 그 소프트웨어는 그의 팀 외에는 사용하지 않았고, 사용할 수도 없었다.

낙담하고 지쳐갔다. 그때 구조응용해석을 할 수 있는 기술을 가지고 있다는 사실을 알게 된 회사 측에서 그에게 자금을 지원했다. 공식적인 포스코 건설 사내 1호 벤처 회사가 탄생했다. 그 회사가 그게 바로 마이다스아이티의 모태다. 첫해 15억 원을 매출을 달성했다. 잠재력에다 수익성까지 증명한 셈이었다.

2000년 9월 고민 끝에 그는 안정적이라 할 수 있던 직장을 박차고 나왔다. 퇴직금과 전세계약서만을 달랑 들고 마이다스아이티를 설립했다. 포스코에서 분사 결정을 내려주면서 70%의 지분을 보유했다. 그 지분은 현재 모두 되사왔고 지금의 마이다스아이티는 '완전한 독립체'다.

이형우 대표는 처음부터 국내에 안주할 생각이 전혀 없었다. 곧바로 해외로 눈을 돌린 그는 외국 소프트웨어를 국내 환경에 맞게 제작하는 데 성공했다. 이 기술로 일본 굴지 업체와의 경쟁에서 이긴 후 상용화에 나섰고 마침내 2002년 일본에 진출했다.

2014년 기준으로 국내외 전체 매출이 700억 원에 달하는데, 창업한 지 14년, 설립 초기 매출의 47배를 기록했다. 30여 명으로 출발한 직원들의 수는 20배 증가했다.

사내 벤처기업이 글로벌 기업으로 도약하는 데 걸린 시간은 놀라우리만큼 짧은 것이었다. 매해 연평균 성장률 20~30%을 기록한다는 것은 흥망성쇠의 부침이 심한 세계 소프트웨어 시장에서도 매우 드문 일이다.

약 5%씩의 성장률을 이뤄도 제법 수성했다고 평가받는 점을 감안하면 마이다스아이티의 성장세는 경이로운 것이다. 척박했던 국내 소프트웨어 업계에서 출발한 중소기업이 '신화'로 자리매김한 이유다.

하지만 마이다스아이티 이형우 대표를 비롯한 전직원들은 이를 '신화'라 정의되는 것을 거부한다. 마이다스아이티는 이미 될성부른 떡잎이었다는 것을 강조하고 싶어 한다.

2011년 정부가 약 300만 개의 중소·중견기업 중 0.01%에 해당하는 300개를 5년에 걸쳐 까다롭게 선정하여 육성하는 '월드클래스 300'이라는 프로젝트를 시행한 첫해에 마이다스아이티는 1등으로 선정되는 쾌거를 이뤘다.

피나는 노력과 남다른 해외 진출 전략, 다른 기업과는 차별화된 기업문화로 사업을 뚝심 있게 밀어붙인 마이다스아이티는 기술자립을 위해 매출액의 20% 이상을 R&D에 쏟는다. 그 결과 자체적으로 개발한 소프트웨어만 35개에 달하고, 프로그램 저작권은 71개에 육박한다.

'신화'가 되기에는 여건이 녹록치 않았고, 시간도 여의치 않았다. 우여곡절도 많았다. 하지만 그 모든 것을 이루었다. 이형우 대표는 말한다.

"우리의 현재는 우리의 과거가 모여서 형성이 되는 것입니다. 우리의 미래도 현재들이 모여서 만드는 것입니다. 현재가 부실하면 부실한 미래가 만들어집니다."

튼튼한 '미래'를 만들기 위해 마이다스아이티가 내딛는 광폭의 발걸음은 오늘도 분주하다. 탄탄하게 진출한 미국과 유럽 시장 이외에

도 러시아, 동남아, 남미 시장의 건설 공학용 소프트웨어 시장을 선
점하기 위해서다.

"꿈은 영원히 살 것처럼 꾸되, 삶은 내일 죽을 것처럼 오늘을 살자!"

가슴에 품은 이 모토처럼 열정적으로 현재를 살아가는 이형우 대
표와 마이다스아이티 직원 모두가 성공 신화를 쓴 주인공들이다.

0% 레드오션 뚫은
100점 '패스메이커 전략'

"원래 그랬기 때문이란 건 없다."

유명한 탐스슈즈의 CEO 블레이크 마이코스키의 말이다. 그는 평
소 기존 질서에 도전하는 것을 즐기는 CEO였다.

성공하는 기업들은 사양 산업이든, 포화될 대로 포화된 레드오션
시장이든 어떤 악조건 속에서도 생존의 길을 찾는다. 마이다스아이
티도 그랬다.

포화된 시장을 어떻게든 비집고 들어가기 위해서는 마이다스아이
티만의 길라잡이가 필요했다. 몇 번의 시행착오 끝에 일반적인 경영
상식과 틀을 깨뜨린 '패스path메이커 전략'은 그렇게 탄생된 것이다.

완벽하게 새로운 제품과 서비스를 만들어내는 것만이 혁신은 아니
다. 기존의 틀 위에 독특한 비즈니스 모델을 창조하는 것도 혁신이
다. 마이다스아이티의 '패스메이커' 전략은 후자의 혁신이었다.

마케팅에 관한 한 문외한이었던 이형우 대표는 오히려 잘 알지 못
했기에 근본부터 고민하고 마케팅에 다가갈 수 있었다. 그가 파악한

마케팅의 핵심은 '고객(you)—경로(path)—제품(me)'이었다.

'나(me)' '고객(you)' 그리고 나와 제품을 이어주는 '연결 통로(path)'라는 3가지 조건 중 하나만 충족시켜도 비즈니스는 성공할 수 있다고 파악한 이 대표는 고객과 경로 그리고 제품 혁신으로 '패스메이커' 전략을 관철해 나갔다.

먼저 '고객(you)'을 프로그램을 구매하는 고객사나 그것을 사용하는 전문기술자를 넘어서서 제품과 서비스를 구매하는 고객의 욕망 자체로까지 넓혀 재정의했다. 보이지 않는 숨은 욕망을 읽어내려 애썼고, 볼 수 없다면 사람들의 '원츠wants'를 자극해 또 다른 니즈라도 기어코 만드는 근성을 발휘했다. 욕망이 있는 곳이라면 어디든 시장이 만들어진다는 생각은 놀라운 발상의 전환이었다.

'가치경로(path)'도 혁신했다. 단순히 제품을 판매하는 데 그치지 않고 '서비스'와 '컨설팅'을 포함한 통합 솔루션 개념으로 고객들에게 접근했다. 고객과 일대일로 만나는 것이 아니라 그물로 낚시하듯 다수의 고객과 만나는 마케팅과 세일즈 방식을 채택했다.

마지막으로 '제품(me)'을 현장 실무기술자들의 사용성과 편의성, 실용성을 중심으로 철저하게 기획하고 개발했다.

글로벌 네임밸류가 약한 마이다스아이티가 선진 6개국이 선점한 시장에서 이렇게 약진을 하리라고는 아무도 예상하지 못했다. 마이다스아이티가 마의 장벽을 넘을 수 있었던 비결은 '패스메이커 전략' 덕분이었다.

마이다스아이티는 레드오션을 헤엄치는 선두주자들과의 경쟁을 직접적으로는 피하면서 그들이 소홀히 하고 있는 고객 욕망에 집중했다. 시장을 선점한 오만한 강자들은 고객의 불편과 요구사항을 세밀하게 살피지 못하고 있었다. 마이다스아이티만의 인문학적 관찰력이 있었기에 가능한 일이었다.

초기 시장 안착을 위해 현지 1위 고객사를 확보하는 데에도 총력을 기울였다.

마이다스아이티의 첫 해외진출은 일본이었다. 하지만 일본시장의 1위 회사인 KKE사와 협상이 결렬된 후, 마이다스아이티는 3위 기업과 손잡고 '이이제이以夷制夷' 전략을 구사했다.

그 결과 기술력으로 우리나라보다 몇 십년은 앞섰다고 자부하는 일본의 1위 기업과 '4억 원 상당의 제품 선구매', 'KKE사의 소프트웨어를 마이다스 소프트웨어로 교체하는 프로모션 1년 내 실시'라는 파격적인 조건의 계약을 성공리에 성사시켰다. 호랑이 등을 탄 격으로 기술 강국 일본 시장을 화려하게 진출했다. 일본에 이은 타깃은 중국이었다. 자국에 대한 자부심이 강하고, 자국 제품에 대한 애착이 강한 중국의 특성을 파악한 회사는 직접 나서기보다는 현지화 전략을 선택했다. 사업을 같이할 현지인을 서서히 발굴하고 그에게 마이다스의 기술과 경영철학, 기업문화를 체화시켜 나갔다. 제품 역시 현지 언어와 설계 기준이 반영된 것으로 현지화했고, 최소한 인력을 제외한 후 해당 국가의 인재들로 채워나갔다.

고객사가 가진 욕망을 분석하고 맞춤형으로 접근한 것도 주효했다. 중국 기업은 규모와 실력에 따라 갑을병정으로 나뉘어 있었는데, 마이다스아이티는 갑에 해당하는 회사를 먼저 공략했다. 이 전략이 성공하면 그 다음에는 을의 기업을 공략했다. 갑으로 도약하기를 애타게 원하는 을의 욕망에 주목한 것이다. 그 니즈를 찾아 '기술 폭풍 프로모션'을 진행했다.

단순히 프로그램을 판매하는 데 그친 것이 아니라 사용법 교육과 기술 교육을 함께 실시해 그들의 기술력이 높아질 수 있도록 도왔다. 이 프로모션은 폭발적인 호응을 받았다. 3개월 동안 계약한 고객 수가 이전 4년간의 계약 건수를 넘어설 정도의 대성공을 거뒀다.

동남아 시장에서 시장 파이를 키운 마이다스아이티는 선진 기술과 한판 붙어보자는 생각으로 미국, 유럽에 진출했다.

후발 주자로서의 신기술과 빠른 성능을 비교우위로 내세운 마이다스아이티는 단순히 영어 버전 매뉴얼만 선보였던 기존 선진국들과 달리 현지 언어나 설계 코드에 맞게 다 바꿔서 선보였다. 문제가 생기면 밤을 새워서라도 24시간, 늦어도 48시간 안에는 피드백을 주는 밀착 시스템을 유지하며 기술도 지원했다.

해당 국가의 협회나 학회와 함께 대규모 기술 세미나를 열어 마이다스아이티의 기술을 무료로 공유하는 시간도 가졌다. 동시에 이것은 마이다스아이티의 제품을 소개하고, 적용 사례를 발표하면서 저절로 유저 데이터베이스를 확보하는 기회가 되었다. 공유와 상생의 가치가 지배하는 미래 세상에서 독점이나 배제라는 키워드를 남용하는 기업은 외면당하기 십상이다. 이런 선한 마음이 기업경영에서도 좋은 결과를 구축한 셈이다.

마이다스아이티에겐 진입가능성 0%의 레드오션이란 없다. 인본주의 철학을 바탕으로 한 마이다스아이티의 패스메이커 전략으로 100% 뚫을 테니까.

성장통, 행복경영으로 치유하다

"직원 사랑은 리더의 의무다."

자라 창업자인 아만시오 오르테가는 리더라면 직원들을 보호하고, 그들이 누군지 파악하고, 그들의 일과 집, 하는 직무도 챙겨야 한다고 말했다. 직원들을 사랑하지 않는 리더는 아무것도 얻을 수 없다고 단언하기까지 했다.

어느 정도 덩치가 커진 기업은 한번쯤은 '성장통'을 된통 앓기 마련이다.

마이다스아이티라고 이런 성장통을 겪지 않았던 것은 아니었다. 직원들이 점차 늘어나 100여 명을 넘어섰던 2004년 무렵이었다. 소통에 한계가 생기고 이직률도 높아졌다. 이런 위기를 창립 4주년 기념 워크숍에서 이형우 대표가 감지한 것은 어쩌면 행운이었는지 모른다. "첫날 저녁 포크가수의 초청공연을 마치고 직원들과 소감을 나누고 있었는데 한 신입사원이 대뜸 '왜 인기 있는 아이돌이 아닌 무명가수를 불렀느냐'고 불평하더군요. 뒤통수를 얻어맞는 느낌이었습니다. 그때 직원들이 어떤 생각을 하는지, 무엇을 원하는지 너무나 무관심했었구나 하고 생각했습니다."

이 대표는 직원들에게 무관심했던 자신을 반성했다. 눈앞의 회사 실적보다 구성원들 내면에 잠재된 갈등과 불만을 해결하고 직원들부터 하나로 통합하는 일이 제일 시급한 문제라고 판단했다.

직원들과의 소통에서부터 실마리를 풀어나갔다. 정책을 결정하기 이전에 늘 직급별, 부서별 간담회를 갖고 구성원들의 의견을 모았다. 사소한 궁금증도 모두 풀어주려 노력했다. 경영 방침을 변경할 때는 반드시 설명회를 열어 임직원들과 공감대 형성에 주력했다.

인간 본성에 대해 닥치는 대로 공부하기 시작한 것도 이때부터였다. 공부하면서 자기 자신에게 '경영이란 무엇인가?'라는 근원적인 질문부터 던졌다.

그러나 곧 커다란 어려움에 봉착했다. 그가 찾는 '경영 안 행복' 이야기는 기존 책들 속에서는 전혀 없었다. 그저 매출, 이익, 생존, 경쟁에 관한 이야기만 가득했다. 혼란스러워하던 찰나 〈인간의 사회생물학〉이라는 책을 보게 되면서 비로소 인간 본성을 이해할 수 있었다.

이형우 대표는 인간의 궁극적인 목적은 바로 행복이고, 경영의 목적은 사람의 행복을 돕는 것이라는 걸 깨달았다. 회사는 행복시너지를 생산하는 공장이고, 세상은 행복을 거래하는 장터가 되어야 했다. 따라서 기업을 경영한다는 것은 구성원이 행복을 추구하는 데 도움을 주고, 나아가 세상의 행복 총량을 늘리는 것이다. 벼락같은 깨달음이었다.

마이다스아이티가 '자연주의 인본경영'을 표방하면서부터 극심했던 성장통이 완화되더니 서서히 사라져갔다. 마이다스아이티가 추구하는 '자연주의 인본경영'은 자연이 빚은 결대로 사람을 키워, 세상의 행복에 기여하는 인재로 쓰이는 데 목적이 있다.

마이다스의 사업전략과 조직구조, 일하는 방식, 인사제도를 보면 마이다스가 자연 이치와 인간 본성을 얼마나 중요시하는지 확실히 알 수 있다. 보통 다른 기업들은 벤치마킹하거나 외부 경영컨설턴트들의 도움을 받아 기업경영의 방향을 설계한다. 하지만 마이다스는 독특하게도 뇌 과학, 생물학, 다윈의 진화론, 매슬로의 욕구이론 등 현자들의 지혜와 CEO의 통찰력을 바탕으로 설계했다.

마이다스아이티 안에서는 경영자와 구성원은 동지同志이다. 조직원은 결코 회사를 위한 수단이 아니라 그 자체로 목적이 된다. 조직 내에서 직급은 구분되어 있지만, 서로 돕지 않으면 공동의 목표를 달성할 수 없다는 것을 모두가 안다. 함께 걸어가고 함께 꿈꾸기 위해서 회사의 비전은 철저히 공유된다.

마이다스아이티 구성원에게는 자발성과 자율성이 공기와 같다. 누구나 회사의 주인이 되어 자발적으로 동기를 부여하고 스스로 경주하기 때문에 성장의 동력이 쉽게 꺼질 수 없다.

마이다스아이티의 근무환경은 매우 자유롭고 창의적이다. 국내 대기업에서 젊은 시절을 보낸 이형우 대표는 획일적이고 상명하복식 문화와 복잡한 의사결정 과정이 경영에 큰 걸림돌이 된다는 것을 일찍부터 몸으로 느꼈다. 될 수 있으면 구성원을 옭아맬 수 있는 시스템 자체를 만들려고 하지 않는 이유다.

마이다스아이티에는 '행복경영팀'이라는 이름을 가진 부서가 있다. 행복을 경영하는 것이 회사의 목적이라는 CEO의 마인드를 전사적으로 공유시키고, 어떻게 하면 일 자체가 행복을 위한 목적으로 될까를 고민하는 것이 이 부서 일이다. 식사 메뉴에서 사내 문화까지 모든 것이 행복경영팀의 고뇌에서 나온 산물이다.

이형우 대표는 단순히 돌려받기 위해 주는 복지는 진정한 복지가 아니라고 말한다. 그가 생각하는 복지는 바로 '신뢰'와 '사랑'이다. 복지를 돈으로 해결할 수 있는 변화 또는 편함으로 생각하는 것을 매우 안타까워한다. 사람에 대한 진정성 어린 연민, 사랑, 신뢰 같은 가치들을 바탕으로 최선을 다하는 노력이야말로 진짜 복지라고 그야말로 제대로 된 인문주의자다.

혹자는 이렇게 묻기도 한다. 규모의 경제를 달성한 안정적인 회사니까 가능한 경영문화가 아닐까? 이런 물음에 이형우 대표는 단호히 고개 젓는다. 직원과 회사가 성장한 만큼 스스로도 성장했다고 기뻐하는 이형우 대표. 그가 펼치는 선하고 바른 인본 경영이 회사의 성장통을 치유한 만병통치약이었던 것이다.

자신처럼 다른 경영자들도 '행복'에 대한 고민을 치열하게 하면 할수록 오히려 회사의 규모가 더더욱 커지는 마법을 많이 접하기를 진심으로 바라고 있다.

마이다스아이티의 나침반 "옳은 일을 올바르게"

마이다스아이티 회사 홈페이지를 본 사람들은 한 권의 시집을 보는 느낌을 받는다. 인문학적인 경영철학은 여기에서도 여실히 드러난다.

"시작은 작은 씨앗에 불과하였다. 그 씨앗이 싹 터 아름드리 나무가 되었고, 청량한 숲을 이루었다. 이 숲은 푸른 산이 되고 큰 산맥으로 이어질 것이다. 그 산에서 인재들 울창하게 자라 꽃 피우고 풍성한 결실로 행복한 세상을 만들며 맑은 공기와 깊고 넓은 그늘로 나눔의 선을 펼칠 것이다. 보이는 삶은 유한하지만 보이지 않는 신념은 영원히 사라지지 않는 무한한 힘이다."

이렇게 시적인 글들로 회사를 소개하다니! 연 매출액 15억 원인 중소기업이 이렇게 단기간에 빅뱅 같은 성장을 이룰 수 있었던 원동력은 조직의 핵심가치를 이처럼 전직원이 공유하고, 동조했기 때문이다.

마이다스아이티 건물을 들어서면 웬만한 회사와는 사뭇 다른 특이한 풍경들을 많이 볼 수 있다. 곳곳에 그림이나 조형물들이 설치되어 있다. 특히나 나침반 모양의 장식품이나 조형물이 많은 점도 눈에 띈다. 곳곳에 "옳은 일을 올바르게 하라!Do the right things right!"라는 표어가 보인다.

이 나침반은 기업의 상징물로, 마이다스아이티를 설명하기 가장 적절한 소품이다. 언제나 일정한 방향을 가리키는, 정진의 표상이다. 마이다스아이티의 미션 자체가 '신념과 열정으로 최상의 가치를 추구하고, 한결같은 열정으로 명예를 소중히 여기고, 세상의 행복을 위한 참된 가치를 나침반으로 삼자!'다.

옳은 일이란, 마이다스아이디의 직원들이 전 사업 영역을 통해 추구하는 마이다스아이티의 3가지 핵심가치인 '행복', '보람', '나눔'을 뜻한다.

'행복'은 구성원이 열정과 지혜로 성취의 삶을 실현할 수 있도록 안정적인 삶을 보장하는 것이다. '보람'은 치열과 치밀로 최고의 성과를 창출하고 기술자로서의 긍지와 보람을 구현하는 것이다. '나눔'은 나눔의 실천을 통해 아름다운 세상을 만드는 것이다.

마이다스아이티는 우리 능력과 이익은 세상으로부터 받은 것이기에 세상에 환원해야 한다는 생각을 갖고 있다. 또한 우리 자원은 한정되어 있기 때문에 가능한 최대다수의 생존과 직결된 소외된 이웃들의 고통에 집중하고 최소화해야 하고, 어려운 이웃을 돕는 일이 특별한 일이 아니라 일상생활에 연계된 나눔이 되어야 한다고 생각한다.

핵심 기술, 역량을 갖춘 인재, 그리고 '옳은 일을 올바르게' 하는 인본주의 철학, 일을 통해 구성원들과 세상의 행복총량을 늘리고자 하는 노력, 사람을 키우는 데 집중하고, 끝까지 책임지고 함께하는 인사 철학, 나아가 세상의 행복을 위해 전 구성원이 참여하는 '사랑의 마라톤'을 비롯한 다양한 나눔 활동들이 마이다스아이티를 글로벌 기업으로 만든 요소들이다.

마이다스아이티는 세상에 다른 이야기와 새로운 가치를 전파하고, '어쩜 이윤을 추구하는 기업이 이럴 수 있을까'라는 반문과 감탄을 자아내는 회사다. 조직원 스스로 '이기利己'보다 '우리'를 생각하는 조직 자체를 매우 자랑스러워한다.

"나만 이만큼 행복한 것보다 정말 우리가 행복했으면 좋겠다 진심을 쏟는 사람, 동료의 고단함을 함께 짊어지는 팀원분들 그리고 치열한 일상 가운데서도 누군가의 상처를 듣고 보듬어주는 분들, 삶에 대해서는 세상의 행복을 위한 참된 가치를 나침반으로 삶으라고 진지하게 이야기를 들려주는 사람들이 있는 곳이 우리 회사입니다."

오랜 기간을 국제 NGO 단체에서 일하다가 늦깎이의 나이로 행복경영팀에 입사한 어느 여직원의 목소리다.

옳은 일을 가슴속에 담고 끊임없이 옳은 방향으로 가고 있는가 확인하는 의미로 나침반을 회사 상징으로 삼았다는 대표와 그의 직원들이 일궈나가는 기업의 모습이 어디로 흘러가고, 무엇을 가리킬지는 예상되고도 남을 일이다.

4가지가 없는 마이다스아이티

이형우 대표는 기업의 매출은 행복의 총량을 화폐로 계산한 것이라고 생각한다. 그에게 매출을 늘리는 것은 사람의 행복을 돕고 세상의 행복 총량을 늘리는 것이다. 회사가 만든 성과를 세상의 행복으로 환원하는 데에도 전혀 아낌없다.

이런 행복을 계속 조직과 세상에 선순환시키기 위해 회사 안에 제도적으로 만든 것이 바로 유명한 '4무無' 제도다. 과연 모두가 꿈꾸는 근무 조건을 완벽히 갖춰 구직자들에게 소위 '신의 직장'이라 불리는 마이다스아이티에도 없는 이 '4가지'는 무엇일까?

첫 번째, '스펙'이다. 그는 절대 '스펙'을 보지 않는다.

기계나 건축물의 설명서나 시방서specification를 지칭하는 말에서 유래한 스펙이라는 용어 자체가 우리 사회가 얼마나 사람을 기계적 수단으로 여기는지를 알게 하는 반증이다.

'회사가 좋은 사람을 뽑기 위해서 중고등학교 때부터 풀어왔던 시험 문제를 다시 풀도록 해야 하는 걸까?'

의구심은 변화를 구축했다. 곧바로 그는 외국어 능력, 학력 등 눈에 보이는 '스펙Spec'을 파괴하는 입사 시험을 보게 했다. 사람을 '수단'이 아닌 '목적'으로 보는 기업이었기에 가능한 일이었다.

그는 기업 스스로 밝은 눈으로 사람의 본질을 깊이 들여다보려는 노력을 하지 않으면 절대 인재를 찾을 수 없다고 확신한다.

구직자들에게 "당신이 무슨 일을 할 수 있고 어떤 능력이 있는가?"를 절대 묻지 않는다. 대신 "당신이 이 회사에 들어와서 당신 자신을 어떻게 성장시킬 것인가?"라는 미래 포트폴리오에 대해 더 묻는다.

채용 인터뷰 자체가 구직자들을 더 성장시키는 역할을 하고 있다.

특히 지원자가 해당 분야에서 얼마나 '잠재력'과 '열정'을 가지고 있는지를 눈여겨본다. 또한 정원을 정해놓지 않는 '無TO' 채용원칙을 고수하고 있다. 좋은 인재는 정원 없이 뽑는다.

마이다스아이티는 평범한 사람들도 특별한 인재로 바뀌는 회사다. 그의 손에 재가공된 마이다스아이티 직원들은 평범한 일도 '바르고, 빠르고, 제대로' 하여 창조적인 혁신으로 탈바꿈시킨다. 그에게 실망을 준 직원들은 단 한 명도 없다.

대신 스펙을 보지 않는 만큼 채용 절차가 아주 많이 까다롭다. 한번 식구가 되면 평생을 보장한다는 생각으로 뽑기에 4번의 실무 면접과 2번의 사장 면접을 보는 경우도 있다. 더 꼼꼼한 포트폴리오를 추가적으로 내겠다는 면접자의 의견을 받아들여 몇 주 더 연장되는 경우까지 있었다. 이형우 대표는 최종 면접에는 반드시 참여해 지원자와 심층 대화를 나눈다. 그때 딱 한번 이력서를 들춰볼 뿐이란다. 그를 불러줄 이름을 알기 위해서다.

두 번째, '상대평가'가 없다.

그 사람이 가진 능력 자체가 온전히 중요한 것이기 때문에 누구보다 낫고, 누구보다 못하고는 따질 필요가 없다고 생각한다. 조직원 간 경쟁을 불러 일으키는 평가는 무의미하다.

인사고과를 할 때 '상대평가' 대신 자신이 세운 목표에 얼마나 도달했는지를 판단하는 '절대평가'를 실시하는 것도 특이하다.

대신 마이다스아이티에는 다른 회사에는 없는 '자동 승진제도'가 있다. 삼성과 같은 대기업 직원들은 승진 시기가 되면 승진을 할 수 있을지 잠을 못 이룰 정도로 스트레스를 받는다. 진급 누락이 또 다른 징벌이 되는 셈이다. 그런 것을 막기 위한 제도가 '자동 승진제도'다.

이사까지는 4년마다 자동승진, 임원부터는 6년마다 자동승진이 보장된다. '자동승진제'는 구성원들에게 사회적인 압박에서 벗어나게 해주는 동시에 자동적으로 월급도 올라가기 때문에 기본적인 사회적 지위와 경제적 안정까지 보장해주는 효과가 있다. 다른 회사에서는 감히 도입할 엄두도 못 낼 파격적인 제도다.

능력이 뛰어나면 조기 승진의 기회도 제공한다. 회사의 성장과 발전을 견인하는 능력이 뛰어난 직원은 2년 후에도 바로 차상위 직급으로 승진할 수 있다. 불과 2년차 직원이 팀장이 되기도 하고, 선배를 부서원으로 이끌고 있는 팀장도 있다.

세 번째, '징벌'이 없다.

무징벌은 창립 이래 고수한 마이다스아이티의 중요한 인사 원칙 중 하나다. 성과에서 가장 중요한 것은 열정인데, 징벌이란 열정을 침식하고 갉아먹는다고 여긴다. 잘못을 벌하는 대신 잘한 일을 칭찬할 뿐이다. 이때껏 정직이나 해고는 단 한 번도 없다. 벌은 경영에서 가장 무용한 것이라는 게 이 대표의 확고한 생각이다.

네 번째, '정년'이 없다.

사람의 능력은 7~80세가 됐다고 갑자기 사그라들지는 않는다. 경험 많고 연륜 있는 조직원을 잃어버리는 것은 기업으로서도 엄청난 손해다. 하지만 많은 회사들은 법정 정년시기보다도 더 앞당겨 내보내는 실정이다.

마이다스아이티는 '채용에서부터 무덤까지!'라는 모토로 평생 고용 보장제를 인사의 기본 정책으로 쓰고 있다. 나이가 많다고 밀려나는 일이 이 회사에서는 절대 없다.

구성원이 열정과 역량을 갖추고 있으면 더 오래 일할 수 있는 무정년제를 끝까지 고수할 계획이다. 구성원들이 세상에 대한 책임을 다할 수 있도록 회사가 돕고, 구성원은 최선을 다해 책임을 완수한다는 미래 고용보장 모델인 '책임성 고용보장제'를 위해 이미 마이다스아이티는 '고문위촉제'를 도입했다.

회사에 대해 생판 모르는 외부인사가 아니라 평생 회사를 위해 열정을 쏟았던 구성원이 고문 역할을 한다는 것은 의미 깊다.

이 4가지 말고도 마이다스아이티에 없는 게 있다면 바로 '노조'와 '수당'이다.

노조가 없는 대신 이형우 대표는 자신이 노조위원장이라는 생각으로 움직인다. 회사에서 파격적인 복지 제도를 서둘러 주장하고 도입하는 것은 항상 이 대표였다.

회사에서 가장 구석에 있는 이 대표의 책상 PC는 꺼지는 날이 없다. 이형우 대표는 365일 회사에 출퇴근한다. 평상시 매일 7시 출근하는데 일 년에 딱 2번만 10시 출근한다고 한다. 설날과 추석이다.

'구성원이 주인인 회사'란 회사 방침이 단순한 구호가 아닌 제도적 차원에서도 이뤄지도록 행복기금을 고안했다. 현재 행복기금은 회사의 2대 주주다.

곧 5년 안에 자신의 회사 지분을 직원 공동 소유로 전환할 예정이다. 이형우 대표는 대기업에서 이뤄지는 족벌 경영 등 혈연의 안위만을 위한 경영권 승계는 요즘 세상에서는 옳지 않은 경영 형태라고 본다.

행복기금의 설립 주체는 회사지만, 별개의 독립법인 형태로 존속한다. 따라서 구성원이 바뀌어도 기금의 동일성은 변하지 않으며, 구성원 중 누구도 기금에 대한 분할을 요구하거나 개인소유가 불가능하다. 전 재산을 구성원이 주인인 행복기금이 소유하게 되는 것이다.

마이다스아이티에는 '수당'이 없다.

사람의 시간을 돈으로 사지 않겠다는 신념 때문이다. 그래서 기본급을 동종업계에서 월등히 높였다.

마이다스아이티의 조직원들에게 일이란 다른 회사와는 차별화된 정의를 가진다.

"일이라는 것은 단순한 업무가 아니라 세상을 변화시키는 성스러운 도전"

그런 성스러운 도전을 할 사람들을 상대로 스펙을 따지고, 평가를 내리고, 벌을 주고, 성장시간을 제한하는 것은 어불성설이라고 이 대표는 말한다. 옳지 않음에도 꾸준히 고수하는 기업들이라면 세상으로부터 재평가되기 전에 서둘러 마이다스아이티만의 황금 코칭을 받아보는 것이 퍽 옳아 보인다.

500:1 한국 최고 경쟁률의 비결

마쓰시타 전기 마쓰시타 고노스케 회장은 "마쓰시타는 어떤 회사입니까?" 라는 질문을 받으면 "마쓰시타는 사람을 만드는 회사입니다. 그리고 전기제품도 만들고 있습니다."라고 대답했다는 일화가 있다.

마이다스아이티라는 회사 역시 구조공학 소프트웨어를 만드는 일보다 오히려 인재를 찾아내 기르는 것이 본업처럼 보일 만큼 대표의 독특한 행보가 눈에 띈다.

이형우 대표는 회사의 성장 비결을 묻는 사람에게 '365일 사람 키우는 일만 한다.'라는 한 가지 대답만 내놓는다. 그는 대차대조표도 못 보는 CEO지만 사람을 키우는 일에는 특기가 있다고 자타가 공인한다.

구성원들이 스스로 성장하도록 돕지 못한다면 리더의 자격이 없다고 생각하는 이형우 대표. 그의 하루 일과를 보더라도 그런 생각의 흔적을 곳곳에서 찾을 수 있다.

그는 점심시간 1시간 30분과 퇴근 후 저녁시간 3시간 동안은 구성원들과 직접 만나려고 노력한다. 이렇게 바쁘게 움직이느라 외부활동을 할 시간은 의외로 많지 않다.

외부 통화는 한 달에 20회 미만으로 줄이고 반드시 만나야 하는 고객들은 분기 1회 정도만 일정을 잡는다. 주말과 휴일에는 자신이 추구하는 인본주의 경영철학을 세부 주제별로 체계화하고 구성원에게 강의할 자료와 간담회 자료를 정리한다. CEO 간담회, 특강, 설명회 등 구성원들과 이야기 나눌 수 있는 자리는 사서 만든다.

그는 직원들에게 전인적인 인격 함양 교육을 가장 많이 한다. 팔로워들은 긍정적이고 적극적인 성향을, 팀장급에서는 책임성과 모범성을, 경영진에게는 명예와 박애 등을 강조한다.

자발적으로 열정을 바치게 만드는 온갖 파격과 놀람을 선사하고 직무와 조직에 숭고한 의미를 부여하여 자긍심을 갖게 만드는 데 주력한다.

많은 기업에서 업무의 숙련도와 경험이 어느 정도 경지에 올라 날개를 펼칠 만하면 '관리직'이 되어 현장에서 물러난다. 하지만 마이다스아이티에서는 사내 최고의 스페셜리스트들로서 각자 자신의 역량을 발휘하고 더욱 갈고닦을 여지를 준다.

물론 마이다스아이티에도 이사, 상무, 전무, 부사장 등의 임원 직함은 있다. 하지만 이들의 주요 임무는 전체적인 경영이나 관리활동이 아니다. 마이다스아이티의 임원들은 회사 내부적으로는 한 분야의 장인匠人으로 불릴 만한 내공을 갖춘 사람들이다. 그들은 비즈니스 수행 과정에서 어려운 문제를 시원하게 뚫어주는, 막강 전투력을 겸비한 현역인들이다.

직원들은 '우리 모두가 CEO'라는 생각을 단단히 갖고 있다. 조직도 하나로 잘 뭉친다. 스스로 일의 주인이 되어 책임경영을 실천한다.

현재 마이다스아이티를 이끌고 있는 각 사업조직의 책임자는 신입이나 5년 미만의 경력자로 입사하여 사업 책임자로 성장한 사람들이다. 그들이 약 10개 사업조직에서 평균 500만~700만 달러의 매출을 올리고 있다. 전체로 봐서는 7,000만 달러의 매출이 이들의 손에서 탄생된다.

앞으로 더 큰 회사의 성장을 위해 현재 50여 명의 팀/파트장을 미래 핵심인력으로 육성하고 있다. 매년 20~30% 가까운 성장을 이룰 수 있었던 '비결 아닌 비결'은 바로 마이다스아이티만의 독특한 조직 체계 '셀 경영' 덕분이다.

마이다스아이티는 기술자로서의 사명감을 강조한다. 기술자를 철학자이자 과학자이자 예술가로 본다. 세상의 이치를 이해하고 현상의 의미를 끊임없이 모색한다는 점에서 철학자이고, 미지를 규명하기 위해 논리적·분석적으로 연구한다는 점에서 과학자이며, 창의성을 가지고 개발한다는 점에서 혼을 담는 예술가라 정의한다. 또 정체하지 않고 변화를 추구하는 개혁자이고, 안주하지 않고 세상을 열어

가는 개척자로 여긴다.

마이다시안들이 지향하는 인재상은 '햇불형 인재'다. 햇불은 스스로를 태워 어둠을 밝힌다. 어두운 공간에 조용히 빛을 나누어 주변을 더 밝힌다. 조직의 성과를 위해 자발적으로 신명나게 헌신하는 사람이 햇불형 인재다.

마이다스아이티에는 '마이다시안상'이라는 것이 있다. '마이다시안Midasian'이란 '마이다스아이티의 사람'이라는 뜻이다. 매해 창립기념일에 성과가 우수했던 직원에게 지급하는 가장 영예로운 상이다. 다른 회사에선 찾아볼 수 없는 '나눔상'도 있다.

마이다시안들은 평범한 일일지라도 비범하게 일하는 사람들이다. 일본전산이 '될 때까지 한다'면 마이다스아이티에는 '쓰러져 죽을 때까지 한다'는 말이 있다. 목표를 향해 즐겁고 활력 넘치게 일하는 기업문화가 정착되어 있다.

그래서 마이다시안들은 '독종'이라 불리기도 한다. 이들은 일단 한 번 시작하면 반드시 끝장을 보고야 만다. 일례로 워크숍하는 모습을 보면 잘 알 수 있다. 일상 업무와 병행하며 20일간 계속해서 워크숍을 한 적도 있다. 그 기간 동안 거의 매일 밤을 새웠고, 워크숍이 끝날 무렵에는 72시간을 꼬박 잠들지 않고 버틴 지독한 구성원들도 있을 정도였다.

마이다스아이티 조직원들은 '2W 1H' 프로세스로 일의 조감도를 그려가면서 일한다. 마이다스아이티 직원들은 그 일을 '왜Why 하는가?'를 아는 것이 먼저다. 일의 목적을 분명히 하고 나서야 비로소 '무엇을What 할 것인가?' '어떻게How to 할 것인가?'를 순서대로 고민해나간다. 결과를 빨리 내려고 '어떻게'를 먼저 고민하는 기업들과 차별화되는 부분이다.

마이다시안들은 야근도 사서 하는 편이다. 소프트웨어 분야가 야근이 잦은 특징이긴 하지만 이 회사 직원들이 야근에 임하는 생각은 조금 다르다. 열정을 가지고 일을 자발적으로 하는 사람은 그만큼 기회를 더 많이 가질 수 있다고 기대한다. 금요일 밤 9시가 됐는데 연구소 인력의 70% 정도가 회의나 일을 하는 것을 보고 이 대표조차 깜짝 놀랄 정도다.

마이다시안들은 강하고 독립적인 인재들로 끝나지 않는다. 그들은 연대하고, 공감하는 인재들이다. 그들은 어떻게 하면 회사의 성과를 낼까도 고민하지만 그 고민은 여기서 끝나지 않는다. 그들은 "나는 어떤 사람으로 살 것인가?"는 매우 본질적인 질문에서부터 어떻게 하면 사회에 기여하고 행복한 인재로 성장할 수 있을지도 고민한다.

'정년 없는 회사'를 꿈꾸는 곳, '기업의 목적이 이윤 창출'이라는 경영학 원론을 뒤집는 '인본 경영'을 실천하는 곳. 고작 14년이라는 짧은 역사를 가진 청년 기업 마이다스아이티가 엄청난 성장을 할 수 있었던 이유는 빛나고 뜨거운 마이다시안들이 존재하기 때문이다.

마이다스 기술로 세상의 행복을 바꾸다

踏雪野中去(답설야중거) 눈 덮인 들판 밟으며 지날 때면

不須胡亂行(불수호란행) 발걸음 모쪼록 어지러이 말라

今日我行跡(금일아행적) 오늘 내가 남긴 이 발자국은

遂作後人程(수작후인정) 뒷사람의 이정표가 될지니

서산대사가 읊었다는 선시禪詩 〈답설야踏雪野〉다. 신입사원들을 교육할 때마다 이형우 대표가 처음에 꺼내는 시다. 마이다스아이티 사람들이 '답설야'에 담긴 뜻을 유념하며 세상에 도움 되는 발자국을 남기기 위해 노력하기를 바라는 마음이 담뿍 담긴 시다.

인문학적 가슴이 탑재된 엔지니어 이형우 대표는 조금 어려운 가정 환경에서 태어나 성장했기 때문에 자신과 세상에 대해 항상 많이 고민했다. 그가 자연스럽게 '나눔'을 회사의 핵심가치로 정하고 함께 행복한 세상을 만들기 위해 나눔을 생활화하는 이유다.

나눔이란, 세상을 향한 사랑의 실천이며 의무다. 세상과 함께하는 열린 사랑의 실천은 존재가치의 참된 완성이라 생각하기에 오늘도 마이다스아이티는 행동하려고 노력한다.

마이다시안들은 하루, 한 달, 1년 단위로 자연스럽게 나눔을 체화하고 실천할 수 있는 환경 속에서 살아간다. 또 구성원 모두 이를 아주 자연스럽게 여긴다. 회사에서 아침식사를 먹으면 1인당 1천 원이 기부된다. 이 기부금으로 어려운 이웃이 추운 겨울을 따뜻하게 날 수 있도록 매년 초에 연탄을 배달하는 행사를 한다.

팀원 전체가 한 달 동안 근태지수 100%를 달성하면 팀원 1인당 1만원의 기부금이 적립된다. 반기별로 근태가 우수한 팀을 선정하여 팀 명의로 기부를 한다. 매월 셋째 주 금요일은 점심 식사가 나오지 않는 대신 도시락을 준비해서 경제적 어려움과 불편한 거동으로 결식이 우려되는 성남지역 독거노인에게 배달하고 있다.

구성원의 선택에 따라 매월 급여에서 잔액(백원 또는 천원 단위 선택)을 기부하면 개발도상국 아동을 위한 백신, 모기장 지원사업의 기금으로 활용된다. 구성원별 나눔 활동에 따라 나눔 포인트가 부여되고,

포인트당 1,000원이 적립되어 인도 불가촉 천민을 위한 우물파기 사업에 쓰인다. 현재 인도에는 마이다스아이티라는 이름의 우물이 15개나 있다.

사내 팀별로 이뤄지는 봉사활동도 다양하다. 사랑의 집짓기, 어르신 점심급식 봉사, 아름다운 소풍, 주거환경 개선사업, 휠체어 마라톤 참가, 강원 원주 아동들과의 1박 2일 캠프 등 모두 여덟 종류의 봉사활동이 이뤄지고 있다.

마이다스아이티는 해외법인 설립할 때 늘 나눔문화를 먼저 전파한다. 중국법인 창립 5주년과 6주년을 맞아 광시성, 쓰촨성에 '마이다스아이티 희망소학교'를 각각 건립했고, 2008년 일본법인 창립기념식에서는 개발도상국 아동돕기 기금 2,300만 원을 후원했다. 또 2008년 인도법인 창립기념식에서도 'Midas Gen'의 판매금 100만 루피를 농아학교 발전기금으로 후원한 바 있다.

마이다스아이티는 세상에 기여할 수 없는 일은 절대 하지 않는다는 원칙을 세우고 있다.

마이다스는 투기를 통해 이윤을 추구하려 하지 않으므로 제로섬 게임식의 '주식투자사업'을 하지 않는다. 생산을 목적으로 정직한 땀을 흘리는 일이 아닌, 무노동 무임금과 투자차익 목적의 '부동산 투기사업'도 하지 않는다. 또한 사람을 수단으로 생각하는 '인력파견 사업'을 하지 않는다. 무엇보다도 사람이 목적인 회사이기 때문에, 사람의 노동력을 사고팔아 돈을 버는 것은 세상의 행복과는 거리가 멀다고 생각한다. 그래서 마이다스는 돈을 받고 다른 회사에 구성원을 파견하는 일을 하지 않는다.

회사가 행복을 생산하는 공장이 되어야 한다고 강조하는 마이다스는 세상에 이로운 사업만 하기 위해 노력한다. 뒷거래와 같이 비윤리적인 방법이나 손쉽게 돈을 벌 수 있는 편한 길이 있음에도, 옳지 않다고 생각하면 절대 하지 않는다.

마이다스아이티의 궁극적인 존재 목적은 '마이다스 기술로 행복한 세상을 만드는 것'이다.

의료공학 진출이라는 새로운 길도 '기술로 세상을 행복하게 하자!'는 기업정신 덕분에 나올 수 있었다. 마이다스아이티는 심장 질환 환자들의 조영술 과정에서 컴퓨터 시뮬레이션으로 진단하는 프로그램을 개발하고 있다. 이 기술이 성공하면 몸속을 통과해 환자를 고통스럽게 하던 철심을 제거할 수 있다. 게다가 의료공학 소프트웨어가 개발되면 1,000억 원 매출도 달성할 수 있다. 이처럼 목적이 선하면 자연스럽게 방법까지 선해진다. 그리고 성공과 부는 저절로 따라오게 마련이라고 생각한다.

'행복 빈곤의 시대'에는 경쟁으로 인한 양극화와 불평등이 아닌 상생相生을, 성장과 분배 그리고 사회 공헌의 선善순환 모델을, 절망이 아닌 희망希望을 직접 실천하는 경영이 주목받을 수밖에 없다. 마이다스아이티가 대세가 된 이유다.

마이다스 사람들은 자신들이 이룩한 최고기록을 지키기에만 급급하지 않고, 끊임없이 새롭게 도전한다. 이제까지 '대한민국 구조기술 독립'을 향해 달려왔다면, 앞으로의 10년은 '순수 국내기술인 마이다스 기술이 전 세계의 표준이 되는 그 날'을 꿈꾸며 도전할 계획이다.

이 대표는 마이다스아이티가 터득한 자연주의 인본경영의 노하우를 정리해서 세상에 보급하는 경영연구소를 만들 계획이다. 어떻게 인간의 행복역량을 키우고, 어떻게 하면 더 행복하게 일할 수 있을까를 고민했던 노하우를 다른 기업에 보급한다는 생각이다. 또한 마이다스아이티가 벌이는 나눔 활동을 보다 체계화시킨다는 생각에서 복지재단 운영도 준비 중이다.

마이다스아이티가 만들어가는 새로운 길 위에 찍힐 이형우 대표의 멈추지 않는 발걸음을 많은 대한민국 기업들이 따라가면 좋을 것 같다.

이 글은 한국형 인사조직 연구회 회원이신 '더 퍼포먼스 - 류랑도 대표'께서 사례분석 보고서를 써 주셨고 '마이다스 - 기획실 신미영 부장'께서 여기에 소개되는 글이 회사의 경영철학이나 제도가 본래 취지와 벗어나지 않도록 꼼꼼하게 체크해주신 글임을 밝히는 바이며 노고에 감사드립니다.

서린바이오사이언스

마음경영으로
100년 기업을
준비하다

서 린 바 이 오 사 이 언 스

매일 오전과 오후 한 차례씩 노래를 부르고 박수와 웃음으로 박장대소를 하는 서린바이오사이언스. 심지어 잘 웃는 지원자가 채용에 유리한 이 회사는 바이오 기기를 수입해서 파는 1인 회사로 출발했다.

이젠 바이오 기기 공급에 머물지 않고 직접 바이오 연구 및 생산에 뛰어들어 생명과학과 관련된 Total Solutions을 제공하는 세계 수준의 차별화된 바이오기업으로 거듭나고 있는 서린바이오사이언스 황을문 대표는 직원들 기를 살리기 위한 독특하고 차별화된 기업문화로 오래전부터 업계의 주목을 받았다. 전 직원이 '웃음 트레이너 자격증'을 보유한 이 회사는 행복을 위해 웃음 고문까지 두었다.

서린바이오사이언스에서는 일에 대한 개념도 다른 기업과는 완전히 다르다. 일은 노동의 차원을 넘어선 '삶'이기에 신성한 것이라고 한다. 어떤 일을 하든 사람은 '일'을 통해 '삶'을 산다고 한다. 내 삶을 통해 나를 가꿔가는 것이 일이기에 일을 통해서 삶을 누릴 수 있다고 한다. 그래서 서린바이오사이언스에서는 가치관경영이란 일의 의미와 삶의 의미와 나의 의미를 일체화시키는 것이라고 정의한다.

기화만사성(企和萬事成)! 회사가 편안할 때 가정이 편안할 수 있다! 기업이 가정의 행복을 결정하고 세상을 바꾸므로 기화만사성이라 부르는 회사.

내가 귀하기에 세상 모두에게 귀함으로 다가가는 것이 윤리경영이라는 서린바이오사이언스의 황 대표는 30년 넘도록 흑자경영을 해 오면서 그 스스로 늘 남다른 도전을 해 직원들에게 솔선수범이 되고 있다. 이화여대 무용과(조기숙 교수) 학생들과 함께 3개월 동안 연습하여 발레리노로 '백조의 호수' 마왕역으로 출연한 것은 그 한 예일 뿐이다.

'사람의 마음을 경영합니다'의 마음경영과 독특하고 차별화된 기업문화로 100년 기업을 만들어 가고 있는 서린바이오사이언스는 안티에이징과 분자진단, 헬스케어 영역으로까지 사업을 확장하면서 생명과 과학을 선도하는 세계수준의 창조적인 바이오기업으로 거듭나고 있다.

- 창 업 자 : 황을문
- 창업년도 : 1984년(2005년 코스닥상장)
- 자 본 금 : 26억 원
- 사 원 수 : 94명
- 매 출 액 : 421억(2013년 말 기준)
- 소 재 지 : 성남시 분당구 삼평동(판교테크노밸리 내)
- 특　　징 : 마음경영, 독서경영, 웃음경영, 칭찬경영, 지식경영

색다른 경영자 색다른 경영

"隨富隨貧 開口笑人(부유하면 부유한 대로, 가난하면 가난한 대로 하하 웃자!)"

현대그룹 古 정주영 회장이 생전에 서재에 걸어놓고 음미했다는 당나라 시인 백거이白居易의 시 속에 있는 구절이다.

생전 '웃음'과 '긍정'을 기업 경영에 있어 아주 중요한 요소로 본 정주영 회장처럼 '웃음'을 아예 경영에 도입한 기업이 있다. 바로 서린바이오사이언스다.

바이오 연구 및 생산에 필요한 시약, 장비, 소모품 등을 공급하는 바이오 인프라 전문기업인 서린바이오는 100여 명의 직원을 가진 작지만 강한 중소기업이다. 하지만 서린바이오가 A부터 Z까지 바이오와 관련된 Total Solutions을 제공하기 위해 세계적인 바이오기업들과 파트너십을 통해 구축한 글로벌 네트워크는 화려하기 그지없다.

또한, 30년 넘게 구축해 온 마케팅 역량으로 국내 굴지의 대형 제약사들은 물론 대학연구소, 대학병원 및 국가 연구기관에까지 바이오와 관련된 기관들 치고 서린바이오와 관계를 맺지 않은 곳이 없을 정도로 그 영향력은 실로 대단하다.

'기화만사성企和萬事成!' 기업이 잘돼야 모든 게 잘된다는 철학을 갖고 있는 서린바이오는 우리나라에서 유전공학육성법이 제정되고 생명과학 분야 연구가 본격 태동되던 1984년 4월 '서린과학'이란 이름의 1인 회사로 출발했다. 1994년 법인전환 후, 2005년 코스닥 시장에 상장했다. 안정적인 비즈니스 모델을 기반으로 지속적인 매출 성장과 꾸준한 이익을 내고 있는 업력 30년 이상의 강소 기업이라는 것을 알 만한 사람들은 잘 안다.

하지만 희소한 바이오 분야에서 성과를 내는 기업이라서 이 회사가 유명한 것은 아니다.

직원들이 즐겁게 일하는 독특하고 차별화된 기업문화로 서린바이오는 더욱 유명하다. 이런 기업문화를 회사의 간판 경영 전략이자 기업 철학으로 구축한 사람이 바로 황을문 대표다.

황 대표는 '마음경영'을 바탕으로 '독서경영'과 더불어 '웃음경영' '칭찬경영' '지식경영'을 4대 기업문화로 천명했다.

웃음이 생활화된 회사답게 채용에서도 이 웃음은 필수적으로 갖춰야 하는 스펙이다. 서린바이오에서는 잘 웃는 지원자가 합격이 될 가능성이 높다.

또한 황 대표는 '웃음은 자신을 향한 사랑의 표현이고, 미소는 상대를 향한 사랑의 표현이다'라고 정의했다. 함박웃음을 지으면 기분이 즐겁고 세상이 아름다워 보이기 때문이다. 달리 말하면 화내고 찡그

함박웃음을 짓고 있는 직원 모습

리는 것은 자신을 학대하는 것이고, 상대를 존중하지 않는 것이기도 하다. 따라서 곁에 사람이 머물지 않게 된다는 것이다. 먹구름이 오면 피할 곳을 찾는 것과 같은 이치라고 한다.

결국 행복해서 웃는 것이 아니라 웃다 보니 행복해진다는 의미다. 이 또한 바라보는 관점에 의해 좌우되니 기쁨과 슬픔, 희망과 절망은 순전히 본인이 만들어내는 것이라고 한다.

색다른 경영과 경영자로 인해 서린바이오사이언스는 창업 이후 한 번도 적자를 낸 적이 없으며, 2005년 코스닥 상장 이후에도 꾸준한 매출 성장을 기록하고 있다. 이렇게 성과를 낼 수 있었던 이유는 모두 다 '사람'이라는 휴먼 인프라에 집중한 문화경영 전략 때문이었다. 물론 그 외의 이유도 많다.

탁월한 마케팅 능력 역시 빠지지 않는 이 회사의 경쟁력이다. 서린바이오만큼 전문성과 영업망을 갖춘 바이오 회사는 없다. 서린바이오의 임직원 66% 이상이 바이오 전공자다. 이중에서도 고객과의 접점에 있는 마케팅과 영업 등의 부서에서 일하는 직원들은 60% 가까이가 생명공학 관련 석사 이상의 학위를 보유하고 있다. 전국 13개 지역에 독립된 판매망을 확보하고 있고, 중소기업으로는 드물게 자사개발제품을 안정적으로 공급할 수 있는 자체 마케팅 능력을 가지고 있다.

서린바이오는 2011년 사옥을 성내동에서 4배 이상 확장된 판교테크노밸리 내 코리아바이오파크로 옮겨 제2의 르네상스를 만들어 나가고 있다. 이미 판교에는 많은 제약사나 바이오기업들이 입주해 있어 서린바이오가 전략적 요충지로서 여러 기업들과의 협력을 통해 기존의 바이오인프라 사업은 물론, 안티에이징, 분자진단 및 헬스케어 분야로까지 사업영역을 확장시켜 나가고 있다.

이에 대한 가시적인 성과들도 나오고 있다. 1994년에 설립한 서린생명과학연구소에서는 2012년 덴마크 코펜하겐대학으로부터 기술이전을 받아 miRNA 유전자 분석용 제품을 개발하고 있으며, 2013년에는 고령화 사회 진입에 따라 피부미용기기를 만드는 회사에 투자해 현재 안티에이징 사업 영역을 확장해 나가고 있다.

서린바이오가 이처럼 30년이 넘도록 한 분야에서 성공을 계속 이어 나갈 수 있었던 것은 지속적으로 도전과 혁신을 추구해 나갔기에 가능했다. 남다른 마케팅 능력으로 구축된 안정적인 재무구조와 바이오분야에서 오랜 기간 쌓아 온 '경험'과 '노하우'를 기반으로 생명과학의 Total Solutions을 제공하는 세계 수준의 바이오기업으로 거듭나고 있는 것이다.

사람중심의 마음경영과 일과 삶과 내가 하나가 되는 가치관경영을 통해 서린호의 부흥을 이끌고 가고 있는 황을문 대표. 그가 추구하는 경영철학과 독특하고도 차별화된 기업문화를 통해 서린바이오는 새로운 신화를 써 나가고 있다.

삶의 본보기가 되는 CEO

"우리 인생 80%는 일하느라 보낸다. 우린 퇴근 후 재미를 찾으려 하는데, 왜 직장에서 재미있으면 안 되는가?"

4조 7,000억 원의 자산을 지닌 영국 4위의 거부이자 300여 개의 계열사를 거느린 버진그룹의 회장 리처드 브랜슨은 한 번도 돈을 벌기 위해 사업을 한 적은 없다고 말한다. 사업에서 재미를 발견하며 즐겁게 하다 보면 돈은 자연히 따라왔다고 말했다.

이제는 열정만 가지고 성공할 수 있는 시대도 지났다. 자기가 하는 일을 펀Fun하게 즐길 줄 아는 자가 성공하는 시대다. 서린바이오 황을문 대표는 "나는 단 하루도 일한 적이 없다. 항상 즐겼을 뿐이다."라고 말한 토마스 엘버 에디슨의 말을 늘 가슴속에 품고 있다.

서린바이오가 이 세상에 탄생할 수 있었던 이유 또한 그의 행동력 덕분이었다. 1981년 의료기기 영업부장이었던 그는 중앙일보에 실린 기사 한 꼭지가 유독 눈에 들어왔다. 서울대학교 미생물학과 강현삼 교수의 말을 빌려 10년 뒤 유전자공학이 활성화될 것이라는 예측이었다.

신문기사가 머릿속에서 떠나지 않았던 그는 다음날 날이 밝자마자 서울대학교 강현삼 교수를 찾아갔다. 그의 열정이 전해진 것일까. 강현삼 교수는 낯선 그에게 흔쾌히 연구실을 소개해 주었고, 유전자공학이 무엇인지도 소개해주었다. 그때부터 그는 주말마다 서울대학교를 찾아가 김 교수와 조교들에게 이것저것을 묻고 또 배웠다. 그렇게 3년의 세월이 흐른 1984년 그는 바이오 연구장비, 시약, 소품 등을 수입해 국내 업체에 공급하는 회사를 설립했다.

회사는 바이오인프라 시장에서 탄탄한 영업망을 확보하고 대학, 연구소 등 고객들에게 신뢰를 쌓으면서 성장을 거듭했다. 그렇게 10년이 지난 후 법인으로 전환하고, 또 10년 후 코스닥에도 상장했다. 우연히 본 신문기사 하나가 인연이 돼서 20년 후 코스닥상장 기업을 키워 낸 것이다.

"성공하려면 두드려라!"

도전적인 그의 성격도 성공하는 데 한몫했지만 무작정 시도만 했던 것이 아니었다. 그는 늘 성공할 수 있으리라 믿었다. "우리의 말은 자신에게 하는 예언"이라고 한 조엘 오스틴의 말처럼 '완성 메모'로 자신의 뇌를 긍정적으로 속이는 걸 늘 반복했다. 즉 2015년도 수첩을 보면 2015년 연말을 가상해 모든 것을 이룬 것으로 적어 놓는 식이었다. 늘 긍정적인 말로 자신에게 주문을 걸었다.

황 대표는 지금은 CEO에 대한 새로운 개념이 필요한 시기라고 강조한다. CEO의 역할은 임직원의 삶의 질을 가꾸는 일이고, 따라서 CEO는 기업 경영을 통해 임직원의 삶의 본보기가 돼 줘야 한다는 것이다.

리더십도 관점에 따라 달라진다는 것이 그의 경영철학이다. 올바른 리더는 문제점을 지적하는 것이 아니라 해결책을 제시해야 한다. 대안 없는 질책은 비난에 지나지 않기 때문이다. 그는 직원을 대할 때도 미소를 잃지 않는다.

훌륭한 직원들 덕분에 오늘의 서린바이오가 있는 것이니, 어찌 감사하지 않겠는가. 또 그들 한 사람, 한 사람이 더없이 귀한 존재이기에 비난할 수도, 무시할 수도 없는 것이다.

황 대표는 서린바이오사이언스가 구성원간 긍정적인 에너지를 주는 웃음, 직장 후배를 격려해 주고 평안을 주는 웃음, 몸과 마음의 힐링되는 웃음소리가 곳곳에서 가득찬 일터가 되기를 진심으로 바라고 있다. 그는 매출이나 순익은 목표가 아니라 직원과 사회에 베풀 경우 저절로 따라오는 결과물이라고 생각한다. 직원과 사회의 행복은 매출증가라는 과정을 거쳐 자신도 행복해지는 선순환 구조를 가지고 있다는 말도 재차 강조했다.

황 대표에게 직원은 기업의 첫 번째 고객이다. 그것도 VIP고객이다. 그는 직원이 바로 세워져야 회사가 바로 세워지는 것이고, 그래야 고객을 바로 세워줄 수 있다고 생각한다.

그런 점에서 구성원 모두가 당당하게, 신나게, 멋지게 자신의 하는 일 속에서 보람과 감동, 행복을 찾아가는 서린바이오사이언스는 훌륭한 일터의 조건을 모두 충족시키고 있다. 일하지 않고 즐기는 CEO가 그의 구성원을 'VIP고객'으로 모셨기에 가능한 일이었을 것이다.

마음경영 ; '모든 것은 이미 내 안에 있다!'

"마음을 갈고 닦아 마음가짐을 함양하면, 일의 능률이 오르고 인생의 질도 향상된다."

일본에서 가장 존경받는 CEO, 교세라그룹의 명예회장 이나모리 가즈오의 말이다. 외형적 성장만을 추구하던 기업과 개인이 저성장, 초연결, 초경쟁 시대를 맞아 내적인 마음가짐에 한계를 맞이하는 시대가 되었다. 이런 때일수록 마음의 중요성을 일깨우는 기업문화가 필요한 법이다.

치열한 경쟁 속에서 성공하는 기업이 되려면 직원들의 창의성과 긍정적인 에너지를 발산시킬 수 있는 유인책을 찾아야 한다. 그 대책이 '성과'와 '보상'으로 대변되는 서구의 논리적이고 보상이 주로 물질적인 방식이라면 재고해봐야 한다고 황 대표는 주장한다.

손에 잡히지 않는 막연한 비전을 제시하고 있는 다른 기업과는 다르게 서린바이오는 "사람의 마음을 경영합니다"라는 명확한 슬로건을 직원들에게 제시했다.

서린바이오사이언스는 성과를 창출하는 핵심 주체인 '사람', 특히 '사람의 마음'에 집중했다. 경영을 하면서 황 대표는 더 많은 급여를 직원에게 주는 것보다 직원들의 행복, 즉 삶의 질을 높이는 것이 더 중요하다는 것을 알았다.

구성원 한 사람 한 사람이 얼마나 귀한 존재임을 일깨워주는 독특한 서린만의 '마음경영'은 이미 업계에서도 유명하다.

"마음경영은 보이는 세상이 문제가 아니라 보는 내가 문제임을 알아차리는 것에서 출발합니다. 삶의 결과물이 마음에 들지 않으면 자기 자신의 사고방식을 바꾸어야 합니다. 'Feel good'으로 관점을 이동해야 합니다. 경영이 힘든 것이 아니라 주어진 일에 다가가는 자기의 마음이 힘들다는 것을 깨닫는 것이 마음경영의 요체입니다."

황 대표는 말한다. "나는 사람들에게 종종 묻습니다. 세상에서 가장 맛있는 음식이 무엇이냐고요. 대체적으로 어머니가 해준 찌개라고 대답합니다. 그럴 때면 다시 묻습니다. 어머니에게 눈물이 쏙 빠지도록 혼이 났다면, 그래도 어머니가 차려주신 밥상이 제일 맛있습니까. 아니지요. 모래를 씹는 것처럼 껄끄럽습니다. 인생도 이와 마찬가지입니다. 세상은 그대로인데 바라보는 관점에 따라 천국이 될 수도, 지옥이 될 수도 있습니다."

즉, '외적인 모든 결과는 내적인 마음이 결정한다'는 것이 그가 말하고자 하는 메시지다. 끊임없이 관점을 바꿔야 하는 이유다. 덕분에 그가 살아가는 세상은 감사와 긍정만이 가득하다. 기업의 리더로서 치열한 경쟁의 중심에 서 있을지라도 말이다. 물론 그렇다고 해서 시련이 없고 위기가 없었다는 뜻은 아니다. 여느 경영자처럼 변화의 길목에서 고민했던 적도 있었다. 다만 위기를 바라보는 그의 관점이 달랐으니, 시련조차 고통으로 다가오지 않았던 것뿐이다.

황 대표는 '자기 자신이 자기 삶의 최고 경영자이자 삶의 예술가가 되어야 한다'고 주장한다. 그런 자발적이고 창조적인 인재가 되어야만 성과도 뒤따르는 법이라고 한다.

사람의 마음을 경영할 때 임직원 모두 자기 삶의 최고경영자가 되어 자발성 인재로서 기업을 성장시키기 때문이다. 노동자가 아닌 예술가가 되어서 말이다.

그래서 그는 직원들에게 탁월한 성과를 요구할 때 강요하지 않는다. 스스로 탁월한 재능이 있음을, 충분히 귀한 존재임을 일깨워줄 뿐이다. 그 안에서 직원들은 자발적 인재임을, 창조적 인재임을 깨닫는다. 이것이 바로 그가 추구하는, 서린바이오사이언스가 30년 넘게 한결같이 실천해 온 마음경영이다.

점점 더 사람의 중요성이 커지고 있다. 무한경쟁 시대, 물질적 소유가 힘을 발휘할수록 사람들이 점점 더 인간존중, 정신, 영혼, 감성, 마인드, 성품 등에 천착하게 된다. 왜냐하면 그것이 귀중하고 보기 드문 가치가 되기 때문이다.

스펙과 실력을 갖춘 인재는 수없이 많다. 하지만 배려와 진심 어린 소통을 통해 조직에 활기를 불어넣고 조직의 운을 바꾸는 가슴 따뜻한 인재는 드물다.

인재를 확보하는 것도 중요하지만 그렇게 모은 인재들이 재미있게 몰입해서 일을 하게끔 해 줄 수 있는 기업문화를 만드는 것이 더 중요해졌다.

퍼니지먼트 ; 웃어서 성공하는 회사

미국 사우스웨스트 항공의 공동창업자인 허브 켈러허 회장은 '유머경영'을 가장 중시한다. 그는 경쟁 업체와의 항공 노선권 배분을 놓고 협상을 벌이다, 경쟁사 CEO에게 팔씨름으로 승부를 겨루자고 제의, 단 한판에 이겨버렸다. 이뿐 아니다. 점잖은 오찬장에 가수 엘비스 프레슬리 복장으로 등장해 주변을 깜짝 놀라게 만들기도 했다. "일은 재미있어야 한다"는 것이 허브 켈러허의 경영 철학이었다. 황을문 대표 역시 유머경영을 중시한다.

"성공해서 웃는 것이 아니라 웃으니까 성공한다"

퍼니지먼트Fun+Management의 대가답게 황 대표는 인생의 성공과 실패도 웃음이라는 잣대로 간단하게 평가할 수 있다고 확신한다. 웃음을 삶의 최고의 가치로 생각하는 황 대표는 대외적으로도 웃음으로 즐거움을 선사하고 긍정 에너지를 발산하는 기업인으로 유명하다.

서린바이오의 전 직원들은 매일 오전 8시 30분과 오후 4시에 박수 치고 율동을 섞어가며 '하하하' 웃는 '웃음페스티발' 시간을 갖는다.

직원들 모두 단전에 힘을 모아 '하하하~' 하며 서로를 향해 웃는다. 서로를 향한 긍정의 멘트로 한바탕 소리 내어 외친다. 그리고, 큰 목소리와 90도 인사로 '최고십니다'와 '고맙습니다'를 상대를 향해 정중하게 인사한다. 처음 보는 사람들에게는 사뭇 색다른 풍경이다.

황 대표는 지금 이 순간 함께 일하는 동료의 얼굴을 보며 웃는 것 또한 자신의 인연을 살아가는 것이며, 지금 여기가 어디인지 어떤 마음으로 일해야 하는지를 일깨워준다고 한다.

그리고 큰 목소리와 90도 인사는 생각바꾸기 프로그램이라고 말한다. 용기를 내어 자기 자신에게 할 수 있다는 자신감을 불어 넣는 동시에, 자존심 버리기이자 열린 마음이고, 사람되는 첫걸음이라고 한다.

황 대표의 환한 미소가, 서린바이오 임직원들의 당당하지만 겸손한 태도와 유쾌한 발걸음이 이를 말해 주고 있다. 기화만사성企和萬事成이라는 황 회장의 말처럼 서린인들에게 뿜어져 나오는 긍정의 기운이 물처럼 흐르고 흘러 세상을 아름답게 변화시킬 수 있을 것만 같다.

긍정적인 사람만이 빛을 보는 시대이다. 황 대표는 웃음이야말로 삶의 최고 가치라고 생각한다. 신입사원을 뽑을 때도 잘 웃는 사람을 채용하는 것은 서린 나름의 인사 방침이다.

아무리 스펙이 좋아도 잘 못 웃는 사람은 거의 탈락이다. 왜 그럴까?

웃음은 자기 자신을 사랑해야 가능하다. 자신을 사랑하는 사람은 다른 사람도 사랑할 수 있다. 우리가 함께 일하고 싶은 사람은 바로 그런 사람이다. 웃음은 열린 마음의 표상이다.

서린 직원들은 단 한 명도 예외 없이 모두 '웃음 트레이너' 자격증을 보유하고 있다. 전 임직원이 1박2일 과정의 웃음 트레이너 프로그램을 수료하고 자격증을 취득했다. 당연히 황대표도 웃음 트레이너 자격증을 가지고 있다.

웃음트레이너

황 대표는 실제로 웃음문화가 회사 전체에 자리잡으면서 회사 직원들이 긍정적이고 도전적인 사고방식을 갖게 됐다고 귀띔한다.

그는 웃음과 긍정적 사고로 시키기도 전에 "제가 하겠습니다."라고 대답하는 사람을 일류 인재로, 매사에 회의적이고 부정적인 태도로 시킨 후에도 "한번 생각해 보겠습니다."라고 말하는 사람을 삼류인재로 냉철한 경영가의 시선으로 분류한다.

서린의 웃음경영이 경영성과에 긍정적인 영향을 미치고 있다는 메커니즘을 이해하는 직원들이 모여 있으니 기업의 높은 성과를 창출하는 것은 당연하다. 실제로 웃음이 넘치는 밝고 긍정적인 문화가 기업의 성장과 성과에 영향을 미친다는 사실은 회사의 성과가 증명한다.

서린은 창업 이래 꾸준한 성장을 이어오고 있다. 2005년 코스닥 상장 이후에도 매년 흑자를 기록하며 지속성장을 거듭하고 있다. 외형이 확대된다고 해서 반드시 내실 있는 기업이 되는 것은 아닐 터지만 서린의 외적 성장은 독특하고 차별화된 기업문화를 바탕으로 생긴 것이라는 공감대가 잘 형성돼 있다.

황 대표는 아직도 우리나라에 제대로 정착되지 못하는 '펀경영'에 아쉬움을 내비친다.

"'웃으면 좋다.'라는 식의 구호에서 끝나기 때문에 펀 경영이 국내 기업들에 널리 확산되지 못한다고 그는 생각한다. 펀 경영이 국내 기업문화에 자리 잡기 위해서는 최고 경영자인 CEO의 솔선수범이 필수적이라고 강조한다. 펀 경영은 물이 흐르듯 위에서 아래로 내려가는 것이지, 아래에서 위로 솟구칠 수는 없다는 생각에서다.

"소문만복래笑門萬福來"

웃는 문으로 백 가지도 천 가지도 아닌 만 가지 복이 온다고 했다. 서린바이오사이언스는 그런 엄청난 복이 들어와도 충분히 감당할 수 있는 회사이다.

독서경영으로 찾은 '서린 Way'

소프트뱅크 손정의 회장의 놀라운 통찰력은 방대한 독서에서부터 비롯됐다. 한창 인터넷사업으로 승승장구하다가 만성간염으로 병원 신세를 지게 됐을 때 그는 엄청난 양의 독서를 했다고 한다. 1년 동안 그가 병실에서 읽은 책은 1만 권 정도였다고 한다.

"서당 개 삼 년에 풍월한다."는 속담도 있는데 하물며 고급인력이 경영하는 기업이 30년 넘게 "글을 읽고 줄줄이 써" 왔다면 어떻게 되었을까?

서린바이오에서 독서는 하나의 선택이 아니라 반드시 해야 하는 의무가 된 지 오래다. 황 대표가 개인적인 독서를 뛰어넘어 경영에 접목하게 된 것은 1995년부터다. 법인 전환을 계기로 무엇인가 돌파구를 찾아야 한다는 절박함이 있었는데 독서를 통해 회사와 구성원을 한 단계 업그레이드할 수 있을 것이라고 판단한 까닭이었다.

"대기업은 좋은 연수시설을 갖추고 있는데 반해 중소기업은 인 우리는 그런 여건이 되지 않을 때였습니다. 인재 육성을 위해 할 수 있는 투자에 한계가 많았습니다. 꼭 직원들을 성장시키고 싶었던 저는 곰곰이 찾아보다가 독서로 대체하자는 생각을 떠올렸습니다."

게다가 서린바이오의 대부분을 차지하는 구성원들의 성향과 전공 때문에 독서경영의 도입은 매우 시의적절한 것이기도 했다. 바이오 연구를 위한 연구·진단 장비, 시약, 소모품 등 바이오 인프라를 제공하는 회사 특성상 직원의 70% 가까이가 자연과학, 생물학, 생화학 등 이과계열을 전공했다. 인문학적 소양이 아무래도 부족할 수밖에 없었다.

하지만 황 대표는 '독서를 위한 독서 경영'이 돼서는 안된다고 생각한다.

독서로 인해 얻게 되는 집단 지성과 깨달음을 기업에 기여할 수 있어야 한다는 황 대표의 제안에 따라 책을 읽게 되면 전 직원은 반드시 책 속의 핵심 구절과 메시지를 발췌하고, 이를 어떻게 실무에 적용할 것인지에 대한 원 포인트 레슨을 쓴 독서발췌문을 사내 지식경영시스템에 올려야 한다. 현재 사내 지식경영시스템에 축적된 독서발췌문은 총 1만 8천 건이 넘는다.

황 대표는 단돈 1만 원으로 저자의 20~25년 경험을 간접경험 할 수 있다면 충분히 가치있다고 말한다. 한 달에 책을 4권 읽으면 100년 간의 간접 경험을 갖게 되는 셈이다. 12달이면 1,200년의 간접경험이 되는 셈이다.

독서로 자기 계발도 하고 책 내용을 어떻게 일과 삶에 연결시킬 것인지를 실천하고 있는 것이다.

"사업의 목표는 궁극적으로 좋은 인재를 길러내는 것입니다. CEO의 역할도 직원에게 좋은 인재로 성장할 기회를 주는 것이라고 봅니다. 성장한 직원들이 회사를 더욱 크게 만들 수 있지요."

서린바이오에 입사하는 직원들은 3개월 동안의 수습기간 동안 모두 13권의 필독서를 읽어야 한다. 필독서 외에도 200여 권의 추천도

사람의 마음을 경영합니다_철학집

서 목록이 있다. 또한 정규직으로 전환이 된 이후에도 매월 1권 이상을 의무적으로 읽어야 한다.

입사 후 읽어야 할 필독서 중에는 〈사람의 마음을 경영합니다〉라는 제목의 책도 있다. 이는 황 대표의 경영철학과 가치관, 핵심가치, 그동안 회사를 경영하면서 임직원들에 전달한 'CEO 마음경영 메시지'를 모아놓은 것이다. 한마디로 서린 임직원들이 공유하고 실천해 나가야 하는 '서린 Way'에 대한 세부적인 행동지침서이다.

독서경영 문화는 이제 서린바이오에서는 물처럼, 공기처럼 자연스러운 것이 되었다. 책이 곧 삶이 된 모습이다. 독서경영을 위해 CEO부터 먼저 책을 읽는 솔선수범을 보였다. 솔직히 그에게는 이것이 그리 어려운 일이 아니었다. 황 회장은 한 달에 10권에 가까운 책을 읽을 정도로 '독서광'으로 알려져 있다. 회사를 설립한 이후부터 단 하루도 손에서 책을 놓은 적이 없다. 지금까지 읽은 책의 분량은 어림잡아 8,000여 권이 넘는다.

"문화는 절대로 아래에서 위로 올라가지 않습니다. 흔히 기업에서 독서경영이니 펀 경영이니 하는 것들을 도입하기 위해 관련 부서를 만드는 등의 대대적인 노력을 하기도 하지만 순서가 잘못됐다고 생각합니다. 문화는 철저히 탑다운입니다. 위에서 아래로 흐르는 것이죠."

황 대표는 기업문화는 직원들이 만드는 것이 아니라 리더가 만들어야 한다고 강조한다. 활력이 넘치는 기업문화를 만들고 싶다면 리더가 먼저 활력이 넘쳐야 하고, 칭찬하는 문화를 만들고 싶다면 리더가 먼저 그런 분위기를 이끌어 가야 한다고 말한다.

'책 읽는 CEO', '책 권하는 CEO'인 황 대표는 CEO가 없어도 잘 돌아가는 회사를 만들겠다는 목표를 갖고 있다. 튼실한 서린바이오의 독서근육이 100년 기업의 단단한 초석이 될 것이라 믿는다. 그가 독서경영에 경주하는 속내다.

따뜻한 말 한마디의 위력

"직원의 재능을 충분히 발휘하게 만드는 방법은 칭찬과 격려다. 한 사람의 열정과 꿈을 짓밟는 가장 확실한 방법은 비난과 추궁이다. 성공한 관리자는 칭찬의 기술을 배워야 한다."

미국의 석유왕 록 펠러의 말이다.

성남 판교에 위치한 서린바이오사이언스 본사에 들어서면 외부인들의 시선으로 보면 매우 특이하지만 직원들은 일상적으로 하는 풍경이 눈에 들어온다. 서로 마주친 직원들은 너 나 할 것 없이 상대편에게 엄지를 치켜들며 "최고십니다!"라는 인사말을 외친다.

보통 다른 회사에서는 '안녕하십니까?', 또는 '좋은 아침입니다!'류의 인사법인 듯한데, 서린바이오 직원들은 하루에도 수십 번씩 '최고십니다!'를 외친다. 인사를 받는 상대방도 '최고', 다른 동료에게 인사를 받는 나도 '최고'가 될 수밖에 없다.

서린바이오의 직원들을 춤추는 고래로 만드는 진정한 웃음 경영, 펀 경영이 일상 속에서 이처럼 자연스럽게 이뤄지는 셈이다.

서린바이오가 회사의 문화를 바꾸기 위해 두 번째 도입한 경영전략이 '칭찬경영'이었다.

"감사하고 웃고 인사하고 칭찬하는 행복한 일터를 만들기 위해 우리는 매일매일 긍정의 에너지를 만들어 가야 할 것입니다. 가장 좋은 힐링은 따뜻한 말 한마디가 아닐까요? 우리 회사에서만큼은 월요병이 없도록 애쓰고 있습니다."

언수이후신수言修以後身修! 황 대표가 말의 중요성을 강조하는 대목이다. 말과 더불어 살려면 그 말에 실린 무게, 그 말의 내용, 그 말의 아름다움을 보아야 한다고 한다. 말에도 체온이 담겨 있으며, 따라서 따뜻한 온도의 말인 긍정적인 언어를 사용하는 것이 왜 중요한지를 강조하고 있는 것이다.

조직원들을 안심하게 하고, 행복하게 만드는 것은 높은 성과급이나 좋은 복지 제도가 아니라 '따뜻한 말 한마디'라는 설문조사 결과가 있다. 그 따뜻한 말은 서로에게 감사하는 마음이 있어야 가능하다.

감사하는 마음은 서로 간의 마음을 열게 한다. 감사한 일이 100개, 1000개, 1만 개로 늘면 감사의 기적이 일어난다. 마음이 부드러워지고 너그러워지고 다른 사람을 소중하게 생각하게 되는 것이다. 그리고 그 감사를 입 밖으로 내어 실천하게 된다. 그것이 바로 칭찬이다.

황 대표는 "매사에 감사함을 느끼고 행동하라!"는 메시지를 항상 강조한다.

"우리가 무심코 내뱉는 단어에는 부정을 내포한 것들이 많아요. 예를 들어 행복과 감사는 노력의 대상이 아닙니다. 지금 이 순간을 있는 그대로 느낄 수만 있다면 저절로 행복과 감사가 따라오기 때문이죠. 그런 의미에서 도전에 대한 정의도 새로워져야 합니다. 도전은 용기와 결심이 동반하는 것이 아닙니다. 하루하루가 도전의 연속이므로 삶의 일부로 받아들여야 해요. 이른 아침 졸린 눈을 비비며 일어나는 것도 도전이고, 만원버스에 몸을 싣고 출근하는 것도 도전이니까요."

그래서 직원 모두에게 매일 감사의 문구를 쓰게 하는 독특한 기업 문화를 만들었다. 서린바이오 직원들은 회사 인트라넷인 지식경영 시스템에 접속하려면 아이디와 패스워드 외에 별도의 칸에 짧더라도 항상 감사의 글을 써넣어야 로그인할 수 있다.

"매일 살아 있고, 일할 수 있다는 것 자체가 감사하고 웃음이 나올 일이다." 감사 문구 쓰기 아이디어는 이런 인생관을 전 직원들에게 공유하고자 황 회장이 직접 짜냈다고 한다. 그리고 매일 전 직원들이 써 놓은 감사한 일들을 하나 하나 읽어 본다. 직원들이 써 놓은 감사한 일들을 보며 배우고 깨달을 때가 많다고 한다.

이제는 낯선 외부인들에게 느닷없이 엄지 손가락을 치켜세우며 인사를 건네는 것이 서린바이오에는 전혀 생뚱맞은 풍경이 아니다. 신입 직원이라도 황 회장을 만나면 주저 없이 "회장님, 최고십니다!"라며 엄지손가락을 들어올린다. 이 회사 가장 큰 회의실 이름도 '최고십니다'룸이다.

지난 1996년부터는 매주 월요일 조회 때마다 '최고십니다'룸에 수십 명의 임직원이 조회를 위해 모인다. 아침 조회가 아니다. 여느 회사에서 그렇듯 국민의례도 없고 전혀 딱딱한 분위기가 절대 아니기 때문이다.

매주 네 사람씩 전 직원이 돌아가며 상대편을 칭찬하는 릴레이를 펼치고 있다. 이날 마지막으로 칭찬받은 사람이 다음 주 또 다른 동료직원을 칭찬하는 방식이다. 칭찬릴레이는 물 흐르듯, 그리고 시종일관 웃음 넘치는 훈훈한 모습으로 진행된다.

형태가 갖추어지면 마음은 따라오게 되어 있다. 칭찬은 많이 해보고, 많이 받을수록 더 잘하는 선순환 구조를 가지고 있다. 이러면서 임직원 서로에 대한 관심과 신뢰, 격려가 차곡차곡 쌓여가는 것이다. 칭찬은 고래만 춤추게 하는 것이 아니라, 우리 모두를 춤추게 하고 기업을 춤추게 한다.

'감사'와 '칭찬'은 행복을 만든다. 행복은 관계를 통해 서로에게 전염된다. 기업의 구성원들이 서로 인정하고 이끌어주고 성장하도록 도와주는 조직문화가 끊임없이 지속 성장을 구축해 나가는 것이다.

거꾸로 걸린 시계, 발레하는 CEO

"지식보다 지능이 중요하고, 지능보다 소양이 중요하며, 소양보다 깨달음이 중요하다."

하이얼 그룹 장루이민 회장의 말이다. 아무리 남들보다 지식을 많이 가지고 있다고 해도 그 지식을 응용하고 융합하고 새로운 것으로 재탄생시킬 수 없다면 무용한 세상을 살고 있다.

새로운 생각, 창의는 아주 작은 것에서 비롯된다. 바로 '남과 다르게 생각하기'다.

황 대표의 집무실에는 이상한 풍경이 있다. 거꾸로 시계가 걸려있다. 이를 본 사람들은 하나같이 의아해하면서 시계가 잘못 걸렸다고 지적하기도 한다. 황 대표는 껄껄 웃고 만다.

그가 의도한 바가 그대로 사람들에게 전달됐기 때문일까? 이 거꾸로 걸려있는 시계는 회사의 캐치프레이즈를 상징적으로 보여주는 한 가지 사례이다.

열심히 노력하면 성취를 거머쥘 수 있었던 20세기와는 달리 지식 기반 정보화 사회인 21세기에서는 남과 다르게 생각하고 행동해야 성공할 수 있다. 다른 사람과, 다른 기업과 다른 삶의 목표나 경영 목표를 뚜렷이 세우는 것이 매우 중요하다.

"지금 시대는 지식과 정보가 넘칩니다. 이걸 활용해 어떤 성과를 내겠다는 삶의 목표를 정하는 것이 바로 지혜입니다. 삶의 목표가 있으면 실패도, 타인의 시선도 두렵지 않습니다."

서린바이오사이언스는 채용도 독특하게 한다. 물론 잘 웃는 사람을 뽑는 것도 한 방법이지만 여러 명이 올 때는 먼저 온 사람을 뽑곤 한다. 준비되어 있는 사람으로 보기 때문이다. 또한 만기적금을 타본 사람을 선호한다. 꾸준하게 성실했다는 반증이기 때문이다. 반면 가장 싫어하는 사람은 불성실한 사람이다. 결석한 사람보다 지각한 사람이 더 나쁘다고 생각한다. 또 실천하지 않는 사람이다.

창조성은 생각만으로는 나오지 않는다. 황 대표는 경험상으로 긍정적인 마음 자세를 갖고 부지런히 움직이며 이것저것을 주의깊게 바라보는 직원들이 실행력도 강하다는 걸 안다.

"우리 회사 계단 숫자가 어떻게 됩니까?"

이런 황당에 질문에 "모르겠습니다." 또는 "나가서 세어 봐도 될까요?"라고 말하는 사람보다는 바로 튀어나가서 숫자를 파악하고 오는 사람을 합격시킨다. 그는 대답이 빠른 사람을 선호한다. 대답이 빠른 사람은 늘 그 문제에 대해 생각하고 있는 사람이라는 뜻이니까….

서린바이오의 회의실 이름 중에 '즉시 실천하겠습니다'룸을 보면 이 사실을 잘 알 수 있다.

황 대표 식의 질문 테스트를 한번 던져 본다.

"이 물건을 만들 수 있습니까?"

"어떻게든 만들 수 있습니다."

그가 가장 좋아하는 답변 유형이다. 왜일까? 중소기업은 대기업에 비해 환경이 열악하다. 시스템 따지고 사람과 돈 생각하면 할 수 있는 게 거의 없다. 그렇기 때문에 무엇보다 필요한 것이 강한 실행력이다.

남다르게 생각하는 것은 제품에서도 똑같다. 서린바이오에서는 '가격'이나 '품질'이 비교우위의 경쟁력이 아니다. 남과 똑같이 해서 경쟁력을 가질 수 있는 것은 '가격'밖에 없다는 생각으로 가격에만 몰두하면 수익성이 나빠질 수밖에 없다. 또한 기술발전이 워낙 빠르다 보니 품질 하나만 갖고는 더 이상 일류 대열에 낄 수 없다고 그는 생각한다.

신제품은 차별화된 생각에 플러스 알파를 해야만 성공한다고 믿는다. 그래서 황대표는 남다르기 위해서는 우선 유연한 사고를 가질 것을 주문한다.

"자존심만 있으면 '남의 생각은 틀리다'는 생각을 갖고 닫힌 사고를 합니다. 하지만 이를 자부심과 긍지로 바꾸면 틀린 게 아니라 다르다는 차이를 인정할 수 있죠. 그러면 남의 이야기 중 필요한 것만 골라서 내 것으로 만들 수 있는 지혜가 생깁니다."

황 대표는 새로운 영역에 끊임없이 도전하며 직원들에게 동기부여를 한다. 일례로 그는 지난 2008년 이화여대 무용과 학생들과 함께 3개월을 연습한 끝에 발레리노로 변신, 고전발레 '백조의 호수'의 마왕 역으로 출연하기도 했다.

당시 같이 공연을 준비하던 학생들에게 많은 것을 배웠다고 한다. 사람들에게 선보이는 2시간의 아름다움을 위해 뒤에서 덜 먹어가며 연습하고 훈련하며 피나는 노력을 하는 학생들의 모습을 보니 정말 아름답고 존경스러웠다고 한다.

"기업경영을 하면서 느낀 교훈 가운데 하나는 리더가 가장 똑똑한 사람일 필요는 없지만 훌륭한 학생이 되어야 한다는 것입니다. 리더가 배우려는 자세가 없으면 리더 본인뿐만 아니라 회사의 성장도 없을 것이라고 생각합니다."

늘 새로운 것을 배우려 하고, 배운 것을 실천하는 CEO를 가진 조직원들이 어떻게 분발하지 않을 수 있을까?

그가 채택한 'C&DRconnect & development, Research'이라는 경영전략도 남다르다. 'C&DR 전략'은 중소기업이 대기업처럼 개발에 투자할 여력이 없는 만큼 기술을 가진 곳들과 제휴를 통해 윈윈하는 전략이다. 우선적으로 기술력과 전문성을 가진 기업, 연구소, 대학 및 기관들과 제휴를 맺고 협력을 통해 새로운 제품과 시장을 창출해 가면서 연구 개발도 동시에 수행해 나간다는 계획이다.

서린바이오는 이러한 혁신과 창조의 경영 성과로 인해 피터 드러커 소사이어티 우수혁신상, 중소기업을 빛낸 51인 선정, 벤처기업 대상, 전경련 국제경영원 IMI 경영 대상 등 다수의 상을 수상하며 중소업계의 혁신 기업으로 이름을 떨치게 되었다.

일, 노동의 차원을 넘어선 삶

"경영자는 그의 임직원들이 그를 위해 일하는 것이 아니라, 그들 자신을 위해 그와 함께 일한다는 사실을 깨달아야 한다. CEO는 자신의 욕구를 실현하기 위해 그들의 도움을 받는 것만큼이나 그들의 욕망을 실현하는 데도 힘을 실어줘야 한다."

전 ITT CEO 해럴드 제닌의 말이다.

서린바이오에서는 일에 대한 개념도 다른 기업과는 완전히 다르다. 일은 노동의 차원을 넘어선 '삶'이기에 신성한 것이라고 한다. 어떤 일을 하든, 어떤 곳에서 일을 하든, 어떤 형태로 일을 하든, 사람은 '일'을 통해 '삶'을 산다고 한다. 내 삶을 통해 나를 가꿔가는 것이 일이기에 일을 통해서 삶을 누릴 수 있다고 한다. 이렇게 할 때 시키지 않는 일까지도 자발적으로 할 수 있게 된다.

"농경사회에서 일은 '노동'이었지만 산업사회로 접어들면서 일이 '워크Work'로 개념이 바뀌었습니다. 그리고 지식사회인 지금 일은 '라이프Life', 즉 '삶'으로 변했습니다. 걸어가는 것, 글씨를 쓰는 것 등 넓은 범위에서 움직임 하나하나가 일에 속합니다. 저희는 일과 삶은 하나라는 독특한 기업문화를 가지고 있습니다. 그래서 일은 '노동'의 차원을 넘어서 '삶'이기 때문에 신성합니다."

그래서 황 대표는 가치관 경영을 '일의 의미와 삶의 의미와 나의 의미를 일체화시키는 것'이라고 정의하고 있다.

"보통 일은 직장에서 하고 삶은 직장 밖에서 한다고 생각하니까 회사에서 일을 대충 대충 하는 경우가 있습니다. 하지만 일과 삶은 하나이고 우리는 삶의 주연배우가 되어야 합니다. 우리 개개인은 '주식회사 ○○○의 CEO'입니다. 자기 삶의 최고경영자인 것이죠. 시키는 일만 하는 게 아닌 시키지 않은 일까지도 자발적으로 해야 하는 이유입니다."

서린바이오에서는 이러한 인재를 자발성 인재라고 부른다. 하지만, 서린바이오에서는 자발성 인재를 만들려고 하지 않는다. 만들려고 하면 그 순간 자발성 인재가 아니게 된다. 따라서 단지 태어날 때부터 자발성 인재로 태어난 것임을 일깨워 주기만 하면 된다는 것이다.

서린바이오의 일류 인재의 기준은 학벌과 어학 실력이 좋은 사람이 아니다. 잘 듣고, 잘 보고, '지금 여기'를 잘 알아차리는 사람이다. 좋은 태도와 진심 어린 소통, 사람에 대한 존중과 배려를 최고의 스펙으로 친다.

"내 마음이 어여쁘다면 눈에 보이는 세상도 아름답습니다. 아름다움을 결정하는 것은 순전히 내 관점이니까요. 그로 인해 상대의 단점이 아닌 장점을 먼저 찾을 수 있으니 그만큼 칭찬을 자주 하는 거죠. '잘 듣는다'의 의미도 이와 같습니다. 상대의 말을 있는 그대로 듣고 그 위에 자신의 생각을 덧붙여 의식을 성장시켜야 해요. 자신의 생각 대로 해석한 다음에 상대의 뜻을 왜곡시키는 것은 잘 듣는 것이 아닙니다.”

서린바이오에서는 ‘채용’이라는 말보다는 ‘발굴’이라는 말을 즐겨 쓴다. 처음부터 ‘자발성’과 ‘창조성’을 가진 될성 부른 원석같은 인재를 뽑아내기 위해 노력한다.

황 대표는 말한다. “일이라는 것이 무엇일까요? 움직임입니다. 황 대표는 비즈니스를 변화시키려면 사람을 변화시켜야 하고 비즈니스를 육성하려면 사람을 육성해야 한다는 신조를 가지고 있다.

“내 삶의 최고경영자는 나입니다. 시키는 일만 수동적으로 하지 말고 자발적으로 일해야지요. 이는 자신의 가치를 존중하고 신뢰한다는 뜻입니다. 그 안에서 우리는 아티스트가 됩니다. 우리가 한 모든 일들이 노동이 아니라 아름다운 작품이 되는 거죠. 노동자가 되느냐, 아티스트가 되느냐는 전적으로 일을 대하는 태도에서 결정됩니다.”

그는 서린바이오 구성원들 모두가 자기 삶의 최고 경영자이자 삶의 예술가가 되기를 바란다. 자기 삶을 자발적으로 경영하는 ‘자발성 인재’와 자기의 일을 ‘과제’가 아닌 ‘작품’으로 의미를 부여하며 다가가는 ‘창조성 인재’를 일류인재라고 하고 있다.

황 대표는 자신만의 생각으로 다른 외부의 말을 필터링하고, 재단하는 것을 막고 ‘저런 색다른 관점으로 보는 사람도 있구나!’를 생각하면서 삶의 스펙트럼을 넓혀갈 것을 촉구한다. 이런 다양성에서 독창성이 나온다고 생각한다. 자신만의 독창적인 역량과 전문성을 갖추지 않으면 경쟁력이 없다는 것이다.

서린바이오는 이 단계를 넘어서 전 직원들을 경영자적 관점에서 접근하게 한다. '나 자신이 바로 내 삶의 최고경영자이기 때문에 시키는 일만 하는 것이 아니라 시키지 않는 일까지도 자발적으로 한다.'는 것이 바로 황 대표가 말하는 기업가 정신이자 주인 정신이다.

100년 장수기업을 향한 도전

"경영자는 다음 분기의 실적보다는 회사가 장기적으로 가야 할 방향을 잘 관리해야 한다."

회원제 창고형 할인매장 코스트코 CEO인 제임스 시너걸은 리더란 먼 미래까지도 생각해야 하는 사람이라 말했다.

황 대표의 집무실에 걸려 있는 달력의 마지막 날짜는 2015년 12월 31일이 아닌 2083년 12월 31일이다. 회장 집무실뿐 아니라 이 회사 회의실이나 벽면에 걸려 있는 달력들도 다 똑같다. 마지막 연도가 하나같이 2083년이다. '1년 달력'이 아닌 '100년 달력'인 것이다.

10년이나 20년 반짝하다 사라지는 기업이 아닌 100년이

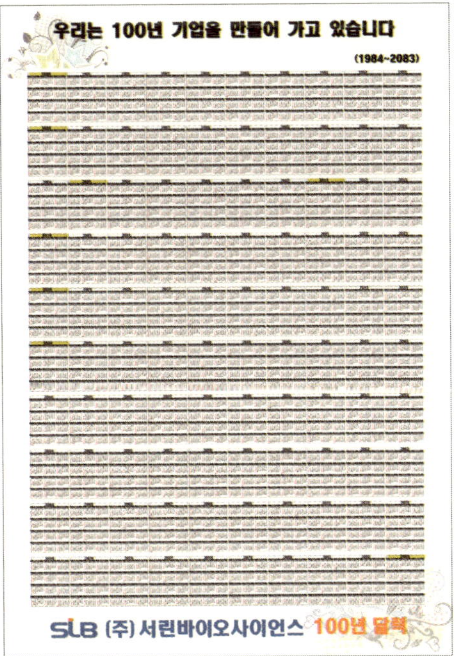

100년 달력

넘는 장수기업을 만들겠다는 황 대표의 강한 의지가 달력에 반영돼 있다.

올해로 창립 31주년을 맞이하는 서린바이오사이언스가 안정이라는 단어를 회피하고 도전이라는 단어를 다시 선택한 것은 100년 기업을 향한 긴 여정을 위한 것이다.

바이오 인프라 제공에 머물지 않고 직접 바이오 연구와 생산 분야로까지 확장하여 생명과 과학을 선도하는 세계 수준의 창조적인 바이오 기업으로 거듭나겠다는 것을 천명한 황 대표로서는 미래로 눈돌릴 수밖에 없다.

서린바이오는 2011년 8월 판교 테크노밸리 한국바이오파크에 입주한 때를 기점으로 '제2의 르네상스'를 노리고 있다. 단순히 넓고 깨끗한 새 사옥으로 옮기는 차원이 아니라 판교를 전략적 요충지로 삼아 기존 비즈니스의 시장지배력 강화는 물론 새로운 사업 영역으로의 끊임없는 확장을 의미 한다.

판교 시대에 걸맞은 사업전략도 새로 짰다. 기존 Genomics, Proteomics, Cellomics 분야는 물론 BioProcess 및 Advanced Technology 사업분야 등으로까지 토털솔루션 공급을 강화해 나가고 있다.

아울러 분자진단, 줄기세포 플랫폼 기반기술 구축 등 신기술사업을 확장하고, 여기에 분석장비 제조의 국산화에 박차를 가하는 한편 고령화 사회 도래에 따라 새로운 성장동력으로 떠오르고 있는 안티에이징 사업 영역으로도 진출하여 보폭을 넓히고 있다.

첨단 생명공학 제품의 연구와 함께 단계적으로 생산을 위한 우수 의약품제조품질관리GMP 설비를 갖추기 위해 동탄테크노밸리 내에 생산 및 물류 거점으로 활용할 전진기지를 연내 착공할 것이다.

이처럼 단순한 바이오 인프라 기반의 기업 이미지에서 벗어나 점차 R&D, 제조 및 생산 역량을 확장시켜 나감으로써 생명공학 분야 전체로의 영역 확장을 이어가는 서린바이오가 앞으로도 어떤 역량을 키워 나갈지 업계가 주목하고 있다.

과학의 종착점은 '의료'라고 생각하는 황 대표는 생명 연장과 삶의 질 향상을 중추적으로 담당할 바이오 분야에서 앞으로 다가올 고령화 시대에 복지와 성장이라는 두 마리 토끼를 잡는 100년 기업의 판세를 짜고 있다.

회사를 운영하면서 갖게 된 중소기업에 대한 애정과 경영 노하우를 중소기업을 위해서 황 대표는 많은 활동을 하고 있다. 회원 간 교류를 활성화하고 중소기업 간에 상생할 수 있는 새로운 모델을 제시,

은탑산업훈장수훈

추진하고 있다.

2013년 '자랑스러운중소기업인협의회(약칭 자중회)'의 제 10대 회장으로 선출된 황 대표는 2015년까지 임기를 이어갈 예정이다. 자중회는 중소기업청과 중소기업중앙회가 매월 선정하는 이달의 자랑스러운 중소기업인상 수상자인 강소기업인들의 모임으로 지난 1996년 설립됐다.

또한 코스닥협회 부회장, 한국바이오협회 부회장이라는 직책을 맡은 그는 '중소기업의 대변자'라 자처할 정도로 중소기업을 위해 발로 뛰고 있다.

100년 달력 마지막 연도의 12월 페이지를 황 대표는 본인이 뗄지도 모른다는 기대로 분주하게 시간을 보내고 있다. 생명과 과학을 선도하는 세계 수준의 창조적인 바이오 기업 서린바이오사이언스의 기술이라면 충분이 꿀 수 있는 꿈이 아니냐며 웃는 황 대표.

'지금 여기'의 열정과 도전만이 100년 달력을 충만하게 채우는 값진 기록이 될 것임을 그는 굳게 믿는다.

이 글은 한국형 인사조직 연구회 회원이신 '범우연합 - 홍승재 이사'께서 사례분석 보고서를 써주셨고 '서린바이오사이언스 - 기획실 강미옥 상무'께서 여기에 소개되는 글이 회사의 경영철학이나 제도가 본래 취지와 벗어나지 않도록 꼼꼼하게 체크해주신 글임을 밝히는 바이며 노고에 감사드립니다.

동화세상에듀코

동 화 같 은 세 상 을
만 드 는 회 사

동 화 세 상 에 듀 코

'직원은 생명이다'라는 생각을 제대로 실천하는 회사가 있다. 매출 이익보다 직원을 최우선으로 여기며, 그들을 키우는 것이 곧 회사를 키우는 것이라 생각하는 서번트 리더 김영철 대표가 운영하고 있는 동화세상에듀코. 동화세상에듀코는 설립 19년 만에 매출 1000억 원, 총 270개 지사 및 지점, 4,300여 명 직원의 중견기업으로 성장한 교육서비스 기업이다. 하지만 동화세상에듀코가 정작 지향하는 것은 '큰 회사'가 아니라 '남다른 회사'다. 그 남다름은 이 세상을 자신이 꿈꾸는 동화 같은 선하고 아름다운 곳으로 만들기 위해 노력하는 김 대표의 경영철학과 맞물려 있다. 이제는 온·오프라인 통합 교육 및 코칭 시스템과 더불어 학원과 무역, 금융, 관광 사업을 아우르는 종합 글로벌 기업으로 뻗어나가고 있음에도 불구하고 여전히 20년 된 구형 캐피탈 자가용을 타고, 번듯한 소파 하나 집무실에 놓지 못하게 하는 김 대표가 절대 줄이지 않는 게 있다. 바로 직원들의 교육비와 복지비다. 번듯한 사옥보다 직원들을 위해 동화 속 궁궐 같은 연수원부터 지은 동화세상에듀코는 남다른 가족친화경영을 펼치는 기업으로도 이미 업계에 정평이 나있다. '동화 같은 세상을 만드는 회사'란 타이틀은 직원들의 잠재력을 믿고 그 가능성을 열기 위해 보모이자 집사를 자처하는 김 대표와 같은 리더가 있었기에 가능한 꿈이 아니었을까? 곧 현실이 될….

- ■ 창 업 자 : 김영철
- ■ 창업년도 : 1995년
- ■ 자 본 금 : 3억 원
- ■ 사 원 수 : 4,300여 명
- ■ 매 출 액 : 1,150억 원
- ■ 소 재 지 : 동대문구 신설동(지사 및 지점 : 총 270개)
- ■ 특 　 징 : 섬김 경영, 고객과 직원을 키우는 가족친화경영

대표이사 **김영철**

직원은 생명이다

"기업이 곧 사람이다."

삼성그룹 창업주 이병철 회장이 생전에 늘 강조한 말이다. 기업을 경영하는 것은 사람을 경영하는 것이고, 사람을 경영하기 위해서는 우선 직원을 존중해야 한다는 의미를 담고 있다.

우리 주변에도 이렇게 직원을 소중히 여기는 기업이 있다. "직원은 생명"이라 말하고, "한 명의 직원이 천하보다 귀하다."라고 말하는 회사. '직원'을 회사의 최우선 순위에 두는 회사.

이 회사에서 매출과 수익은 단지 '직원'이라는 목표에 도달하기 위한 수단으로 치부된다. 보통의 기업들과는 다른 반전 상식을 가진 회사. 바로 '동화세상에듀코(이하 에듀코)'다.

회사 이름부터가 호기심을 불러일으키면서 묘하게 마음을 사로잡는다. 어느 부문이나 대기업이 선점을 하고 있는 요즘, 교육업계도 다를 리 없다. 하지만 이미 성숙시장에 접어든 교육시장에서 매년 20~30%의 놀라운 성장률을 보이면서 커나가고 있는 에듀코는 업력 20년의 중견 교육서비스 기업이다.

경쟁이 치열하고 수익구조는 좁아져서 이제 레드오션이라 여겨지는 교육시장은 더 이상의 도전과 변주는 좀처럼 용납되지 않는 곳이다. 그래서 직원 9명으로 출사표를 던진 작은 회사가 설립 20년 만에 매출 1000억 원, 직원 4300여 명, 지점 및 지사 270개소라는 놀라운 지각변동을 일으킬 줄 아무도 상상하지 못했던 게 사실이다.

그런데 이 놀라운 성장세로 단숨에 교육계를 평정한 에듀코가 더 눈길을 끄는 이유는 따로 있다. 에듀코는 '큰 회사'가 아닌 '남다른 회사'를 지향하고 있다. 이런 독특한 철학만큼 특이해 주목받는 사람이 있다. 바로 이 회사의 김영철 대표다.

"동화 속 주인공들과 세상은 너무도 아름답지만 흔히 현실에서 이루지 못하는 꿈으로 치부됩니다. 동화 같은 세상이 가능하다는 것을 보여주고 싶어서 회사 이름을 지었습니다."

김 대표는 '솔선수범 리더십', '직원 섬김의 리더십'으로 직원들에게 존경받는 CEO이다. 그는 먼저 내려놓고, 먼저 다가선다. 설사 직원들이 틀렸어도 지적하기보다는 직원들의 편에서 그들을 이해하려고 하는 리더다.

직원들이 너무 좋아 그들을 바라보고 있노라면 절로 눈물이 난다는 리더. 마치 아이같이 순수하다. 직원에 대한 김 대표의 마음이 내면 깊숙한 곳에서 순수하게 우러나온 것이라는 건 평소 그의 면면에서도 드러난다.

김 대표의 집무실은 새로 마련한 17층 건물 가운데 2층에 자리하고

있다. 웬만한 기업의 대표가 집무실을 풍광 좋은 로열층에 두는 것과
는 대조적이다. 흔한 소파나 권위를 상징하는 널찍한 책상도 없다. 6
명이 겨우 앉을 수 있는 회의 테이블과 서서 업무를 보는 책상이 전
부. 검소한 성격이 고스란히 드러난다.

책상 구석구석에는 직원들이 보낸 엽서와 고객사의 편지, 화분, 인
형 등 아기자기한 물건들이 놓여 있다. 공동체적인 삶의 향기가 그의
사무실에는 가득하다.

20년이 된 구형 '캐피탈'을 여전히 고집하면서도 집무실 책장에는
1,000여 권의 책들이 꽂혀 있다. 어느 때든 직원들이 보고 싶은 책을
가져가거나 이웃과 돌려보라는 배려가 함께 끼워져 있다. 이율배반
적인 모습이 이렇게 따뜻하게 마음을 적실 수도 있다는 걸 보여준다.

그는 회사를 동화 속 행복한 궁궐처럼 만들고 싶어 한다. 그 궁궐
의 왕은 자신이 아니라 에듀코의 직원들이다. 그는 그들을 위한 보모
이자 집사를 자처한다. 한 사람의 엘리트보다 많은 사람에게 좋은 영
향을 미치는 선한 리더로 만들기 위해 그는 직원들의 잠재력을 무조
건 믿고, 가능성을 한껏 열어둔다.

에듀코는 '인성이 경쟁력'이라는 생각으로 직원들의 인성과 성품
교육에 투자를 많이 한다. 김 대표는 다른 중견기업에서는 엄두도
내지 못할 어마어마한 교육비를 쏟아붓는 걸 전혀 아까워하지 않는
다. 고객을 성장시키는 교육서비스 기업인 만큼 직원의 성장이 담보
가 되지 않는 한, 성공할 수 없다는 절체절명의 이유가 존재하기 때
문이다.

수단이 아니라 목적으로써 생명처럼 소중히 여기는 직원들에게 즐
거운 인생을 선물하기 위해 다양한 가족친화경영도 활발히 펼치고

안성 연수원

있다. 김 대표가 번듯한 사옥보다 연수원을 먼저 마련한 이유도 이와
다르지 않다.

2010년 경기도 안성에 지은 '동화타운'은 국내 최초 타운하우스 형
태의 연수원이다. 국내 유명 호텔의 고급 임대주택과 유사한 연수원
은 직원의 70~80%를 차지하는 여직원들을 위해 동화 속 마을처럼 꾸
며놓았다.

도시의 소음에서 벗어난 가장 집중력 높은 환경 속에서 직원들을
위한 최고의 학습공간이 되어주는 이 연수원에 갖는 직원들의 애정
은 드높다. 대한민국 중소기업 중 직원 복지를 위해 이 정도 투자를
할 수 있는 회사는 거의 없다 해도 과언이 아니다. 지상 17층, 지하 2
층의 번듯한 규모의 신사옥은 한참 뒤인 2014년 11월에서야 동대문

86

구 신설동에 마련되었다.

"우리 직원들이 한 사람 한 사람 모두 행복과 성공을 이루면서 선한 삶을 살 수 있다면 저는 더할 나위 없이 좋습니다. 그러기 위해서 필요한 교육과 학습은 CEO인 제가 다 책임집니다."

선한 마음이 가득할 때 기업의 수익도 더불어 늘어나는 경이로운 경험도 겪었다는 김 대표. 그의 가슴 속에는 어린 시절 꿈꾸어 오던 동화 속 이야기를 자신의 기업이 재현을 해낸다는 눈부신 자부심이 가득하다.

좌절은 가장 큰 죄악

"생생하게 꿈꾸는 사람만이 성공할 수 있다."

힐턴 호텔의 창업자인 콘라트 힐턴의 말이다. 가난한 독일인 이민자의 아들로 태어나 호텔 벨보이라는 밑바닥에서 시작했던 그는 자신의 방에 가장 큰 호텔의 사진을 걸어놓고 늘상 꿈을 꿨다. 한번도 자기 꿈을 버리지 않았기에 세계적인 호텔왕이 될 수 있었다.

매년 승승장구하고 있고, 사업마다 높은 수익을 내고 있는 김영철 대표의 시작은 좌절에서 비롯되었다. 그에게는 원래 목표로 했던 꿈이 중간에 꺾이었던 가슴 아픈 사연이 있다.

사실 김 대표는 춘천실고 재학 중 전국체전에 참가해 은메달을 따기도 했던 전도유망한 유도 선수였다. 유도만이 인생의 전부로 생각했던 시절에 그의 꿈은 유도 국가대표가 되어 메달을 따는 것이었다. 앞만 보고 그 꿈을 위해 달렸다.

하지만 그의 꿈은 이뤄질 수 없었다. 대학교 1학년 때 연습을 하다가 연골이 파열되는 대형 사고가 났다. 이 사고로 7년여 동안 쌓아오던 꿈이 허무하게 무너져버렸다. 꿈을 잃는다는 것은 사람에게 전부를 잃는 것과 다름없는 일이다.

실의에 가득한 나날이 이어졌다. 농사일에서부터 막노동, 체육관 사범 등을 전전하면서 어둠의 터널을 빠져 나오기 위해 몸부림쳤지만 신통치 않았다. 주변의 뒷골목에서 그를 부르는 유혹도 적지 않았다.

"동네 사람들의 눈을 피해 이른 새벽에 산으로 올라갔다가 내려오는 일이 허다했지요. 어느 날 옹달샘 안에 비친 울어서 퉁퉁 부은 제 얼굴을 보니까 너무너무 부끄럽더라고요."

당당한 승부의 세계에서 한때는 촉망받던 자신의 모습을 새삼 떠올렸다. 자존심이 강했던 그는 뭐라도 해야겠다는 강한 욕망에 불타올랐다. 단돈 7,000원을 들고 강원도 양구에서 서울행 버스에 올라탔다. 1980년도의 일이었다.

이리저리 일할 곳을 알아보다가 간 곳이 '국민서관'이라는 출판사였다. 영업사원으로 첫 직장생활을 시작하면서 최고가 되어 정상에 서겠다는 마음을 가슴에 새겼다. 그는 자신이 파는 동화책 속의 이야기처럼 꿈꾸기 시작했다. 선하고 열심히 하면 그 노력이 보답 받을 것이라는 생각은 순진무구한, 어쩌면 시류 모르는 생각일 수 있었다. 하지만 당시 그에게는 그를 견디게 해준 유일한 희망의 밧줄이었다.

운동을 하면서 배운 특유의 추진력과 집념으로 백과사전과 전집을 열심히 팔러 다녔다. 고객을 자기편으로 만드는 데 탁월한 능력을 보인 그는 직장에 다닌 지 6년 만에 연봉 3억 원을 받는 스타직원으로 올라섰다.

하지만 그의 머릿속에는 '과연 이 시장이 지속될 것인가?'라는 의구심이 남게 된다. 이런 의구심에서 발로 뛰면서 출판업계 시장조사를 했다. 영유아를 대상으로 한 한글교육 시장이 형성될 것이라 직감한 그는 이 부문을 대상으로 사업을 시작하기로 마음먹었다.

1995년도에 자본금 3억 원으로 웅진 등 쟁쟁한 기업들이 장악하고 있던 교육출판 사업에 출사표를 던졌다. 젊은 패기가 없었으면 불가능한 일이었다. 추운 겨울 손수레에 집기를 싣고 간 곳은 퇴계로의 조그만 3층짜리 일신빌딩이었다. 이 빌딩의 130㎡(40평) 채 안 되는 2층 사무실에서 '국민에디코'가 잉태되었다. 비 오는 장마철이면 책상 여기저기 물받이 통을 놓아야 했고, 두 칸 정도의 남녀 공동 화장실에서는 줄서기가 일쑤였던 곳이었다. 9명의 직원들과 함께 '성공자는 남다르다'는 사훈을 새기면서 뛰기 시작했다.

김 대표는 직원들에게 윗사람이나 권력적인 지위라기보다 동료나 동반자의 관계로 남길 원하는 '젊은 마인드'의 소유자였다. 직원들이 퇴근할 때 사장실 문을 열고 "저희 먼저 가겠습니다."라고 스스럼없이 인사할 정도로 사장질의 문턱을 확 낮추었다. 기업 문화 자체는 젊고 발랄하며 창의성이 샘솟는 분위기였지만 대신 예의와 규율은 엄격히 지키도록 했다.

당시 몬테소리 삐아제 등의 교육 이론을 내세운 교재가 나오고 있었고, 프뢰벨의 교육 이론을 바탕으로 한 교구 가베가 인기를 모으며 전집류 시장에 나오고 있었다. 김 대표는 삐아제 연구원을 설립했다. 현장 반응은 폭발적이었다. 직원들의 자부심도 대단했다. 새로 신설한 삐아제팀은 교재 보급과 함께 회원 수를 늘려 나갔고, 그만큼 매출도 늘어만 갔다.

2000년 7월, 주식회사 '국민에디코'에서 '에디코educo'로 상호를 변경하였다. 전집류 교재를 보급하는 이미지를 벗고, 주입식 교육에 젖어 있는 사람들의 창의력을 끄집어내어 효과를 높일 수 있는 교육 전문 회사로 거듭나기 위해 바꾼 이름이었다. 그해 70억 원의 매출액을 올려 일약 이 분야 다크호스로 부상하기도 했다. 2011년 사명 '에디코'를 '동화세상에듀코'로 변경하고 초중고교 교육 사업을 아우르는 교육전문그룹으로 확고히 자리매김했다.

대기업이 주도하는 교육 시장에서 에듀코가 꾸준한 성장세를 보일 수 있었던 것은 직원들의 무한한 가능성을 이끌어낸 김영철 대표의 차별화된 경영마인드 덕택이다.

김 대표는 경영학을 전문적으로 공부한 사람이 아니었다. 어쩌면 바로 그 점이 오히려 더 큰 도움이 됐는지도 모른다. 기존 기업과 경영패러다임을 확 바꿔보자는 생각을 품게 된 것이다. 이를 바탕으로 직원을 부리는 회사가 아닌, 직원을 더욱 기쁘고 행복하게 만드는 기업을 만들기 위해 노력하고 있다.

"CEO가 된 후에 자신의 잠재능력을 발견하지 못한 직원들을 깨우치게 해주는 것이 내 사명이라고 생각했어요."

교육 시장이 성숙기에 접어들어 정체 또는 역신장 하고 있음을 감안하더라도 버젓한 광고 하나 없이 매년 평균 20~30%씩 성장하고 있다는 것은 대단한 일이다. 중국, 미국 등에도 프랜차이즈 지사를 설립할 정도로 눈부신 발전을 이뤘다.

학부모가 뽑은 교육 브랜드 대상 수상, 한국코치협회인, 자랑스러운 한국인 대상 수상, '코칭문화 확산 우수기관상' 수상, 언론인연합회 자랑스러운 한국인대상(인재양성부문) 등 다양한 필모그래피

filmography를 튼실하게 채워나가며 에듀코는 성공을 확실하게 굳혀 나가고 있다.

신의 한 수 '엉뚱한 발상'

현대그룹 창업자인 정주영 회장은 "스스로 아이디어를 내고 검증해볼 생각은 않고, 책 속에서만 답을 찾고 권위에만 의존한다면 창의력은 죽고 만다. 창의력이 없으면 획기적인 변화도 없다."라고 일갈한 바 있다.

김영철 대표 역시 회사를 경영하면서 창의력을 매우 중요하게 여기는 경영자다. 그의 집무실에는 사진 몇 개가 뒤집혀서 거꾸로 걸려 있다. 거꾸로 생각을 하면서 새로운 아이디어를 창출하라는 의미로 그렇게 건 것이다.

엉뚱한 발상이 신선한 모티브를 주는 법이다. 김 대표는 늘 에듀코 조직원들이 젊게 생각하고, 역동적으로 움직이기를 바라고 있다.

창립 이후 획기적인 교육서비스와 양질의 콘텐츠로 인기몰이를 할 수 있었고, 교육 전문회사로 괄목할 만하게 성장할 수 있었던 이유는 단연 틈새 시장을 적기에 공략하는 동시에 시장의 미래를 내다보면서 기존 방식과는 차별화시킨 전략을 구사했기 때문이다. 교수 자문단을 통한 교육방식의 차별성, 고객과의 독특한 접촉방식, 교사들의 수준 높은 교수법이 바로 그것이다.

특히 유럽에서 널리 확산된 창조적 학습의 밑바탕이 된 삐아제 이론을 국내에 도입해 히트를 친 것은 '신의 한 수'였다. 당시만 하더라도 대부분의 학습지 시장은 초·중·고등학생을 대상으로 한 것이 많았기에 유아용 학습지 시장은 그야말로 처녀지와 다름없었다.

초·중·고등학생을 위한 영어와 수학 전문 티칭시스템, 대학생 및 성인을 위한 영어회화 프로그램을 선보인 것 역시 대기업도 엄두 내지 못했던 획기적인 것들이었다.

또 다른 틈새를 공략한 중고등학생 대상의 학습지 '중앙 홈스쿨'은 사이버스쿨 개념을 국내 업계에 최초로 도입한 것으로도 유명하다.

학교 공부에서 조금 뒤지거나, 치열한 경쟁에서 앞서가려는 학생들이 좀 더 나은 성적을 내려면 암기식 학원 수업으로 보충해야 했다. 하지만 학생들이 학원에 가야 했고 또 그 비용도 적지 않게 들어가 학부모들의 고충은 적지 않은 현실이었다.

'중앙 홈스쿨'은 기존 학습지와는 확실하게 차별화가 되는 시스템이었다. 기존 학습지는 학습량의 과다로 인해 학생들에게 싫증을 유발시키고 교과서 개념 교육부재에 따른 기초학습이 이루어지지 않는 단점이 있었다.

한 학생에게 10분 정도의 시간을 할애하여 교육하던 기존 시스템을 버리고 학원과 과외, 학교의 중간 단계를 구상하여 새로운 시도를 했다. 주 2회 1시간 이상 양질의 전문교사가 방문해 맨투맨 교과수업은 물론 정기적으로 학습 진도를 체크하고 모의 테스트도 실시해줬다.

특히 원격 평생교육서비스인 홈스쿨넷은 온라인 교육전문 사이트로 초·중·고등학생의 학습서비스 제공과 화상, 음성, 전자칠판 등을 이용한 최첨단 쌍방향 사이버교육 서비스도 지원하고 있다.

홈스쿨 연구원은 처음 시작은 미미했었다. 그러나 선생님들이 회원들의 교육을 위해 새벽잠을 설치며 영어 회화를 수강하고, 수업 발표를 위해 밤을 지새워 목소리가 쉴 정도로 공부하는 교사들의 열정으로 회원 수가 폭발적으로 증가하기 시작했다. 2004년부터 'ieduco 교수법 경진대회'를 열어 교사들의 기량 향상을 꾀하고도 있다.

국내 교육서비스 및 교육기업으로는 유일하게 미국과 중국에 현지법인을 두고 학생과 직장인을 위한 전화 외국어 강좌도 운영 중이다. 현지에서 구축한 강력한 전문 강사진을 활용해 고객들에게 '원어민과의 회화 기회'를 제공해 폭발적인 호응을 얻고 있다. 동남아 영어권 서비스를 제공하는 기업들과 질 자체가 다른 교육 서비스를 제공하는 셈이다.

이런 고품격 교육서비스 프로그램에 쏟아지는 외부의 찬사는 셀 수 없다. 헤럴드비즈 고객만족 대상, 서울경제신문 2003 대한민국 일류브랜드상, 서울 경제 이머징 브랜드 수상, 대한민국 참교육 대상

교육과학기술부 선정 학부모가 뽑은 교육브랜드 대상_송춘식 이사가 대리 수상

수상, 지식경영인 최우수기업(교육서비스산업 부문) 대상 수상, 여성신문사, 교육과학기술부 선정 학부모가 뽑은 교육브랜드 대상 수상, 2014 상공의날 산업통상자원부장관 표창 수상 등 다양하고 화려한 타이틀을 보유한 교육기업은 많지 않다.

김영철 대표는 그 사세를 확장하여 리더십과 코칭, 성인 교육 사업에도 역량을 집중시키고 있다. 게다가 이 교육 사업들을 잘 지원하고 시너지 효과를 창출할 수 있는 건강식품, 건설 등 다양한 계열사로 사업 영역까지 확장하고 있다. 매출 1조 원을 거두는 대규모 프랜차이즈 그룹으로 거듭나겠다는 묵직한 목표는 현재 에듀코에게 가뿐해 보인다.

Educo ; B급에서 A급을 꺼내는 길

캐타펄트 시스템 CEO인 샘 구드너는 "A급 직원만 있고 견실한 B급 직원이 없다면 회사는 장기적으로 존속할 수 없다"고 말했다. 기업의 성공은 소수의 A급 스타플레이어보다는 조직의 비전과 전략을 실행하고 완결 짓는 것은 다수의 B급 인재들에게 달려있다고 했다. 물론 이 B급 인재들을 회사의 전략과 시스템으로 A급 인재로 키우는 것도 중요하다.

많은 사람들이 기업의 보유 자산액이나 임직원들 연봉 액수 등을 가지고 기업의 서열을 평가하곤 한다. 상위에 가까워질수록 사람들은 그 기업을 대기업 혹은 성공적인 기업이라 말하고, 그 기업에 몸담고 있는 사람을 '성공했다!'라며 부러워하곤 한다.

하지만 과연 높은 연봉을 받는다는 이유만으로 그들의 삶이 성공적이라고 확답할 수 있는 것일까? 에듀코는 과감히 그 질문에 'No!'라고 답한다.

"불확실한 시대에 직원을 위한 최고의 복지는 직원의 능력을 키워주는 것입니다."

에듀코는 직원들의 교육과 복지체제에 많은 노력과 비용을 쏟고 있으면서 현재 업계에서는 급성장하는, '차별화된 기업'으로 주목받고 있다. 어쩌면 다른 직장이었다면 이렇게 제공되는 수많은 교육들에 대해 직원들이 거부감을 가질 법도 하다.

하지만 에듀코 직원들은 그렇지 않다. 이런 체계적인 교육 때문에 입사를 지원할 정도로 '교육=직원복지'라는 등식을 잘 이해하고, 자랑스러워한다.

에듀코는 교육을 뜻하는 'education'의 라틴어원으로, '창의하다.', '끄집어내다.'라는 뜻을 가지고 있다. 사람은 누구에게나 잠재되어 있는 무한한 가능성이 있는데 이 가능성을 끄집어내어 실력을 발휘하게 해야 한다는 의미를 갖고 있다.

에듀코의 CI는 램프의 요정 '지니'를 형상화한 것이다. 동화 속 램프의 요정 '지니'가 간절히 소망하면 원하는 모습(욕망)을 실현하듯 동화 속 이야기 같은 일이 실제로 일어날 수 있다고 에듀코의 전 조직원들은 믿는다.

"에듀코는 이익보다 직원들의 성장 잠재력을 더 우선순위에 둡니다. 그 잠재력은 끊임없는 학습과 훈련으로 끄집어낼 수 있습니다. 특수부대도, 올림픽 금메달리스트도 훈련을 멈추는 순간 도태됩니다. 학습과 교육하는 만큼 회사가 성장할 거라 굳게 믿고 있어요."

김 대표는 직원들 속에 숨어있는 A급 인재의 자질을 이끌어내기 위해 힘을 쏟고 있다. 무엇보다 그들이 자신 안에 숨은 A급 인재의 모습을 아무 두려움과 망설임 없이 보여줄 판을 짜주는 것이 자신의 몫이라 생각한 김 대표는 소통시간들을 많이 가지려고 노력하고 있다.

김 대표는 동이 트기 전에 일어나 명상에 이어 기도의 시간을 갖는다. 주옥같은 성경말씀이나 명사들의 어록이나 경영 또는 인문학에 대한 기사를 스크랩하여 그만의 명상록을 만들었다. 그 명상록은 이 소통의 시간에 십분 활용한다.

일주일에 한 번씩 각 부서별로 갖는 대화시간에 직원을 아끼는 만큼 그들의 의견을 사소한 것이라도 소중히 챙기고 언제라도 자신의 생각을 말할 수 있도록 배려한다. 회사 정신을 고취시키고 부서별 건의사항과 아이디어 보고서를 받는 이 만남은 서로를 칭찬해주고, 좋은 소식을 주고받는 것부터 시작한다.

임직원 전체를 대상으로 현업 분야를 넘어 직업인으로서의 인격수양과 미래설계를 위하여 브라이언 트레이시, 스티븐 코비, 이브몰러 등 외국 구루들을 비롯해 국내 저명한 전문가와 명사들을 초청하여 1day 특강의 형태로 교육서비스를 제공하고 있다. 시대적 통찰과 개인의 삶을 풍요롭게 하고, 지식까지 아우를 수 있는 기업의 창조적 영감을 고양시켜 주기 위해서다.

그런데 왜 김 대표는 이토록 교육에 집착하는 것일까? 어느 정도 규모를 갖춘 다음 조직의 역량 강화를 위해 인재경영에 집착하는 보통의 기업과는 사뭇 다른 행보여서 의문스럽다. 이 의문에 대한 그의 답문은 짧다.

"돈은 나중에 벌 수도 있지만 교육은 때가 있기 때문입니다."

김영철 대표 스스로 지독한 학습광이다. 스스로 조찬 세미나를 100회 이상 다니는 등 교육을 통해 각자 능력을 찾고 행복해질 수 있는 길을 만들어 주는 인재양성 시스템에 공들이고 있다. 그는 교육을 통해 자신과 조직이 커지는 순간들을 매번 느끼고 있다.

교육을 통해 로열티 강한 100년 기업에 한층 더 가까이 다가갈 수 있다고 확신하는 김 대표는 에듀코가 단순히 직원들에게 일을 시키고 월급 주는 곳이 아니라 사람을 키우는 곳으로 자리하기를 원한다. 개인과 회사의 성장은 곧 사회에 좋은 영향을 주고, 가치를 만들어내는 일이어서 좋은 세상, 즉 김영철 대표의 표현을 빌리자면 동화 같은 세상을 만들기에도 적합하기 때문이란다.

입사할 때 독특한 직원 선발 기준을 적용하고, 입사 후 실무 경험과 훈련, 각종 연수 제도와 이벤트를 통해서 창의적인 인재 양성에 아낌없이 투자하고 있다.

"저희 회사는 신입사원을 뽑을 때 어제까지의 스펙보다 앞으로의 잠재력이 더 크게 점쳐지는 인재를 좋아합니다. 경력이나 학벌? 그다지 따지지 않습니다. 자세가 되어 있고 끼가 있는 사람이라면 저희 회사에서 인재로 거듭날 수 있으니까요."김 대표는 '도전'과 '변화'라는 두 단어를 참 좋아한다. 창업 당시 전혀 생소한 교육 시스템을 과감하게 도입하여 불황에도 불구하고 큰 성공을 거둘 수 있던 것도 따지고 보면 김 대표의 도전과 변화에 인색하지 않은 정신 덕분이었다.

회사의 각종 모임과 행사 역시 평범하게 하는 것을 거부한다. 심지어 회사 부서 이름도 서열화 된 딱딱한 명칭이 아니라 팀의 개성에 맞는 창의적인 이름을 붙이게 했다. 예를 들면, 업무부의 하나부, 개발부… 삐아제의 용가리팀, 황금팀, 샛별팀, 날개팀… 홈스쿨의 조은

팀, 우리팀, 열린팀, 비전팀… 같은 식이다. 각 팀의 위상을 드러내는 것이 아니라 자부심과 자긍심을 가질 수 있도록 짓는다.

97년부터 매년 전체 직원 중 10% 가량을 선발해 7~15일 정도 해외 베스트 워크샵를 보내주고 있다다. 싱가포르, 인도네시아, 말레이시아를 둘러보는 해외베스트 연수는 직원들의 업무 활동에 커다란 동기부여의 기회가 되고, 자신감을 키우는 계기가 되고 있다.

'각 부서에서 '최고 직원'으로 뽑힌 사람들이 각 팀별 성공사례를 발표하고 업무 성장을 위한 토론회를 가지며 업무 노하우를 공유한다.

조직원들이 회사를 단순히 직장이 아니라 나의 행복을 찾을 수 있는 공간으로 여기게끔 만드는 김 대표의 노력은 높게 평가받고 있다. 정부가 주관하여 인적자원개발 우수기관에게 인증하는 'HRD 우수 인증기관'으로 선정된 것이 대표적이다.

자신에게 잠재되어 있던 또 다른 능력을 발견한 후 강한 자신감으로 그 능력을 발휘하는 직원들을 볼 때 큰 기쁨을 느낀다는 김 대표. 그가 바로 직원들과 고객들, 그리고 자기 자신 안에 숨은 A급 인재를 이끌어내는 마술램프 속 요정 '지니'였다. 그리고 모두가 체험한 놀라운 성장의 기쁨은 김 대표의 간절한 소원이 만들어낸 기적이었다.

성장을 코칭하는 회사

삼성그룹 고 이병철 회장은 조직의 환경과 리더의 지도에 의해 평범한 직원들을 핵심인재로 만들어가는 힘을 '조직력'이라고 정의했다. 즉, 조직력이 강한 조직을 만들기 위해서는 인재를 키우고 육성하기 위한 지속적 교육이 중요하다는 것을 의미한다.

그런 의미에서 직원들이 업무 수행시간보다 코칭을 받는 시간이 더 많다고 느껴질 정도로 다양한 교육프로그램을 제공하는 동화세상 에듀코는 '조직력'이 강한 조직임에 틀림없다. 매년 회사 이익의 20%를 투자해 마련한 이 과정들을 이수하면서 직원들은 자기계발, 갈등관리, 지식경영, 재무관리, 고객만족 등 다양한 노하우들을 쌓는다.

이처럼 에듀코에 당연한 교육문화가 된 '코칭'은 IMF 위기 때에 도입된 것이다. 국내 경제가 침체된 시기에 많은 비용을 들여 코칭 프로그램을 도입했다는 점에 많은 사람들이 의아해했다.

하지만 이는 기업의 지속경영을 위한 불가피한 결정이었다. 단순히 영업만을 고수했다면 아마도 에듀코의 성장곡선은 거기서 멈췄을 것이다. 교육기업으로서 회원의 교육을 돕고 지도하는 것이 중요하긴 했다. 하지만 그 회원의 교육을 돕는 교사들의 자질과 역량을 먼저 키우는 것이 당시에는 급선무라는 것을 인지한 김 대표는 성공전략연구소가 실시하는 '데일 카네기 트레이닝'과 한국리더십센터의 '코비 리더십 코스' 등 자기 개발 프로그램 교육을 도입했다.

'데일 카네기 트레이닝'은 목표를 달성하도록 지시하고 통제하는 경영에서 직원이 성공하도록 이끌어주는 경영으로 변화시키기 위하여 새로운 통합적인 경영스킬이 필요하다는 것을 인식시켜주고, 지시와 통제가 아닌 소통과 자율을 제시함으로써 기업의 성장에 매우 중요한 역할을 수행할 수 있도록 도와준 교육 프로그램이다.

13주에 86만 원의 수강료가 드는 교육을 수강한 직원은 사내 교육을 통해서 다른 직원에게 교육 내용을 전파했다. 직원끼리만 공유하는 데서 그치지 않고 회원들이나 고객들에게도 전파했다. 이런 교육은 IMF를 벗어나기 위한 일시적인 방편이 아니라 직원 성장을 통한 기업의 지속적인 성장이라는 선순환을 도와주는 핵심 성장 동력이 되었다.

코칭을 도입해 얻은 이점은 다양하다. 직원들 사이의 갈등 관리를 원활히 할 수 있어서 조직관리가 저절로 되었다. 또한 이끌어진 직원들의 재능은 회원들에게도 큰 도움이 되었다.

단순하게 지식을 전달하는 수준이 아닌 마음의 움직임 즉, 스스로 공부 방법을 깨우고, 코칭을 통해서 공부 목적을 발견하면서 회원들의 성취는 놀라울 정도로 높아졌다.

"교육 중 최정상에 있는 것이 코칭입니다. 앞으로 전 직원을 코치

창조코칭포럼(매월 실시)

로 만들고 싶습니다.”

현재 에듀코는 자타가 공인하는 코칭 전문기업이다. 에듀코 코칭프로그램은 한국코치협회 인증교육프로그램ACPK : Accredited Coach Program in Korea으로 인증 받았다. 2014년 3월부터 에듀코 주최로 매월 창조코칭포럼Creative Coaching Forum을 열고 있다.

특급호텔에서 열리는 포럼에 참석하면 조찬과 함께 테이블마다 배정된 전문코치들과 함께 코칭에 대한 대화를 나눌 수 있고, 한국코치협회 후원으로 코칭에 관한 특강을 듣는다. 출근 전 이른 시간에 코칭포럼에서 힘을 얻은 참석자들은 한층 활기차고 고무된 표정으로 일터로 돌아가게 된다.

직원을 위한 코칭뿐 아니라 학생을 위한 학습코칭, 진학코칭, 진로코칭에 관한 전문 프로그램인 코칭DCTDreams Come True도 개발하였다. 앞으로는 부모코칭, 라이프코칭 등 성인을 대상으로 하는 코칭에도 도전하여 진정성 있는 휴먼터치도 할 수 있는 기업을 꿈꾸고 있다.

에듀코에서는 중역과 경영자를 꿈꾸는 사람에게는 ‘당신이 더 높은 자리에 올라가려면 후배들을 리더로 키우라!’라고 주문한다. 실제로 다른 사람을 키우다 보면 덩달아 자신도 커지게 마련인 법이다.

에듀코에는 교육프로그램 ‘지닉스GeniEx’가 있다. 이 9가지 교육 프로그램들은 실제로 김 대표가 직접 받아보고 엄선한 교육과정들이다. 지닉스 교육프로그램을 받고 싶어 입사했다는 직원이 있을 정도로 그 명성은 대단하다.

잠재력을 뜻하는 지니Genie와 탐험, 여행이라는 뜻의 Explore의 합성어로서 ‘내 안의 잠재력을 찾아가는 여행’이라는 뜻을 갖고 있다. 창업 이래 지닉스 교육의 수는 계속해서 늘어나고 있으며 현재는 9가

GeniEx 교육_피닉스마케팅

지이지만 앞으로도 계속 늘어날 것이다.

'성공하는 사람들의 7가지 습관', '피닉스리더십', '크리스토퍼 리더십', '센터링', '코칭', '마케팅', 'CS교육' 등 일반인들이 접하기 어려운 고급강의들로 구성되어 있다. 사회에선 1인당 한 과정에 100만원이 넘는 교육이지만 높은 수강료도 아까워하지 않는다.

게다가 스케일도 생색내기 수준을 넘어선다. 1인당 연간 교육비는 평균 400만원에 이르며, 아무리 비싸도 내용만 좋다면 국내외 유수의 교육 프로그램들을 들여와 라이선스 계약을 맺는다. 중소기업 치고는 결코 작지 않은 투자비다.

이런 노력으로 에듀코는 한국코치협회 코칭우수 확산기관으로 선정되었고, 김 대표는 2007년 '자랑스런 한국인 대상' 인재육성부문 수

102

상자로 선정되기도 했다.

코칭을 통해 김 대표가 만들려고 하는 에듀코는 '정년이 없는 직장', '회사의 이익과 고용창출의 이익·고객만족이 함께 공존하는 회사', '하늘과 방향을 잘 맞추고 세상과 방향을 잘 맞추는 선한 기업'이다.

김 대표는 코칭을 통해 에듀코 직원들이 행복해지고, 전문적인 식견과 능력을 갖춰 나중에 나이 들어서도 사회에 나와서 활동 할 수 있는 지식과 기술과 전문성을 갖춘 사람이 되기를 바란다. 그에게 '사람이 경쟁력'이라는 말 자체는 그냥 쓰이는 레토릭rhetoric이 아니었던 것이다.

독서는 우리의 힘

"모든 사람은 한 권의 책이다."

알리바바 마윈 회장은 책을 많이 읽는다고 해서 성공하는 것은 아니지만 성공한 후에 경영자가 독서를 게을리한다면 큰 문제가 될 수 있다고 했다.

동화책 영업사원으로 사회생활을 시작했던 김영철 대표 역시 이 말에 전적으로 동의하는 사람이다. 그는 일찍부터 책을 통해 휴머니즘의 가치를 깨달았다. '책'이 인재를 만드는 가장 핵심적인 자양분임을 안 그는 2005년부터 에듀코에 독서경영을 도입했다.

본사와 전국 지사에 책도 사주고, 직원들을 모아서 토론도 하고, 독후감과 아이디어도 제출하도록 했다. 그런데 이와 같은 방식의 독서경영은 5년 만에 한계에 부딪히고 말았다.

독서경영이라는 단어자체에 매몰돼 정작 직원들은 '책 읽는 즐거움'을 잃어버린 게 문제였다. 솔직히 책을 좋아하는 직원들은 다양한 지원을 반길지 몰라도 1년에 책을 한 권도 보지 않는 직원들은 책을 사준다고 해도 부담스러워할 수가 있다. 오히려 전보다 더 책을 싫어하게 되는 사태에 직면할 위험성도 커져만 갔다.

자신이 읽은 책을 스스로 정리하고, 자신의 것으로 소화할 수 있는 능력을 키우기를 바랐던 김 대표는 독서경영시스템을 완전히 뜯어고치는 작업에 착수했다. 김 대표이사가 직면한 고민은 '어떻게 하면 책 읽기를 즐기게 만들까?'였다. 그리고 그의 주문은 단순했다.

"직원들이 책을 좋아하게 만들어라!"

에듀코는 2010년 교보문고 독서교육연구소와 손잡고 전 직원들을 위한 '독서경영리더과정'을 개발했다. 물고기를 잡아주기보다 물고기 잡는 법을 가르치자는 의도였다.

이에 따라 독서경영 리더과정은 다양한 독서법과 정리법, 토론법을 체계적으로 배울 수 있도록 설계했다. 먼저 책에 어떻게 접근하는지 알려주고, 읽은 내용을 정리하는 방법과 다른 사람들과 공유하는 방법 등을 8주에 걸쳐 배우게 했다. 도입 첫해에만 100명이 독서경영 리더과정을 이수할 정도로 반응은 호의적이었다.

독서경영에 대한 기업 CEO의 철학과 의지가 확고해야 독서경영이 제대로 뿌리내릴 수 있다. 김영철 대표 스스로가 못 말리는 독서광이라는 것은 업계에 회자되는 사실이다.

김 대표는 독서경영에서 특히 '소통'과 '토론'을 중시한다. 단순히 책을 읽는 데 그치지 않고 독서토론 모임을 만들어 정기적으로 개최한 이유는 책을 매개로 업무와 생활까지 확장되는 토론을 벌이면서 자연스럽게 구성원 사이에 '소통'을 하기 위해서였다. 그리고 이런 소통을 기업에 피드백 시키고자 노력했다.

지구별 독서토론 모임은 자율적으로 결정한다. 두 달에 한 번씩 활동내역을 사이트에 업로드 하는 최소한의 가이드라인과 독서활동을 승급점수에 반영하는 등의 보상체계를 갖추고 있다.

독서경영으로 인해 자연스럽게 지식경영도 가능해졌다.

에듀코의 ERP시스템에서 '제안사항 및 아이디어 게시판'을 통해 신입부터 간부까지 누구나 자유롭게 의견을 내놓을 수 있다. 이에 대해 담당부서에서 의견에 대한 답변을 달고, 적용 가능한 아이디어는 현업에 즉시 적용했다. 우수 아이디어를 제공한 직원에게는 매월 포상도 하고 있다.

독서경영으로 인해 나타난 가장 큰 변화는 '건의'하기보다 아이디어를 '제안'하는 직원들이 많이 늘어났다는 것이다. 이런 변화는 작지만 기업문화를 바꾸는 단초가 되기에 충분하다. 지식넷NET에 독서와 학습을 통해 창출되는 새로운 지식과 지혜의 공유하기도 했다.

에듀코는 회사 안에 도서관을 운영하고 있다. 연간 1,000여 권 이상의 책을 구입하고 있다. 자기계발 목적으로 직원들이 도서를 구입하면 보조도 해 주고 있다. 매년 진행하는 독서경영 페스티발로 사내 독서문화가 이제는 확고하게 정착이 된 모습이다.

이런 다양한 독서경영의 실천으로 독서생활운동 협회에서 주관한 'CEO 독서문화상'과 '책의 날 국무총리 표창'을 수상하기도 했다.

가정과 회사는 한 배

"일과 가정의 조화를 이뤄라!"

펩시코PepsiCo CEO 안드라 누이는 두 아이의 엄마로도 유명하다. 2012년 포춘지가 발표한 '세계에서 가장 영향력 있는 어머니 20인 중 3위'에 오를 정도로 가정과 일을 훌륭하게 꾸민 슈퍼맘이기도 하다.

동화세상에듀코 역시 일과 삶의 조화라는 그 생각을 금과옥조처럼 여기며 실천하고 있는 회사다.

사실 에듀코가 '女편한 세상'을 지향할 수밖에 없는 속사정이 있다. 4,000여 명에 이르는 직원 중 70%가 여성인 까닭이다.

에듀코는 출산과 육아로 인해 회사에서의 위치나 자리가 없어질 거란 불안감이 없는 여성을 위한 직장, 끊임없이 반복되는 회사 생활에 도태되지 않고 자기계발에 투자를 할 수 있는 시스템을 갖추어 도움을 주는 직장, 가족과 함께 어우러질 수 있는 프로그램들이 자체적으로 많이 형성되어 있어서 회사와 가정을 따로 생각할 수 없게 하는 직장이라는 점을 공인받아 '가족친화기업'이라는 타이틀을 당당히 걸었다.

김 대표는 에듀코가 사원과 경영진이 서로를 이해하고 사랑하는 즐거운 일터가 되기를 꿈꾼다. 사람 냄새가 나는, 그래서 따뜻하고 편안한 기업을 현실에서 이루어 내기 위해 오늘도 최선을 다하는 김 대표의 노력은 '일하기 좋은 기업 100선 선정', '가족친화포럼 총회 여성가족부 장관 표창수상', '가족친화우수기업 정부포상 여성가족부장관상', '여성신문 소비자가 뽑은 좋은 기업 대상 수상'으로 인정받았다.

‘가화만사성’은 에듀코에 뛰어난 경쟁력을 심어준 원천 이념이다.

“회사가 더 이상 국가의 근간인 가정을 이루는 데 걸림돌이 되어서는 안 됩니다. 직원에게 즐거운 인생을 선물하는 것을 지상 최대의 과제로 삼고 있는 에듀코는 가정과 회사가 모두 만족할 수 있는 지점을 찾기 위해 노력하고 있습니다.”

동화세상에듀코가 추구하는 기업 문화는 ‘사람같이 따뜻하고 편안한 것, 그래서 늘 만나고 싶게 하는 것’이다. 그의 고민은 어떻게 직원들을 기쁘고 신나게 만들 것인가에 집중돼있다. 그래서 에듀코의 모든 기업 행사는 축제처럼 즐겁고 신나게 이뤄진다.

에듀코에서는 재택근무에서부터 탄력 출근 제도, 해외 연수, 자기계발 인재양성시스템 등 직원을 위한 복지 제도가 잘 구축되어 있다.

‘창조 휴가’라는 제도가 있는데 본부장과 부장, 연구원 과장, 대리급 직원에게 직급별로 1~4주 동안의 휴가를 주는 것이다. 회사의 간부직원들은 바쁜 업무 때문에 휴가를 제대로 가지 못하는 일이 왕왕 있다. 일주일의 휴가를 통해 가족과 즐거운 시간을 갖거나, 하고 싶었던 여행을 가거나 모자랐던 휴식을 푹 취할 수 있도록 하여 회사에 대한 생각을 다지고 새로운 에너지를 충전할 수 있도록 하였다.

직원들의 근무 방식도 유연하게 바꾸었는데, 일주일에 하루 이틀만 출근하고 나머지는 집에서 근무를 하는 교사도 많다. 온라인 수업을 하기 때문에 출산 후에도 계속 근무를 할 수 다는 장점도 있다. 에듀코의 웹행정지원 시스템을 통한 재택근무에 대해서도 여자 직원들의 만족도가 매우 높다.

여성 직원들은 대부분 출산이나 육아에 대해 고민하고 걱정하는 경우는 없다. 둘째아이를 낳으면 1,000만 원을 지원하고 자녀 성장에 따라 아동용품도 선물한다. 교육 회사이니만큼 직원 자녀에 대한 교육 지원도 아끼지 않는다.

해마다 여름방학 기간을 이용하여 에듀코 회원들과 임직원 자녀 및 회원들을 위한 캠프가 진행된다. 독서와 논술, 학습코칭의 교육, EBS 스타영어강사 등 강사들과 멘토들을 초청해서 청소년리더십교육을 받는 시간을 가진다. 이 시간을 통해 자신의 미래를 준비하며 목표를 설정하여 스스로 비전을 확립하도록 돕고 있다.

'고비용·비효율'을 우려하던 회사 안의 목소리도 에듀코가 매년 매출이 20~30%씩 오르면서 점점 낮아지고 있다. 유연근무를 '시스템화' 시킨 결과 가정과 아이에 대한 걱정 없이 회사업무에 집중할 수 있을 때 업무효율은 배가 된다는 것이 수치로 증명 된 것이다.

에듀코만의 가족친화 제도를 활용한 덕분에 아이들을 양육하면서도 장기 근속하는 여성 사원들이 엄청 많다. 장기근속자 비율이 80%에 달할 정도다. 여성들의 섬세함과 감성이 필요한 '창조경제' 시대에 펼치는 에듀코만의 과감한 가족친화경영은 다른 기업들에게 시사하는 바가 크다.

직원들의 자부심은 엄청날 수밖에 없다. 회사에서 적극적으로 가정을 지킬 수 있게 도와주는 만큼 책임감을 갖고 일하게 되는 것은 당연한 일이다.

가정과 회사는 한 배다. 같은 배를 탔기에 어쩌면 서로 '가족'이라 지칭해도 어색하지 않을 사이다. 같은 운명은 서로에 대한 믿음을 깊게 한다. 그래서 거칠고 높은 파도도 더 잘 헤쳐나가게 하는 법이다. 곁에 '가족'들이 있는 한 인간은 덜 두려워하고, 덜 망설일 수 있기 때문이다. 눈부신 태양, 그 광활한 미래를 향해 함께 노를 젓는 에듀코의 전 조직원들이 있기에 오늘도 '에듀코 호'는 앞으로 나갈 수 있다.

나를 누리고 남을 기쁘게

"물심양면으로 모든 종업원의 행복을 추구함과 동시에 인류 사회의 진보와 발전에 공헌한다."

교세라그룹의 명예회장 이나모리 가즈오의 경영철학은 교세라그룹의 경영 이념이 되었다. 그는 퇴직금을 전액 기부하여 "세상을 위해, 사람을 위해 일한다."는 경영 철학을 말만이 아니라 행동으로도 실천했다.

'신뢰Trust, 창조Creative, 헌신Devotion.'

에듀코인들이 믿는 핵심가치 3가지 중 맨 마지막이 '헌신'이다. 회사가 단순히 직원들에게 일을 시키고 월급 주는 곳이 아니라, 사람을 키우는 곳이어야 한다고 믿는 김영철 대표는 직원 발전을 이루려고 하는 목적이 결국은 사회 전반에 아름답고 선한 가치를 퍼트리는 데 있다고 말한다.

베풀고, 사랑하고, 꿈을 이루고, 세상의 빛이 되는 명품 인재를 양성하는 교육 그 자체가 이미 사회공헌이라고 생각하는 김 대표. 그는 기회를 만들어 가치를 창출하는 기업가이기 전에 이 사회를 위해 우리 청소년들이 그들의 무한 가능성과 잠재력을 펼칠 수 있는 기회를 창출하는 교육을 주는 멘토로서 이미 사회에 기여하고 있다. 직원들의 재능기부로서 학교에서 받을 수 없는 교육들을 청소년들에게 무상으로 제공하는 교육재단 설립도 계획하고 있다.

직원 3만 명을 선한 리더로 키우는 것도 사회에 빛이 되는 기업이 되기 위한 일환이다. 그렇게 탄생한 선한 리더가 선한 영향력을 발휘하여 세상을 밝게 해주는 모습을 꿈꾸는 그는 얼핏 낭만적인 휴머니스트처럼 보이기도 한다.

"혼자서 꾸는 꿈은 독선이 되기 쉽지만 함께 꾸는 꿈은 현실로 이루어지기 쉽습니다. 우리 회사가 역사에 이름을 남길 수 있는 가장 큰 방법은 선한 리더를 잘 키워내는 것이라고 생각합니다."

김영철 대표는 직원이 행복하려면 꼭 실천하거나 가져야 할 덕목 12가지(행복, 섬김, 준행, 약속, 신뢰, 사랑, 가족, 관심, 경청, 대화, 존중, 양보)를 행복시계(당신의 행복시계는 지금 몇 시입니까?)로 제작하여 임직원은 물론 거래선에 나주어 주고 이를 실천할 것을 권한다.

"한평생 나를 수양해서 나를 누리고 남을 기쁘게"

김영철 대표는 한평생 끊임없이 자신을 수양하여 자신을 누리며 남들에게 기쁨이 되어주는 삶을 살아가겠다는 'CEO 사명'을 선언하는 동시에 사회적 책임 수행에 앞장서 나가고 있다.

강원도 양구시와 1사 1촌 자매결연을 통해 사랑 나눔 실천운동으로 활력 있는 농촌을 가꾸고, 삶의 질 향상과 농촌문화 체험을 통한 농촌사랑에 이바지하고 있다. "농촌은 국민 모두의 마음의 고향"이라며 농촌을 살릴 수 있는 다양한 프로그램을 개발하고 있다.

특히 교육서비스 업체인 특성을 십분 살려 교육 관련 후원을 아끼지 않고 하고 있다. 양구중학교 영어교실을 지원하고, 소외계층에 교재와 온라인교육을 지원하고 있다.

사회적으로 이슈가 되거나 우리 사회를 충격과 슬픔으로 몰아넣었던 커다란 재해재난에도 보탬이 되기 위해 노력했다. 태안기름유출

자원봉사, 일본쓰나미, 중국지진, 필리핀태풍, 세월호 성금활동 등을 했다. 기아와 질병으로 고생하고 있는 북한 어린이들을 위한 우유 보내기 사업도 했다.

자연보호를 위한 나무심기, 굶주린 이들을 위한 밥퍼 봉사활동, 사랑의 연탄 나르기, 클린콘텐츠 국민운동연합회 "공익캠페인" 후원, 한국우리누리재단 "아이 함께 키우는 사회" 후원, 산타스포츠페스티벌을 통한 비인기 스포츠 후원 등 크고 작은 사회공헌활동을 내부적으로 진행해 오고 있다.

2014년 8월 간헐적으로 이루어지던 기업의 사회적 책임인 CSR Corporate Social Responsibility활동을 보다 체계적이고 조직적으로 운영하기 위해 전임직원이 참여하는 '해피투게더Happy Together 봉사단'을 출범했다.

에듀코의 궁극적인 비전은 사회에 빛이 되는 기업이다. 하지만 행하는 선한 일에 대해서 일부러 드러내지는 않으려고 노력하고 있다.

"진짜 선한 리더는 아무도 없는 복도에서 비뚤어져 있는 액자를 바로 잡을 줄 아는 사람입니다. 명예는 내 스스로 올리는 게 아니라, 남이 올려준다는 것을 아는 사람, 순간의 이익보다는 명예로 사는 사람이 진짜 선한 리더입니다."

에듀코는 동화 속 행복한 가치를 실현하기위해 행복시계 시침과 분침이 움직이듯이 하나하나 현실에서 그려 나가고 있다. 김영철式 행복은 나눌수록 배가되는 행복이다.

에듀코는 '100년 기업, 1조 매출 비전과 동행하는 대외봉사'의 기치를 내걸고 대한민국뿐만 아니라 세계 곳곳에 도움의 손길을 내미는 공헌 활동을 계획하고 있다.

영혼이 깨끗하고 맑고, 당당한 직원들과 김 대표가 만들어가는 에듀코는 분명 세상에 둘도 없는 기업, 역사가 기억하는 기업, 존경받는 기업이 충분히 될 수 있을 거라는 확신이 든다.

100년 달력을 넘기며

포트만 홀딩스의 회장 존 포트만 회장은 "과거가 아닌 미래가 나를 흥분시킨다"고 말했다. 이 말은 웬만한 경영자라면 모두가 공감하는 소리일 것이다.

동화세상에듀코는 지금 그 100년 기업을 향해 달려가고 있다. 그 꿈을 위해 4가지의 구체적인 비전들을 만들어 바지런히 실천하고 있다.

첫 번째, '100년 글로벌 기업'이다. 본사 및 전국 지사 지점에 '100년 달력'과 '비전보드'를 게시하여 모든 직원들이 하나 된 마음으로 같은 꿈을 꾸려고 노력하고 있다. 그의 집무실에는 향후 2001년부터 2100년까지 한눈에 알아볼 수 있는 100년 달력이 걸려있다. 기발한 아이디어가 돋보이는 이 달력에는 내밀한 소망이 숨어있다.

100년 후를 내다보는 인재양성으로 100년, 200년을 뛰어 넘어 500년, 1000년을 가는 기업이 되는 것이다.

두 번째, '20개 계열사 글로벌 그룹화'이다. 이미 교육 사업을 시작으로 에듀코는 건강사업, 유학사업, 기업 및 학교 교육사업 등 세상에 선한 영향력을 주는 다양한 사업 분야에 진출해 있다.

세 번째, '3만 명의 선한 리더 양성'이다. 처음 시작할 때만 해도 이런 사명감이 있었던 것은 아니었다. 솔직하게 돈을 벌기 위해 사업을 시작하지 않는 기업가란 별로 없을 것이다. 당연한 욕망이다. 그러나 경영을 계속해오면서 그에게 회사의 이익을 사회에 환원하는 기업으로 키우고 싶다는 사명감이 싹텄다. 더 큰 이익을 더 많은 곳에 환원하는 것이 경영자의 사명이라는 것을 깨닫게 된 것이다. 그는 전 직원을 대상으로 다양한 리더십과 최상의 자기계발 기회를 제공함으로써 멀리 나아가서는 이 사회에 진정한 리더로 성장할 수 있도록 인재경영에 아낌없이 투자하고 있다.

네 번째, '1조 매출·1천 개 지사·1천 명의 사내 외 강사 양성'이다.

1,000억 달성기념 한라산 등반

현재 매출액은 1,000여억 원이고, 사내 강사는 300여 명이 있다. 비록 지금은 사내에서만 활동하지만 그들이 지속적으로 커리어를 개발하여 회사 바깥에서도 분주히 활동하는 프로강사가 될 수 있도록 도와주고 있다.

에듀코는 2014년을 글로벌화 실천의 원년으로 삼고 해외시장 개척을 역량을 강화하고 있다. 그에게 있어 국경은 사람들이 인위적으로 그어놓은 선에 불과하다. 전 세계 사람들도 결국 같은 조상에서 나온 같은 뿌리이며, 세계는 하나이기 때문에 해외 시장 개척이 별로 새로울 것이 없다고 말하는 김 대표는 이미 교육 분야에서 차이나 에듀코, USA 에듀코를 설립해 외국의 기호에 맞는 맞춤 서비스를 구현하고 있다.

게다가 식품사업, 무역사업으로의 확장을 통한 그룹화 비전을 실현해 나가고 있다. 세계화의 교두보를 마련하기 위해 해외 무역 사업부도 만들었다. 교육 사업을 글로벌화 하기 위해 노력하던 중 무역에 관심을 갖게 된 김 대표는 주력 상품을 고심하다가 우리나라 대표 브랜드인 고려인삼을 선택했다.

물론 반대는 있었지만 우리나라 고려인삼은 외국 사람들도 너무나 좋아하는 우리나라 최고의 브랜드인지라 나름 자신감도 가득하다. 2005년 '고려진생'을 인수하여 건강사업까지 비즈니스 영역을 확장하였다.

김 대표가 가장 먼저 신경 쓴 것은 제품의 차별화였다. '고려진생'은 5년여 동안 시행착오를 거듭한 끝에 200㎎/g 이상의 홍삼 사포닌을 고농축 시키는 데 성공해, 캡슐 하나만으로도 홍삼 한 뿌리에 해당하는 사포닌을 얻을 수 있는 제품을 만들었다.

지부가 많이 조직되어 있는 에듀코는 점포 하나 없이 입소문 마케팅과 러시아 전통무술인 삼보를 이용한 스포츠 마케팅 등으로 빠르게 시장을 점유해 나가고 있다. 유도 국가대표를 거쳐 세계 삼보 선수권 대회에서 한국인으로는 처음으로 동메달을 딴 김광섭 선수가 김 대표의 아들이다. 삼보선수 출신의 격투기 최강자인 예멜리아넨코 표도르와 블라고이 이바노프 등에게 제품을 공급하고 후원하기도 했다.

무점포 대리점을 통한 1대1 대면 마케팅으로 실수요자를 공략하고 교육 업체인 모기업과 연계해 청소년 전용 제품을 선보이는 한편 기능성을 앞세워 약국 시장도 집중적으로 공략하고 있다. 에듀코가 이미 진출되어 있는 미국과 중국을 거점으로, 우리나라 한상韓商들과의 제휴를 통해 전 세계 네트워크를 구축하고 있다.

"인삼 수출은 해외투자와 무역실무를 익히는 데 큰 경험이 되었고, 해외시장, 특히 중국시장 분위기를 파악하는 데 큰 힘이 되었습니다."

이 외에도 유학, 관광, 호텔, 금융, 건설 분야에도 진출을 준비 중에 있다. 다양한 사업군으로 진출하는 것 역시 직원들에게 다양한 기회를 제공하고자 함이다. 100년 기업이라는 원대한 목표를 지향하지만 김 대표는 더없이 겸손하고 조심스럽다.

"회사가 커진다고 대표가 자만하고 거만해지면 회사의 크기가 거기까지입니다. 제가 없어도 제 후대에도 지속되는 회사, 직원들이 행복한 회사를 만드는 게 제 꿈입니다."

누구나 꿈꾸지만 아무나 이룰 수 없는 꿈 '100년 기업'

언제나 자신을 되돌아보고 경계하고 다음을 준비하며 계획하는, 그래서 끊임없이 진화하는 기업에게만 허락된 영예의 이름일 것이다. 동화세상에듀코라면 '거울 속의 꽃' '물 속의 달'이 아니라 언젠가는 능히 손에 거머쥘 수 있는 '현실'로 만들 수 있을 것이다. 왜냐고? 동화 속에서는 간절하게 원하면 다 이뤄지기 때문이다.

이 글은 한국형 인사조직 연구회 회원이신 '피플스그룹 – 가재산 대표'가 사례분석 보고서를 썼고 '동화세상에듀코 – 홍보실 박인경 과장'께서 여기에 소개되는 글이 회사의 경영철학이나 제도가 본래 취지와 벗어나지 않도록 꼼꼼하게 체크해주신 글임을 밝히는 바이며 노고에 감사드립니다.

쎄트렉아이

자 부 심 을   쏘 아
우 주 를   개 척 한   기 업

쎄　　트　　렉　　아　　이

우리나라 최초, 유일의 지구관측용 소형 인공위성을 만들어 해외로 수출하는 쎄트렉아이는 전 직원의 80%가 연구개발 인력으로 구성되어 있는 '연구소보다 더 연구소 같은 기업'으로 연간매출 대비 10% 이상을 연구비로 투자하고 있다. 벤처업계에서 가장 무모한 사업 아이템이라 할 수 있는 '우주산업' 시장에 뛰어들어 기업을 반석에 올린 쎄트렉아이의 최대 경쟁력은 구성원들의 잠재력을 한껏 끌어올린 창조적인 직장 문화일 것이다. 자율적인 근무환경과 뛰어난 복지제도들을 향유하는 직원들은 최고의 자부심을 가지고 우주산업 불모지 대한민국을 글로벌 위성 시장의 강자로 만들었다. 자율 출퇴근제와 10년 근무 후 최대 1년간 재충전을 할 수 있는 안식년 제도를 운영하고, 임직원들은 연간 52시간 이상의 교육을 수강한다. 능력이 뛰어난 지인을 회사에 추천하여 그 사람이 실제로 회사에 입사한 경우 소개한 직원은 두둑한 헤드헌팅 비용을 보너스로 받는다. 질병에 걸리거나 예상치 못한 일로 사고나 사망할 때를 대비해 직원과 가족의 보험까지 꼼꼼히 챙기는 회사의 배려에 직원들은 자신들의 삶의 일부분을 기꺼이 또 다른 가정인 회사에 내맡긴다. 일과 삶의 조화로운 균형을 추구하고, 구성원들의 만족스러운 직장생활이 회사의 궁극적인 가치라 스스럼없이 말하는 회사. 회사의 목적을 위해 개인을 수단화하고, 희생시키는 일을 거부하는 쎄트렉아이가 '한국 최고의 직장(Best Employers in Korea)'이라는 타이틀을 거머쥔 것은 어쩌면 매우 당연한 일이었다.

- ■ 창 업 자 : 박성동, 김병진(각자대표)
- ■ 창업년도 : 1999년
- ■ 자 본 금 : 18억원
- ■ 사 원 수 : 182명
- ■ 매 출 액 : 316억(2013년말 기준)
- ■ 소 재 지 : 대전 유성구 유성대로 1628번길 21(전민연구소), 엑스포로 441 (문지연구소)
- ■ 특　　　징 : 자유·자율·신뢰·소통 경영, 가족친화경영

대표이사 **박성동**　　대표이사 **김병진**

무모한 아이템, 최고의 자긍심

"뛰어난 지도자는 항상 구성원들의 자긍심을 북돋는다."

월마트 창업자인 샘 월튼의 말이다.

쎄트렉아이 직원들 역시 어느 누구도 넘볼 수 없는 자긍심을 갖고 있다. 박성동과 김병진이라는 뛰어난 지도자가 있기 때문이기도 하지만 우리나라에서 '인공위성'을 만든다는 사실 하나만으로도 충분히 자긍심이 흘러 넘쳐 보인다.

벤처산업계에서 무모한 사업 아이템으로 여겨지는 것들에는 여러 가지가 있다. 기술적으로 극복하기 힘들거나 시장과 동떨어진 사업 품목들이거나 글로벌 기업이 주무대인 종목도 있을 수 있다. 이런 것에 자칫 잘못 뛰어들었다가 '기술적 한계'나 '규모의 경제'에 몰려 낭패 보기 쉽다. 무모하다고 생각되는 분야는 피하는 것이 일반적인 상식이다.

기술, 시장, 경쟁사 등 여러 요소가 최악인 무모한 아이템 중 단연 무모함의 극치를 달리는 아이템으로 빼놓을 수 없는 것이 바로 '인공위성'일 것이다. 이미 오래전부터 이 시장은 미국과 유럽이 포진한 상태였다. 그런데 우리나라에도 '우주'나 '인공위성'과 관련한 세계적인 기업이 있단다. 많은 사람들이 고개를 갸웃거릴 수 있다. 그런데 실제로 있다. 바로 '쎄트렉아이'다.

쎄트렉아이? 이름만 들어서는 많이 생소할지도 모른다.

그래서 우리나라 최초로 지구관측용 인공위성을 만들어 해외로 수출까지 한다는 이야기를 들으면 놀라게 된다. 게다가 인공위성을 만들 때 필요한 3대 핵심기술인 위성 본체, 탑재체, 지상체 기술 모두를 중소기업인 쎄트렉아이만 유일하게 보유하고 있다는 사실에 놀라움은 배가된다. 제품의 70%를 해외로 수출한다. 국내보다는 해외에 더 먼저 알려질 수밖에 없는 이유다. 이미 영국의 SSTL, 프랑스의 Airbus D&S와 함께 세계 3대 소형 지구관측 인공위성 제작업체가 되어 어깨를 나란히 겨누고 있다.

은근히, 아니 퍽 자랑스럽다. 원래 '스타워즈'는 강대국들의 전유물이 아니었던가?

쎄트렉아이가 만든 인공위성 시스템은 이미 말레이시아, 싱가포르, 터키, 두바이, 스페인 등에 수출되었다. 주로 500kg 이하 소형 위성을 턴키 방식으로 제작하면서 글로벌 인지도를 키워온 쎄트렉아이는 다목적 실용위성 2, 3, 5호, 통신해양기상위성, 나로호 등 정부주도의 국내 우주개발사업에서도 지상국 시스템과 인공위성, 발사체 부분품을 공급하는 등 다양한 제품 포트폴리오를 가지고 있다.

180여 명의 임직원 중 연구개발 인력이 80%인 150명이나 될 정도로 압도적이다. 어쩌면 당연한 구성이다. 위성 1기를 수주하면 설계에서부터 제작, 시험 등 모든 단계에서 R&D를 필연적으로 진행해야 하는 사업이니까. 그래서 인건비를 제외한 R&D 비용이 매출액의 10%가 넘을 정도로 높다. ‘연구소보다 더 연구소 같은 기업’이란 말은 그냥 나온 게 아니다.

뛰어난 맨파워를 유지하기 위해 쎄트렉아이는 자율적인 근무환경과 대기업 못지않은 최상의 복지제도를 유지하고 있다. 초정밀 최첨단의 인공위성을 만드는 기업답게 석박사 출신들로 구성된 연구원이 많다. 그래서인지 면학 분위기가 여느 대기업보다도 훨씬 높다.

회사 역시 직원들이 업무 능력을 배양하고 자신의 가치를 높일 수 있는 최상의 환경을 마련해주려고 노력한다. ‘공부하는 회사’답게 인재양성, 특히 교육에 많은 공을 들이는데 그 이유가 명확하다. 직원들의 역량개발에 몰입하는 이유는 자동차나 비행기는 수시로 수리가 가능하지만 한 번 쏘아 올리면 수리가 불가능한 인공위성 제작 업무를 하는 만큼 인재들을 철저하게 준비시키기 위해서다. 교육이 중요한 만큼 임직원 1인당 연간 교육시간이 52.6시간에 달하여 국내 대기업의 종업원 1인당 교육시간(48시간)보다 더 많다.(2014. 인재개발실태조사 보고서 참고)

해외 교육이나 출장 등에도 적극적이다. 신입사원이라도, 꼭 엔지니어가 아니어도 국제학회에 참여하여 견문을 넓힐 수 있다. 쎄트렉아이 직원이라면 누구나 최소 한 번은 해외 학회에 참석해 경험을 쌓도록 회사가 미리 도와준다. 학위 취득에 필요한 논문을 쓴다면 관련 연구도 얼마든지 자유롭게 허용하고 있다.

쎄트렉아이는 직원들이 창조성을 최대한 발휘할 수 있도록 자율

출퇴근제와 안식년 제도를 실시하고 있다. 대학이나 연구소 등 일부 직장을 제외하면 꿈도 못 꾸는 안식년을 과감히 도입하여 직원들의 '쉼'을 공식적으로 보장한 것이다. 1년에 단 며칠간 휴가 내기도 버거운 일반 직장과는 아예 차원부터 다르다.

직원들을 위한 다른 복리후생제도 역시 웬만한 대기업이나 연구소에 못지않다. 신규 입사자에게는 회사가 최고 4,000만 원까지 전세자금을 무이자로 대출해주고, 유치원에서부터 대학생까지 자녀학자금도 지원한다. 사내추천제도도 눈길을 끈다. 능력이 뛰어난 지인을 회사에 추천하고 그 사람이 실제로 회사에 입사한 경우 소개한 직원은 상당금액의 헤드헌팅 비용을 보너스로 두둑하게 받는다.

쎄트렉아이는 직원뿐만 아니라 직원 가족도 함께 챙긴다. 질병에 걸리거나 예상치 못한 일로 사고나 사망할 때를 대비해 가족보험과 생명보험을 회사가 들어준다. 업계 최초이자 최고 수준이다.

'사람 없어서 일 못 하겠다!'는 다른 중소기업의 아우성은 쎄트렉아이에서는 보기 힘들다. 이런 노력의 결과는 지난 10여 년간 평균이직률 3.8%라는 지표로 읽어낼 수 있다. 2011년 쎄트렉아이는 글로벌인사·조직 컨설팅업체 에이온휴잇이 주관하고 매일경제신문사가 후원해 열린 '한국 최고 직장Best Employers in Korea' 시상식에서 한국 마이크로소프트 등 글로벌 기업과 함께 '한국 최고의 직장'으로 선정되기도 했다.

하지만 쎄트렉아이를 최고의 직장으로 만든 것은 따로 있었다. 바로 직원들이 가진 눈부신 자부심이다. '우주'는 일반적으로 접하기 힘들고 매력적인 분야다. 쎄트렉아이의 직원들은 이런 회사에서 일할 수 있다는 것 자체를 매우 특별하게 여긴다.

2011년 – Aon휴잇 최고의직장 선정

최첨단 기술의 집합체인 인공위성을 직접 설계하고 개발하여 발사 및 운용에 이르기까지의 과정뿐만 아니라, 자신이 만든 위성이 우주에서 작동하고 있다는 설렘과 희열은 결코 아무나 누리지 못한다. 이 빛나는 자부심을 우주로 쏘아 올린 쎄트렉아이. 이 회사가 써나갈 우주 개척의 이야기는 또 얼마나 무궁무진할 것인가?

의사 지망생, 우주를 만나다

쎄트렉아이를 만들고 성장시킨 핵심주역에는 2013년 취임한 김병진 대표와 함께 각자 대표를 맡고 있는 박성동 대표를 들 수 있다. 둘은 카이스트 전기전자과 동기다.

설립 초기부터 쎄트렉아이를 맡아 이끌었던 박성동 대표는 17.33%

의 지분을 보유한 최대주주다. 그의 이름 '성동星東'을 봐도 왠지 '별'과 관련된 그의 인생은 운명처럼 느껴질 법도 하다. 하지만 사실 박 대표의 어릴 적 꿈은 과학자가 아닌 심장전문의였다.

고등학교 1학년 때 당시 방한한 레이건 대통령이 심장판막증 수술을 받게 해주기 위해 한국인 어린이 2명을 미국으로 데리고 가는 장면을 TV에서 본 이후 오래도록 붙잡은 꿈이 '의사'였다. 하지만 그 꿈의 항로는 우연한 계기로 변경되었다. 자기 자신을 비롯해 그 누구도 박 대표가 한국 최초 인공위성인 우리별 1호를 탄생시킨 주인공이 될 줄은 몰랐다.

의대를 지망하던 그가 KAIST와 인연을 맺게 된 것은 우연이었다. 조회 시간에 선생님이 던져준 유인물을 호기심에 열어본 것이다. KAIST 입시 설명자료였다. 하루 놀다 온다는 가벼운 마음으로 대전으로 향했다.

하지만 서울 유명사립대보다 더 잘 지어진 도서관과 멋진 기숙사를 보고 단박에 반한 박 대표는 이 정도 시설이라면 집에서 떨어져 기숙사 생활을 하면서도 충분히 재미있게 공부할 수 있겠다 싶어 카이스트에 지원하게 된다.

하지만 대학 입학 후 박 대표는 방황 아닌 방황을 하게 된다. 당시 갓 설립되었던 카이스트에서의 학부 생활은 애초 생각했던 것처럼 재미있고 즐겁지만은 않았다. 4학년이 될 때까지 무엇을 해야겠다는 뚜렷한 인생목표 없이 하루하루를 소일했다.

평범하다 못해 무기력한 상황을 돌파하기 위해 막연히 '유학'을 꿈꾸고 있었던 그때, 그에게 운명처럼 기회의 시간이 찾아왔다. 교내 게시판에 붙은 유학생 모집 공고를 본 순간 '이왕 유학을 갈 바에야

나라에서 지원을 받고 가는 것이 어떨까?'라는 생각이 뇌리에 스친 것이다.

당시 카이스트는 1989년 인공위성-연구센터를 세우고 국내 처음으로 위성 제작에 도전하고자 했지만 관련 기술도 경험도 전무한 상태였다. 가장 시급한 것이 양성된 인재를 갖는 것이었다. 학생들을 모집해 선진국의 노하우를 배우게 할 요량으로 설명회를 연 것이다.

선발한 학생들을 위성 설계, 제작 기술을 가르쳐 줄 곳을 찾다가 우주산업 분야에서 경험과 기술이 풍부한 영국의 서리 대학Univ. of Surrey에 유학을 보낼 계획이었다.

가벼운 마음으로 설명회장으로 찾아갔던 박 대표는 그의 인생을 뒤집어놓는 '단어' 하나를 만나게 된다. 그때 유학설명회를 담당했던 이가 故 최순달 박사였다. 체신부 장관까지 역임했던 최 박사는 당시 카이스트 초대학장이었다. 최 박사가 칠판에 적어놓은 단어는 'Devotion(헌신)'이었다.

"너희가 잘나서 공짜로 공부를 한다고 생각하면 오산이다. 국민의 세금으로 양질의 교육을 받는 만큼 국가에 이바지하라는 뜻이다. 인공위성 기술을 제대로 배워오지 않으면 그 자리에서 죽는다는 각오가 돼 있는 사람만 지원하라!"

당시 박 대표는 최 박사의 말씀에 큰 충격을 받았다. 양질의 학교 수업과 각종 혜택을 너무나 당연시해왔고 안일한 마음으로 생활을 해오던 그였다. 부끄러움에 정수리를 한 대 호되게 후려 맞는 듯한 느낌을 받았다.

가슴이 사정없이 뛰었다. 사실 조금은 두려웠지만 새로운 것에 대한 호기심과 도전의식으로 충만했던 젊은이의 결심을 꺾어 놓을 만한 것은 아니었다. 결국 4학년이었던 박 대표는 다른 4명의 동료와 함께 영국 유학 길에 올랐다. 당시 유학 동료로 현 뉴욕의대 김성헌 교수, 충남대 컴퓨터공학과 김형신 교수, 프랑스 유텔샛 최경일 박사, 그리고 쎄트렉아이에 함께 있는 장현석 부사장이 함께했다.

3년 동안의 영국 유학생활은 그의 인생을 결정짓는 중요한 분수령이 된다. 그는 영국 서리대학에서 소형위성분야 세계 최고 권위자인 스위팅 교수에게 지도를 받았다. 훗날 소형위성 전문가로 발돋움할 수 있었던 배경에는 이때의 값진 수학修學이 결정적이었다.

1년 석사학위과정을 마친 박 대표는 서리대학에서 계속 남아 연구하다가 나중에 합류한 동료 및 후배들과 우리별 1호 개발에 착수했다. 유학생들은 서리대가 만든 UoSAT-5 위성을 바탕으로 새로운 실험장치를 탑재했다. 본체도 일부 개량해 무게 50kg짜리 미니 관측위성 '우리별-1호'를 만들었다.

서리대의 기술 지도를 받은 데다 영국에서 모든 개발과 시험이 이뤄진 탓에 '우리별'이 아닌 '남의별'이라는 놀림을 받기도 했다. 하지만 분명 한국인의 손으로 개발된 우리별 1호는 1992년 프랑스가 만든 아리안-4 로켓에 실려 지구 궤도에 올라갔다. 지구 표면 사진을 촬영 전송하고 아마추어 무선사 '햄'들에게 패킷통신 서비스를 제공했다. 이 미니 위성 덕분에 한국은 세계에서 스물두 번째로 위성을 보유한 나라로 이름을 올릴 수 있었다.

박 대표는 1992년 여름, 박사과정을 중단하고 귀국해 KAIST 인공위성-연구센터에서 소형위성 연구를 맡게 된다. 그곳에서 우리별 2호, 3호를 성공적으로 개발했다. 우주개발 후진국인 한국이 소형 위성 제작 분야에서 그나마 명함이라도 내밀 수 있었던 것은 우리별

1~3호를 개발하면서 쌓은 기술과 노하우 덕분이다.

1호 개발 때는 통신 분야를, 2호 개발 때는 본체팀장을, 3호 개발 때는 50여 명의 연구원을 통솔하는 프로젝트매니저를 맡았던 박 대표는 1997년부터는 연구개발실장을 맡아 사실상 우리별 위성 연구를 진두지휘하게 되었다. 하지만 그렇게 물 오른 채 연구를 하던 박 대표는 인생 최대의 시련기를 맞았다.

1999년 말, 정부는 인공위성−연구센터의 연구성과에 대한 부정적인 평가결과를 이유로 항공우주연구원과의 통폐합을 전격 결정했고, 이로 인해 인공위성 연구센터는 10년 동안 키워 온 인력이 분산되어 문을 닫게 될 상황을 맞이했다. 무엇보다 팀워크가 중요시되는 인공위성 기술의 특성을 고려하면 국가적으로도 큰 손실이 되는 결정이었다. 한 달 동안의 고민 끝에 연구원들은 창업을 통한 '홀로서기'를 선택했다. 1999년 12월, 7명이 사직서를 쓰고 쎄트렉아이를 설립했다. 그야말로 무모한 결정이었다. 이때부터 '우리 손으로 만든 위성을 외국에 수출해서 그동안의 연구가 헛된 것이 아니라는 것을 증명해 보이겠다'는 야심에 찼던, 가시밭길 사업이 시작되었다. 결국 통합은 이뤄지지 않았지만 인공위성−연구센터는 교수와 대학원생 주축으로 운영되는 시스템으로 변했다. 박 대표를 비롯한 전임 연구원들이 후배들에게 역할을 물려주고 작별을 고할 수밖에 없었다.

인공위성이라는 독특한 분야에서 회사를 성공 반열에 올린 데에는 박성동 대표의 공이 크다. 그가 아니었으면 국산기술로 인공위성을 개발, 해외 10여 개 나라에 위성을 팔아 수백억 원대의 매출을 올리는 오늘을 감히 꿈꿀 수 없었을지도 모른다.

솔직히 박 대표 스스로도 위성시장의 진입장벽이 그토록이나 높은 줄 몰랐다. 다른 품목처럼 글로벌 선두기업을 피해 중저가 시장으로 방향을 트는 등의 여지도 없다. 신제품을 내놓고 새롭게 시장을 만드는 개념도 없다. 그저 프로젝트 하나 수주하면 대략 2~3년 동안 위성 하나만 개발해야 하는 형태인 탓에 '수주' 자체가 생존이다.

인공위성 사업이란 게 프로젝트 하나에 100억 원대가 넘는 큰 규모인 탓에 한두 해만 수주실적이 없으면 안정적인 현금유동성을 갖고 가기가 참으로 힘든 분야 중 하나였다. 게다가 초기에는 목표로 할 수 있는 고객이라야 우리보다 우주개발이 늦은 동남아 개도국 정도로 제한적이었기 때문에 작은 시장에서의 해외 선진국과의 경쟁 구도는 치열할 수밖에 없었다.

이런 척박한 환경에도 불구하고 박 대표는 나름의 독특한 생존 노하우를 바탕으로 세계 무대를 누비며 쎄트렉아이를 세계 인공위성시장의 '뉴프론티어'로 급부상시켰다. 지구관측위성 분야에서 독보적인 경쟁력을 갖추기 위해 노력했고, 정부 도움 하나 없이 말레이시아, 싱가포르, 터키, 두바이, 스페인 등과 수출계약을 맺어 주목을 받았다.

처음부터 경영자는 아니었던 박 대표는 그때그때 살아남기 위해 발버둥치다 보니 지금껏 살아남아 이제는 세계 소형 인공위성시장을 주도하는 메이저 플레이어로 자리잡았다고 겸손하게 말한다. 하지만 세계 시장을 주도할 만한 기술력과 영업력, 향후 사업포트폴리오에 대한 해답을 찾기까지 박 대표의 노력은 뼈를 깎을 만큼 혹독했다는 것이 업계의 중론이다. 다양한 경영자과정을 공부하고, 많은 경영관련 책들을 폭넓게 탐독하면서 경영에 관한 식견을 넓히기 위해서 노력을 게을리하지 않았다.

그는 회사를 시스템과 프로세스로 돌아가게 할 만큼 완숙한 경영

수완을 자랑한다. 개발, 영업 등 사업부별로 중간매니저에 일임한다. 자신은 굵직굵직한 해외 프로젝트 수주에 간여하고, 대부분 차세대 사업아이템을 발굴하는 데 집중한다.

적정한 업무분담을 시키지 못하고 이것저것 모든 것에 다 얽매여 정작 중요하고 부가가치가 높은 일에는 손을 못 대는 '몸이 바쁜' 여느 CEO들과는 사뭇 다르다. 대신 비즈니스모델 발굴을 위한 서적 등을 탐독하며 새로운 트렌드 읽기에 많은 투자를 한다.

박 대표가 카이스트를 선택하지 않고 의사가 되었다면, 유학설명회에서 인생관을 바꾸는 소중한 경험이 없었다면 지금의 쎄트렉아이는 결코 존재할 수 없었을지도 모른다.

'우주'나 '인공위성'과 같은 거창한 꿈은 감히 꿀 수도 없었던 척박한 한국 우주산업계의 토양에서 강력한 리더십으로 명확한 비전을 제시하고 소통을 활발하게 했던 '박성동'이라는 열혈 인공위성 1세대 CEO들의 노력과 직원들의 헌신이 있었기에 가능한 기적들이다.

도전의 아이콘

스티브 잡스의 뒤를 잇는 혁신적 기업가로 거론되는 일론 머스크의 삶은 도전으로 점철되어 있다. 1999년 온라인 결제의 대명사 PayPal의 전신 'X.com'을 공동 창업한 후 안전하고 빠른 거래 지불 수단으로 인터넷 상거래의 초석이 된 PayPal을 설립했다. 억만장자의 반열에 오른 일론 머스크는 도전을 계속 멈추지 않았다. 2002년 우주발사체 회사 SpaceX를 설립했다. 우주탐사의 가장 큰 장애요인이 비싼 로켓

발사 비용에 있다고 보고 우주발사체 비용을 기존의 1/10로 줄이는 것에 도전했고, 2003년 전기차 회사 Tesla Motors를 설립했다. 2006년에는 태양 에너지 기업 SolarCity를 설립했다. 인터넷, 청정에너지, 우주라는 서로 다른 세 영역에서 세계적인 기업을 설립하고 궤도에 올려놓은 그를 가리켜 도전의 아이콘이라 부른다.

쎄트렉아이 역시 이런 도전을 끊임없이 했다. 설립 당시 책상 몇 개밖에 없는 회사가 몇 백억에 달하는 고가의 인공위성 제작을 수주해야 하는 매우 역설적인 상황이었다. 남들이 보기에는 계란으로 바위를 치는 것처럼 무모하기 짝이 없을 만큼 초기 설비나 연구환경, 자본 상황 등이 열악하기 그지없었다.

보통 '위성' 하면 어느 나라나 정부가 주도적으로 추진한다. GPS위성, 통신위성, 방송위성, 지구관측위성 등으로 용도가 나뉘는 위성은 민간이 하기에는 막대한 자금이 들고 대부분 사용목적도 국방, 기상관측 등 공공의 목적을 위해 사용되기 때문이다.

쎄트렉아이의 주력사업은 지구관측위성 중 소형위성 시장이다. 글로벌 기업들이 간과하고 있는 틈새시장을 파고 들었다. 자체위성을 보유하고 있지 않은 개발도상국이나 위치기반서비스 등을 제공하는 민간 사업자들을 잠재 고객군으로 잡았다.

전 세계 지구관측위성 시장은 연간 2조 원 정도로 추산된다. 2001~2012년간 발사된 지구관측위성은 121기이지만 2012~2021년간 발사될 위성 수는 239기에 이를 것으로 전망된다.

수백에서 수천억 원이 투입되는 위성제작에 뛰어들기란 쉽지 않은 일이었다. 제작기간도 짧게는 2년 길게는 5년 이상이 되는 장기 프로젝트라 당장 수익을 내야 하는 기업경영에 있어서 상당한 어려움이 따를 수밖에 없었다. 다행히 쎄트렉아이는 창업 이후 4개월 만인 2000년 4월 말레이시아로부터 위성탑재 카메라를 수주할 수 있었다. 뛰어난 기술력을 인정받아 위성을 수주했어도 어려움은 항상 있었다.

인공위성의 일부 부품을 만들거나 시스템화하는 기업은 있었지만 인공위성 본체, 탑재체, 지상국 전체를 시스템화하는 곳은 국내에 없었다. 해외에서도 기술 유출 우려로 협조에 소극적이었다. 국내 우주 기술 연구 인프라가 약했던 당시 쎄트렉아이는 위성 제작과 연구개발 과정에서 스스로 부딪혀가며 위성을 만들어 나갈 수밖에 없었다.

신생기업인 쎄트렉아이로서는 엄청난 재정 부담도 문제였다. 100도 이상 급격히 온도가 변하고, 끊임없이 우주 방사선에 노출되는 극한의 우주 환경에서 작동하는 위성을 만들어내기 위하여 억대의 고가 장비와 부품이 필요했다.

회사에 변변한 실험실 하나 없어서 대덕연구단지 내에 있는 표준과학연구원 등 다른 기관의 실험실을 사용해야 했다. 하지만 그 녹록치 않은 상황 속에서 쎄트렉아이의 임직원들은 누구 하나 포기하지 않았다. 그 노력은 2001년 드디어 결실을 맺게 된다.

해외로부터 기술 전수를 받았지만 위성 기술 확보에 성공하지 못한 말레이시아가 기술 이전을 전제로 지구관측용 위성 제작을 맡겨온 것이다. 그동안 10여 개 이상의 개발도상국에서 위성 기술 전수 프로그램을 진행하였지만 기술이전 이후 자체적으로 위성 개발에 성공한 것은 우리나라가 유일했기 때문이었다.

190억 원짜리 수주였다. 남의 실험실을 전전하면서 완성한 인공위성 '라작샛RazakSAT'은 2.5m 해상도를 가진 중량 200kg의 소형 위성이었다. 2009년 7월 태평양의 미국령 콰절라인섬에서 성공적으로 발사

2013년 - 벤처활성화 대통령표창

됐다. 우리나라 민간기업 최초로 인공위성을 개발해 우주궤도 진입에 성공한 것이다.

기술개발에 대한 쎄트렉아이의 집념과 성취도는 대외적으로 많은 인정을 받았다. 2012년 삼성전자, 대우조선해양 등 대기업과 당당히 어깨를 겨누며 대한민국 10대 신기술에 선정되었고, 2013년 12월 서울 코엑스에서 열린 '벤처창업 박람회'에서는 대통령 표창을 받기도 했다.

이런 기술을 바탕으로 터키와 싱가포르 수출로 이어졌다. 200억 원대가 넘는 아랍에미리트의 '두바이샛 1호DubaiSat-1'를 필두로 2008년과 2010년에는 300억 원대가 넘는 턴키 베이스의 '두바이샛 2호DubaiSat-2와 스페인의 '데이모스 2호Deimos-2'를 수주하였으며, 위성 부분품 단위로 지구관측용 전자광학 카메라와 위성본체를 터키와 싱가포르 등에서 수주하면서, 세계시장에서 이름을 알리기 시작했다.

2008년에 코스닥 시장에 상장한 쎄트렉아이는 2010년 221억 원에서 2011년 286억 원, 2012년 361억 원, 2013년 314억 원의 매출을 기록했다. 연평균 12%라는 고공성장률을 기록한 쎄트렉아이는 척박한 국내 우주산업 환경에서 강소기업으로 재탄생했다. 아직 글로벌 기업에 비해 매출 규모는 작지만, 우리나라에서도 우주기업의 성공 가능성을 확실히 보여줬다는 점에서 손색이 없는 성장세였다.

쎄트렉아이가 올린 매출의 70% 이상이 수출에서 나왔다는 사실에 알 수 있듯 해외 시장의 수요에 부응할 만한 능력과 기술을 모두 갖춘 쎄트렉아이는 아랍에미리트, 스페인, 말레이시아 등 주요 수출국을 넘어 시장을 더 확장할 계획이다.

모두가 무모하다고 말하던 사업 아이템이었지만 쎄트렉아이는 당당히 성공시켰다. 바위에 부딪힌 계란은 깨지지 않았다. 살아남아 병아리로 탄생했고 닭으로 성장했다.

두려움과 호기심, 그리고 뿌듯함….

쎄트렉아이의 모든 직원들은 늘 알 수 없는 미지의 세계에 첫발을 내디디며 탐험하는 개척자의 마음을 늘 잊지 않고 있다. 상업화와는 거리가 먼 인공위성 분야에서 소형 지구관측위성이라는 틈새시장을 개척, 자체 기술로 해외시장에서 인정받고 있는 쎄트렉아이의 저력은 바로 이런 도전정신에 있지 않을까?

우주를 지배하는 경쟁력

2010년 우주산업의 본가인 유럽국가 중 스페인에 지구 관측 위성

데이모스 2호를 수출했다. 데이모스 2호는 말레이시아 라작샛 위성과 아랍에미리트의 두바이샛-1호, 두바이샛-2호 위성에 이어 순수 국내 기술로 개발돼 수출되는 4번째 인공위성 시스템이다. 수명은 7년으로, 3~5년인 다른 소형위성보다 길다. 쎄트렉아이는 위성 본체와 탑재체 개발을 담당했다.

쎄트렉아이는 이 위성에 아주 큰 의미를 부여하고 있다. 라작샛과 두바이샛이 정부를 상대로 수출한 인공위성이었다면, 데이모스 2호는 순수 상업 목적의 민간회사와의 계약을 통해 우주개발 선진국인 유럽 상업용 위성시장에 뛰어든 첫 작품이라는 데 의미가 크다.

특히 데이모스 1호를 수출한 세계적인 인공위성 개발기업인 영국 SSTL과 프랑스 Airbus D&S를 제치고 따냈다는 점에서 국내 위성기술이 세계와 대등하게 겨룰 수 있게 됐음을 확인시켜 줬다. 위성 제작의 가장 초보적인 기술도 몰랐던 학생이 이제는 우주개발 선진국들과의 격차를 빠르게 좁혀 나가며 위협할 만큼 실력을 쌓았다. 감회 어린 떨림이 고스란히 숨어있는 위성이었다.

또한 2013년 11월에 발사된 세계 최초의 해상도 1m의 소형 지구관측위성 두바이샛-2호 개발도 의미 깊다. 작은 벤처기업에 불과했던 쎄트렉아이가 본격적으로 세계시장에서 주목을 받는 데 큰 역할을 했기 때문이다.

이처럼 전 세계를 넘어 우주를 개척하는 쎄트렉아이의 놀라운 경쟁력은 어디에서 기원하는 것일까?

우선은 확실한 제품 컨셉트와 날카로운 타깃 마케팅이다.

"세계 최고의 기술력을 바탕으로 가격 대비 성능비가 뛰어난 중소형 위성을 제작하는 것"

대형위성과 비교해 80%의 성능, 20%의 가격으로 만드는 것이야말로 쎄트렉아이의 최대 경쟁력이었다. 대형 인공위성이 주를 이루던 시기에 기존 대형위성보다 정밀도는 다소 떨어지지만 상대적으로 낮은 비용으로 위성 제작 및 관련 기술이전을 희망하는 개발도상국들의 니즈를 읽었다. 틈새시장을 파고들어 중소형위성 시장을 집중 공략할 수 있었던 배경에는 기술력에 대한 큰 자부심이 있다.

최첨단 기술의 집합체인 인공위성 제작 기술 습득이 쉽지 않기 때문에 말레이시아, 아랍에미리트, 터키, 싱가포르 등 많은 나라에서 쎄트렉아이를 찾을 수밖에 없었고, 주요 경쟁사보다 낮은 원가구조와 성공적인 위성 개발 실적은 고객사들에게 높은 신뢰를 주었다. 그리고 이 믿음은 기존 고객사들의 재구매로 이어졌다.

제한된 수명으로 인해 소비재의 성격을 띠는 위성의 특성을 감안하였을 때, 최소한의 고객만 확보해도 회사의 성장에는 별 어려움이 없다. 고객들의 높은 재구매율로 쎄트렉아이는 창사 이래 15년간 연속적으로 영업이익 흑자를 낼 수 있었다.

이런 가격적인 면과 더불어 끊임없는 품질개선 노력과 뛰어난 맨파워 역시 쎄트렉아이의 빠질 수 없는 경쟁력 중 하나다.

정교한 위성제작을 하는 쎄트렉아이로서는 지속경영을 위해서 품질경영에 최선을 다할 수밖에 없었고, 그 결과 2001년 2월 한국생산성본부로부터 ISO 9001인증 획득했고, 2009년 영국 Lolyd로부터 항공우주 품질인증 규격인 AS9100을 획득할 수 있었다.

대한민국의 중소기업이라고는 믿어지지 않을 만큼 뛰어난 맨파워와 선진국과 견주어도 전혀 뒤처지지 않을 만큼 우수한 '인공위성 개발 및 성공 경험'을 가지고 있다. 그럴 수밖에 없는 것이 전체 직원

180명 중 약 60%에 달하는 인원이 석사 이상의 전문인력이고, 그중 핵심인력들은 다수의 위성 개발 경험을 가지고 있다.

한 대 제작을 위해 수백억~수천억의 자금이 들어가는 인공위성 제작 및 개발에 있어 무엇보다도 중요한 것은 안정성인데, 이 안정성에 대한 믿음에 쎄트렉아이가 확실히 부응할 수 있는 원천이 바로 이 뛰어난 직원들이었다. 그리고 또 하나. 바로 그것은 그들의 놀라운 팀워크다.

위성 하나가 만들어지기까지 기계, 전자, 제어, 소프트웨어, 광학 설계/제작/조립기술, 통신, 영상처리 기술 등 다양한 기술들이 필요하다. 그야말로 모든 공학기술의 복합체라고 해도 과언이 아니다. 이 때문에 각 분야의 전문가가 필요하고 이들을 전체적으로 매니지먼트하는 능력이 무엇보다 중요하다.

개개인의 역할이 중요하지만 혼자서만 일할 수 없는 중소기업 여건상 습득한 노하우를 공유하고자 하는 사내 문화가 풍부하다. 사내 기술공유 세미나와 기술전수 교육을 개최하는 등 남다른 노력을 기울여 기술개발과정에서의 시행착오를 철저히 줄여나가는 것이 쎄트렉아이만의 노하우다.

혁신에 늘 민감한 DNA를 유지하는 회사의 기조도 또 다른 경쟁력이다. 쎄트렉아이는 기술에 대해서는 '기득권'을 인정하지 않는다는 원칙을 갖고 있다.

"모든 연구 결과는 공개해야 하고, 발전이 없거나 어려움을 겪는다면 다른 사람이 이어받아 새 연구를 진행하도록 해야 합니다. 기술에 대한 개인의 기득권은 조직을 위해 과감히 포기하도록 했습니다."

이런 원칙은 인공위성 수주와 관련해서도 지키고 있다. 예컨대 아랍에미리트 등에 인공위성을 납품하면서 '기술이전'을 조건으로 제시하고, 해당국가 엔지니어들에게 다양한 훈련프로그램을 제공한다. 이미 갖고 있는 기술에 안주해서는 발전이 없어 과감히 기술 기득권을 포기한다는 것이다. 한 번 적용한 기술은 단순 '재활용'하지 않고 항상 새 기술을 창조하겠다는 전략이다.

"아랍에미리트의 '두바이샛 2호'는 스페인에 수출한 '데이모스 2호'와 사실상 같은 위성이지만 운영 소프트웨어를 일부러 다르게 설계했습니다. 이 때문에 위성 제작에 비용은 좀 더 들었지만 기술을 한 단계 발전시킬 수 있었던 계기가 되기도 했지요."

무한한 우주에 쏘아 올리는 인공위성을 연구 개발하는 기업이기 때문에 도전정신과 기술혼을 매우 중요한 자산으로 여긴다. 종래의 방법이 아닌 혁신적인 방법을 통해 대한민국의 우주기술 기반을 구축하는 것이 쎄트렉아이의 경영 이념이다.

쎄트렉아이의 직원들이 갖춘 '정직, 배려, 책임, 성과'라는 4가지 덕목 역시 뛰어난 경쟁력의 숨겨진 비밀이다. 모두 중요하지만 그중에서도 쎄트렉아이가 가장 중요시 여기는 덕목은 바로 '정직'이다.

이는 기업의 업종에서 비롯된 요구 덕목이라 할 수 있다. 인공위성은 한 번 우주로 쏘아버린 뒤에는 사후보완이 불가하기 때문에 제작 과정에서의 작은 실수가 위성의 오작동을 야기할 수 있다는 가능성이 항상 존재한다.

만약 작은 실수를 정직하게 말하지 않고 그냥 넘어간다면 어떻게 될까? 단순 오작동을 넘어 수백억에 달하는 위성이 쓸모가 없어지게 되고 말 뿐만 아니라 위성을 제작하기 위해 투자된 몇 년간의 노력이 헛수고가 될 것이기 때문이다. 그렇기에 어떠한 상황에서도 거짓없이 정직해야 한다는 것은 중요할 수밖에 없다.

설사 사업을 수주하지 못하는 경우가 발생하더라도 고객에게 거짓을 얘기하거나 과장하지 않고 제약사항과 문제점에 대해서도 공유함으로써, 고객의 입장에서는 최종적인 결과가 최초에 우리가 제시한 것과 차이가 없도록 한다는 것이 쎄트렉아이가 추구하는 가치이다.

아울러 자신의 일에 대한 '책임' 의식을 확실하게 가져야 한다. 이러한 덕목은 고객과의 관계에서도 그대로 적용된다.

쎄트렉아이가 단순히 위성의 일부분을 만드는 회사가 아니라, 본체부터 탑재체 그리고 위성 운용에 필요한 지상국 시스템 구축까지의 토탈 솔루션을 제공하는 회사이기 때문에 개별 파트의 기능 구현 외에도 각 파트 간에 유기적으로 통합하고 시스템화를 거쳐야 하는 작업들이 많다. 이때 구성원들에게 필요한 역량은 바로 '배려'다. 서로를 배려하고 협력하며 공동의 결과를 위해 함께하는 것, 그것이 바로 쎄트렉아이가 추구하는 참인재의 모습이다.

"인공위성을 만드는 일은 이공계의 모든 분야가 접목되는 하이테크 기술이다 보니 서로 잘 모르는 부분을 자연스럽게 공유하면서 개인의 능력뿐만 아니라 회사의 경쟁력을 높이고 있습니다. 이런 끈끈함은 낮은 이직률로 이어졌고 결국 하나의 프로젝트를 완성하기 위해 오랜 시간이 걸리는 업계 특성상 큰 이점이 되고 있습니다."

정직과 책임, 배려로 드디어 인공위성이 만들어지고 발사되면 그 성공 여부가 곧바로 드러난다. 위성이 제대로 작동하는지, 소기의 목적을 수행해내는지 등이 발사 직후 아주 짧은 시간 내에 모든 성과가 투명하게 보여질 수밖에 없는 업무 프로세스를 갖고 있다.

탁월한타킷마케팅과 세계 최고 수준의 기술력을 갖추기 위해 끊임

없이 연구하고, 위성 개발 성공이라는 좋은 성과를 내는 인재를 끊임
없이 발굴하고 성장시킨 쎄트렉아이의 노력이 우주를 지배하는 힘의
본체였다.

가장 신나게, 재미있게 일하는 법

미 경제지 포춘이 선정한 '미국에서 가장 일하기 좋은 직장'에 오른
재포스의 CEO 토니 셰는 "최상의 고객 서비스를 유지하는 방법은 직
원을 행복하게 만드는 것밖에 없다."라고 설파했다.

쎄트렉아이의 주력 핵심사업은 무엇일까? 중대형 인공위성 제작사
업? 위성영상 판매사업? 새로이 진출하려는 방산산업? 모두 아니다.

쎄트렉아이가 추구하는 제 1의 사업은 다름아닌 '직원행복'이다.
쎄트렉아이의 발전과 성장은 구성원들에게 행복과 자긍심에 기여하
기 위해 필요한 수단일 뿐이다. 쎄트렉아이가 바라는 '글로벌 위성 강
소기업'이라는 모습은 '직원 모두가 행복한 기업'이라는 알맹이를 감
싸는 표피일 뿐이다.

쎄트렉아이는 회사가 성장하기 위해서는 직원들을 무엇보다 믿어
야하고, 그들을 행복하게 해 주어야 한다고 생각한다. 자유롭고 자율
적인 근무환경, 유연한 소통문화, 구성원의 자기계발에 대한 관심과
의지…. 이 모든 것들이 쎄트렉아이가 구성원을 믿고 존중한다는 것
을 보여주는 결정적 반증들이다.

"카이스트 인공위성-연구센터에서 나오면서 대표를 비롯한 경영
진에서 다짐한 것 중 하나가 바로 자율적인 문화를 지향하자는 거였

어요. 쎄트렉아이의 직원들은 스스로가 지켜야 할 원칙을 만들어 나가는 우수한 인재들입니다. 규칙을 만들지 않는 걸 제 규칙으로 삼았습니다.”

박성동 대표의 말이다. 어떻게 하면 ‘가장 신나게, 재미있게 일할 수 있을까?’라는 생각에서 쎄트렉아이만의 다양한 제도와 문화가 만들어졌다.

첫 번째는 자유로운 출퇴근 제도다. 정확히 말하자면, 출퇴근 시간이 정해져 있지 않다. 직원 개개인이 가장 집중이 잘되는 시간에 맞춰 나와 자신의 몫을 끝내고 가면 되는 것이다. 연구개발에 몰입하면 퇴근시간을 넘겨 야근하곤 한다. 직원들의 이러한 상황을 배려해 회사에서는 팀장이나 팀원에게 미리 알려주기만 하면 오전 11시가 됐건, 12시가 됐건 알아서 출근할 수 있다.

그렇다고 관리자나 감독관이 있는 것도 아니다. 오로지 자신의 계획표에 따라 움직이면 된다. 근무 중에 게임을 하든, 드라마를 보든 휴식을 취하든 그에 대해 지적하지 않는다. 스스로가 가장 잘 몰입할 수 있는 환경에서 자신의 일정을 관리해가며 성과를 낼 수 있는 숙련된 전문인력이라는 믿음이 있기에 가능하다.

두 번째는 안식년 제도다. 10년을 근속하면 한 달 유급휴가 또는 1년 무급휴가 중 하나를 선택해 진행할 수 있다. 사실 엔지니어에게 안식년은 그 무엇보다 중요하다. 단순히 휴식을 취하는 것이 아니다. 빠르게 변하는 기술을 따라잡기 위해 개인적으로 자기계발을 하거나 혹은 자신의 부족했던 부분을 채우기 위해 해외유학을 떠나기도 한다.

1년 후에는 반드시 고용을 보장하기 때문에 회사와 직원 모두가 윈

원할 수 있는 제도로 각광받고 있다. 처음에는 고개를 갸우뚱했지만 임직원부터 솔선수범해 안식년 제도를 활용하는 모습을 보면서 자연스럽게 1년 동안의 계획을 미리 세우는 직원까지 생겨났다.

세 번째, 직원뿐만 아니라 직원 가족의 건강까지 챙기는 꼼꼼함이다. 질병에 걸리거나 예상치 못한 일로 사고나 사망할 때를 대비해 가족보험과 생명보험을 회사가 들어준다. 우리별 인공위성을 개발할 당시 사고로 동료를 떠나 보낸 적이 있었던 박성동 각자대표가 직접 고수한 제도다.

"돌아가신 직원은 우리 나라의 소중한 인재이기에 앞서 한 가정의 가장이었죠. 결국 남은 가족들은 생활고를 겪으며 어렵게 살게 되었고요. 그 모습을 보고 직원들에게 최악의 경우가 생기더라도 남은 가족들이 어렵지 않은 생활을 할 수 있도록 조치를 취하는 것이 가장 먼저라고 생각했습니다."

그리 특별할 것 없어 보이지만 그 내용을 살펴보면 놀라울 정도다. 직원은 물론이고 직원 배우자와 자녀가 3,000만 원 한도 내에서 의료실비를 받을 수 있고, 직원 사망 시에는 최고 5억 원까지 보험금을 받을 수 있도록 회사가 보험료를 내준다.

네 번째, 임직원간 유연한 소통 역시 직원들의 몰입을 높이는 중요한 요소이다. 직원들은 업무 또는 업무 외적인 사항에 대해 자신의 의견을 자유롭게 개진한다. 소소하게는 사내식당이나 안마의자 설치와 같은 근무환경에 대한 것에서부터 크게는 회사 시스템에 대한 의견까지 그 범위가 넓다.

근무분위기, 업무만족도, 보상 등 전반적인 측면에서 직원들의 의견을 파악하기 위해 2~3년에 한 번씩 조직진단을 진행하고 있다. 이 조직진단에서 특히 상사 만족도나 경영진 신뢰도가 5점 만점에 4 이상을 유지하여 대부분 높은 만족도를 보이고 있지만 개선이 필요하다고 요청하는 부분은 경영에 반드시 반영시킨다. 매월 팀 회식비와 반기 팀 워크숍 비용도 지속적으로 지원하여 구성원 간의 소통을 활성화하고 있다.

다섯 번째, 삶과 일의 조화로운 균형을 추구한다. 구성원들의 만족스러운 직장 생활이 회사가 궁극적으로 추구하는 가치라고 여기기 때문이다. 회사의 목적을 위해 개인을 수단화하고, 희생시키는 일은 쎄트렉아이에서 찾아보기 힘들다.

대졸 초임 3,300만원으로 결코 낮지 않은 보상을 제공하며, 경쟁력 있는 보상을 위해 관련 분야의 수준을 지속적으로 체크하고 Catch Up 하려고 노력하고 있다. 대덕특구 내에 있는 쎄트렉아이의 연구환경은 어느 대기업 연구소 못지않게 뛰어나다. 승진을 하면 축하금과 휴가를 주는 제도도 있다. 선임(과장)으로 승진하면 300만원, 책임(차장)급으로 승진하면 500만원을 주고 각각 3일과 5일의 유급휴가도 주어 기쁨을 배로 누리게 한다.

사내식당에서 아침밥과 저녁밥은 무료로 주고, 점심밥도 밥값의 일부를 회사가 지원하고 있다. 180명 중 16%인 여직원을 배려하여 여직원 휴게실을 운영한다. 여성 근로자의 경우 월 1회의 유급 보건 휴가 사용 가능하다. 안마의자, 운동공간 등을 설치하여 직원들이 편안하게 휴식을 취할 수 있도록 하고, 축구, 농구, 야구, 등산, 사이클, 사진, 독서, 밴드, 여성 등 9개 사내 동아리 활동비를 지원하고 있다. 격년으로 '해피패밀리데이' 행사를 실시하는데 가족 운동회, 임실 치즈 만들기 체험, 순천만 기차여행 등 구성원들이 자율적으로 참여하

2012년 – 가족행사(치즈 만들기 체험)

여 가족과 즐길 수 있는 기회를 제공한다.

직원들에게초중고 입학 축하금을 비롯한 자녀 학자금을 지원하고 만 4~6세 자녀를 둔 직원에게 자녀 1인당 월 10만원의 양육수당을 지원한다.

여섯 번째, 개인적인 역량개발을 위해 배려한다.

'중소기업은 직원 교육에 신경쓰지 않는다'라는 말은 쎄트렉아이에서는 해당되지 않는다. 구성원들의 역량개발에 대한 책임감을 느끼는 만큼 직원 1인당 연 52시간 정도의 교육 시행과 함께 교육비를 지원하고 있다. 또한 회사에서 외부 기관과 연계한 사이버 연수원을 운영하여 온라인 강의도 수강할 수 있도록 하였다. 또한 직원 1인당 약 100만원 상당의 복지카드를 지급하여 교육 및 체력단련 등의 용도로 활용케 했다.

재직 중 학위를 취득한 경우 개인의 역량이 높아진 것으로 판단하여 석사는 1년, 박사는 2년을 가급하여 개인 직급을 조정한다. 본인이 취득하고자 하는 학위가 직무와 연관이 있을 경우 부서장과 협의하여 근무시간 중에도 수업을 들을 수 있도록 지원하고 있어서 실제 많은 직원들이 인근 카이스트와 충남대학교에 진학하여 학위를 취득하기도 했다.

마지막으로 인사제도는 대기업이나 외국기업의 평가보상제도를 베끼지 않고 독창적으로 개발한 직무와 역할 중심으로 설계하여 운영하고 있다. 특히 팀웍이 중요시되는 점을 감안하여 업적뿐만 아니라 역량 발휘에 무게를 두고 있으면서도 강한 인센티브제도를 실시하고 있다. 직원들의 업무 몰입도와 역량개발, 삶과 일의 조화를 높이는 쎄트렉아이만의 행복 사업들이 결과적으로 '위성개발', '위성영상 서비스', '환경방사선감시사업', '방산사업'이라는 파생사업을 구축했다고 믿는 '반전 마인드'가 쎄트렉아이의 지속경영을 이끌고 있다.

우주산업 프론티어를 꿈꾸며

2014년 설 연휴 기간 중 외국 유조선이 부두에 접안하던 중 송유관과 충돌해 기름이 유출되는 안타까운 사건이 있었다. 당시 위성사진 한 장을 통해 여수 앞바다에 검은색 기름띠가 주위로 퍼지는 모습과 방제 상황을 실시간에 가깝게 관찰할 수 있었다. 이는 2013년 11월 러시아 야스니 발사장에서 드네프르발사체를 통해 우주궤도에 진입한 두바이샛-2호가 있었기에 가능한 일이었다.

이처럼 위성시스템 개발에 주력했던 쎄트렉아이는 기존 핵심 산업

여수 기름유출_140202 촬영

여수 기름유출_140204 촬영

을 더욱 강화하면서 보유기술과 연관성이 높은 특수사업으로의 진출을 모색하고 있다. 특히 차세대 핵심사업으로 기대하고 있는 분야가 바로 '위성영상 사업'이다. 위성을 만들어 판매하는 데서 더 나아가 위성을 통해 확보된 영상 데이터를 지구관측 위성이 없는 개발도상국을 대상으로 판매하는 데로 사업포트폴리오를 확대하고 있는 것이다.

'위성영상'은 위성에 탑재된 광학카메라를 통해 지상의 특정 지역을 촬영한 자료다. 해상도의 숫자가 작을수록 위성에서 찍은 지상의 모습이 정밀하다. 현재 글로벌 업체들은 해상도 0.5m의 위성을 생산하고 있다. 고해상도 인공위성 시장은 저해상도 시장대비 시장규모가 4배 이상 크다. 이미 세계 최초로 해상도 1m급 소형 지구관측위성 개발에 성공한 실적을 가진 쎄트렉아이로서는 이 좋은 시장을 놓칠 수 없어 진입을 서두르고 있다.

이 사업에 참여하는 업체들이 쎄트렉아이를 포함해 10곳 정도 되는데 전체 시장의 약 52%는 미국의 DigitalGlobe가, 약 17%는 프랑스의 Airbus D&S가 그리고 나머지 31%는 유럽과 캐나다 등의 군소 회사들이 나눠 가져가는 구조다. 한국 기업으론 쎄트렉아이가 최초로 위성영상 시장에 참여했다.

이미 항공우주연구원으로부터 아리랑 위성 2·3·5호의 위성영상을 전 세계에 독점 판매할 수 있는 계약을 체결했다. 여기에 기존에 수출한 해외 위성의 영상 데이터도 판매할 수 있는 계약을 체결하면서 경쟁력을 강화하고 있다.

"위성영상 판매 사업에서 데이터 판매권을 지닌 위성이 많다는 것은 그만큼 특정 지역 데이터를 많이, 빠른 빈도로 확보할 수 있다는 의미에서 경쟁력이 됩니다."

그동안 마케팅에 주력을 했던 영상판매 사업을 가시화하면서 2015년에는 손익분기점을 초과할 것으로 예상하고 있다. 위성제작 이외

2015년 – 신년회(경영기획워크샵)

에 위성영상 등을 따로 떼어내 신규 법인을 만드는 방안을 구상하다가 2014년 4월 자회사 에스아이아이에스SIIS를 설립해 영상사업을 특화시키고 있다.

2015년 부로 창사 15주년을 맞은 쎄트렉아이는 예년과 같이 전임 직원이 함께 모여 경영검토 워크샵을 실시하였으며, 그 자리에서 김병진 대표는 아래와 같은 Vision 2025를 선언했다.

"세계 최고 가치의 지구관측 위성 공급자"

가격 대비 성능 측면에서 세계 최고 수준의 위성을 공급하고 Conventional한 위성영상 수요자를 만족시킬 수 있는 시장에서 경쟁하여 선두를 지킨다는 것이 바로 그것이다. 이를 위해 끊임없는 노력과 연구개발로 중형 인공위성 사업으로 확장하고 있다. 쎄트렉아이는

0.5m 해상도의 500㎏급 초고해상도 중형 위성 개발을 진행하고 있으며, 초기 설계와 핵심 기술 검증을 마쳤다. 대전 유성구에 있는 삼성정밀화학 중앙연구소 부지를 매입하여 생산 능력 확대를 위한 기반을 확보하고 있다. 해외 마케팅에 들어간 0.5m급 초고해상도 위성 사업이 본격화되면 쎄트렉아이는 명실상부한 글로벌 위성 시장 강자로 자리매김할 것이다.

이런 내실 성장을 발판으로 중남미, 아프리카 등 신규시장 영역을 확대하고, 인공위성의 본고장 미국으로까지 도전장을 내미는 것을 목표로 쎄트렉아이 전 직원들은 오늘도 구슬땀을 흘리고 있다.

규모를 떠나 우리나라 중소기업이 기술력만으로 글로벌 기업과 당당히 맞섰다는 자체부터 이미 놀라운 일임에 틀림없는데 쎄트렉아이는 벤처산업계의 상식을 깨고 '우주산업 세계 3위!'라는 세계 소형 인공위성 역사를 새롭게 써 나가고 있다.

3위는 2위와 1위를 앞지르기 위해 있다고 믿는 쎄트렉아이 직원들. 앞으로 펼쳐질 우주시대를 기약하며 매일 새로운 역사를 써내려 가고 있는 쎄트렉아이가 추가할 역사의 한 페이지가 사뭇 궁금해진다.

이 글은 한국형 인사조직 연구회 회원이신 '교통대학교 – 박양근 교수'께서 사례분석 보고서를 써주셨고 '쎄트렉아이 – 총무팀 서승희 대리'께서 여기에 소개되는 글이 회사의 경영철학이나 제도가 본래 취지와 벗어나지 않도록 꼼꼼하게 체크해주신 글임을 밝히는 바이며 노고에 감사드립니다.

여행박사

'한국의 미라이공업'
행복을 파는 여행사

여　　　행　　　박　　　사

2000년도에 설립되어 직원수 250여 명, 수탁고 2,000억 규모인 중견기업으로 성장한 여행박사에는 여느 기업에 있음 직한 상식이 없다. 낯익은 관행과 형식도 없다. 대표부터 넥타이 매고 양복 입는 것을 싫어하고, 자유분방함을 트레이드마크처럼 가진 회사. 출근은 알아서 점심 식사 전에만 오면 OK. 심지어 회사의 장기 비전이나 목표도 없다. 사훈도, 회의도, 정년도, 칸막이도 없다.

반면 기본적인 사업 기획서 따위는 작성할 줄 몰라도 전혀 부끄러워하지 않는 직원들과 직원들의 행복과 재미를 뺏고 싶지 않다는 이유로 기업들이 신줏단지 모시듯 하는 연간 경영계획조차 만들지 않는 이상한 대표가 있다. 대기업조차 감히 꿈꾸지 못하는 어마어마하고 특이한 복지제도들이 있다. 매년 전 직원이 가족 1명과 함께 해외여행을 무료로 떠나고, 지방 출신 직원들에게 무상 사택을 제공한다. 금연에 성공하거나 골프를 시작해 기록을 보유하면 보너스도 지급한다. 심지어 성형수술비까지 지원하는 파격적인 복지를 펼치는 회사. '회사는 무조건 즐거워야 한다'는 창업자 철학이 면면히 흐르고 있어 월요병이 없는 회사. 행복한 직원들이 만들어가는 수준 높은 고객감동으로 당당히 업계 4위의 여행사가 된 '여행박사'의 이야기다.

- 창 업 자 : 신창연
- 창업년도 : 2000년
- 자 본 금 : 23억 5천만 원
- 사 원 수 : 250여 명
- 매 출 액 : 200억
- 소 재 지 : 서울특별시 용산구 갈월동
- 특　　　징 : 자유배낭여행 1위 여행사. 국내 여행사 종합 4위
　　　　　　편(FUN) 경영, 자율·방임·책임 경영, 한국의 '미라이공업'

창업자 **신창연**

즐겁지 않으면 여행박사가 아냐!

저가 생활용품 판매점인 다이소의 야노 회장은 경영계획이나 목표 같은 것을 세우지 않는 것은 물론이고 회의도 잘 하지 않는 것으로 유명하다. 차라리 그 시간에 고객을 만족시키기 위해 끊임없이 변화를 시도하는 게 더 낫다고 말하는 야노 회장. 이런 야노 회장이 펼치는 경영방침과 많이 닮은 회사가 있다. 여행박사다.

여행박사는 참 특이한 회사다. 2000년도에 설립된 이래 직원 수 250여 명, 수탁고 2,000억 규모인 중견기업으로 성장하였음에도 이 회사에는 다른 회사에는 있음 직한 많은 것들이 없다.

사훈이 없고, 정년이 없고, 출퇴근 시간이 없다. 넥타이를 매는 사람이 없고 결재판이 없고, 실적 회의도 하지 않는다. 기존의 상식이 통하지 않고, 관행과 형식이 없다.

심지어 회사의 장기 비전이나 목표도 없다. 여행박사에서는 연말에 한 번 하는 회의 말고는 실적 회의가 없다. 일체의 칸막이가 없다. 출근? 점심 식사 전에만 오면 된다.

슬슬 피어오르던 호기심이 의문스러움으로 대체된다. 정해진 목표를 채우기 위해 직원들을 닦달하여 행복이나 재미를 뺏고 싶지 않기 때문에 경영계획서를 만들지 않았다는 창업주의 이야기를 들으면 어이까지 없어진다.

대신 다른 회사에 없는 것들이 많다. 톡톡 튀는 이색 복지제도가 많다. 재택근무제가 있다. 출퇴근 거리가 3시간이 넘으면 사택에 들어갈 수 있다. 어학 학원비, 도서 구입비를 지원하고, 고졸 직원에게는 대학 등록금도 지원한다.

매년 전 직원이 가족 1명과 함께 해외여행을 무료로 떠날 수 있다. 주어진 단 며칠짜리의 휴가도 겨우겨우 쓰는 여느 직장인들에게는 그야말로 꿈같은 남의 이야기인데 여행박사에서는 당연한 일이다.

골프를 시작해 1년 안에 남자 직원이 100타, 여자 직원이 120타 안에 들면 1,000만 원의 골프기록 보너스를 지급한다.

이뿐만이 아니다. 10km 단축 마라톤을 47분 이내에 돌파할 경우 1분 단축할 때마다 100만 원의 포상금을 준다. 직원 5명이 모여 모임을 결성하면 동호회로 인정, 매월 회원 1인당 최대 5만 원까지 활동비도 지원한다. 골프 동호회의 경우 1년에 한 번, 국내외 전지훈련과 골프대회 비용을 지원한다.

금연에 성공해도 포상금이 나온다. 병원비는 본인과 직계가족에 대해 1년에 1,000만 원까지 지원한다. 직원이 사망하면 직계가족에게 1년치 월급도 준다. 수당도 많다. 예를 들어 오전 7시 30분 전에 출근하면 조기근무 수당 1만 원, 8시에 나오면 5,000원을 준다.

중요한 것은 실적에 상관없이 이 복지 혜택을 기본적으로 모든 직원들에게 제공한다는 것이다. 직원이 행복해야 능률이 올라 고객에게도 만족을 준다는 믿음을 확고하게 가진 여행박사의 이야기니까 전부 다 가능한 이야기다.

직원들의 행복과 재미를 위해 이익금은 그때그때 다 직원에게 써버린다. 툭하면 이런저런 명목으로 인센티브를 지급한다. 사장도 경영 이득에 대해서 관여하거나 챙겨가지 않는다. 이익이 생기면 직원들과 알아서 나눠가질 뿐이다. 나눠가지는 방법 역시 직원들이 결정하면 된다.

여행박사의 직원들 중에는 창업을 이유로 나가는 직원들도 왕왕 있다. 창업하는 데 자금이 필요하다면 1억~2억 원까지는 아무 조건 없이 공짜로 회사에서 제공해줄 정도다. 그뿐만 아니라 여행박사의 전산시스템 등 모든 비즈니스 인프라도 무료로 마음껏 쓸 수 있도록 배려한다. 이렇게 회사 차원의 지원으로 창업에 성공한 사람이 열 명도 넘는다.

개인의 창업까지 밀어주는 회사? 이런 회사를 위해 열심히 일하지 않을 수가 없으리라! 엄청난 복지에 깊은 신뢰까지 더해주는 회사니 직원들은 늘 신명 나게 일할 수밖에 없다.

직원의 행복은 모두 고객을 위한 상품 기획이나 재미있는 이벤트 창출로 이어진다. 이렇게 보면 여행박사의 자율 경영은 내심 허술한 것이 아니라 고도로 치밀한 경영전략이 아닐까, 하는 의심까지 든다.

몇 줄의 사훈에 얽매일 필요 없다는 듯 여행박사는 꽤 자유롭고 발랄한 사풍을 가지고 있다. 이런 회사의 분위기를 증명하는 것이 대표와 간부급 직원을 직원투표를 통해 선임하는 '직선제'다. 투표로 사장부터 임원, 팀장 등 회사의 모든 주요 직책을 뽑기 시작한 것은 지난 2004년부터다. 아마도 국내에서는 유일무이한 제도일 것이다.

투표에서 떨어진 직원들에 대한 회사의 배려도 기상천외하다. 선거에서 떨어진 직원들을 모아 회사가 3박 5일 사이판 여행을 보내주는 식이다. 선거에서 3번 떨어진 사람에게는 대단한⑦ 기록을 보유한 것을 축하하는 의미로 유럽여행을 보내주는 것이 아예 사규에 정해져 있다.

학력과 파벌보다 능력을 중시하는 여행박사의 분위기를 반증하는 투표제는 조직을 늘 싱싱하게 깨어 있게 만든다. 잘 보이기 위한 아부 대신 직접 성과로 보여주고, 재신임 선거를 의식해서 늘 긴장하고 열심히 할 수밖에 없기 때문이다.

투표로 인한 직급 변동은 대표라고 예외는 없다. 실제로 창업주였던 신창연 전 대표가 2013년 말 투표에 내규로 정해진 지지율 70%를 넘었음에도 본인의 공약인 80%에 0.8% 못 미친 79.2%를 득표하여 자진 사임했다.

회사가 한바탕 뒤집어진 것은 당연지사였다. 14년간 회사를 끌어온 창업주가 직원들의 선거에 의해 뒤바뀌었으니…. 신 전 대표는 미련없이 사퇴를 만인 앞에 선언해 버렸다. 기분좋은 사퇴의 변까지 남겼다.

"직장인들에게 열심히 일하면 나도 사장이 될 수 있다는 비전을 심어 주고 싶었습니다. 이제 대표이사라는 무거운 짐을 내려놓고 새로운 재밋거리를 찾아볼 작정입니다."

어쩌면 대한민국 기업사에 남을 전대미문의 사건일 것이다. 신 전 대표가 물러나면서 탄생한 새로운 대표이사의 면모도 놀랍기는 마

찬가지였다. 이제 겨우 29살로 일본팀장을 맡았던 젊은이였기 때문
이다.

직원이 뽑은 29세 고졸 CEO

14년 동안 자본금 250만 원으로 창업한 여행박사를 매출 200억원을
올리는 회사로 성장시키고, 끊임없이 고속성장을 견인했던 신창연 대
표의 공백을 메꾸기 위해 여행박사 내부에서 긴급 회의가 열렸다.

그리고 모인 팀장급 30명이 차기 대표이사로 현재 일본팀 팀장이
자 '1억 원 인센티브', '고졸 신화'의 주인공인 주성진 팀장을 신임 대
표이사로 선출했다.

여행박사의 파격적인 직제개편과 조직운영은 이미 지난 2006년에
32세와 29세의 대표이사 권한대행을 선출해 신창연 대표가 대외 업
무에 집중할 수 있도록 했던 전력으로 이미 다잡아져 있었다. 물론
당시에도 우려는 많았다. 하지만 여행박사는 성공에 성공을 거듭해
모든 걱정을 불식시켰다.

'젊은 여행기업', '빠르게 성장하는 기업'으로 거듭날 수 있었던 여
행박사의 저력은 바로 직원들의 절대적인 신임을 받고 대표이사가
탄생되는 구조에도 있지 않을까 싶다.

주 대표가 여행박사와 인연을 맺게 된 계기는 소소했다. 고등학교
때 친구들과 배낭여행을 갔는데, 당시 이용했던 여행사가 바로 '여행
박사'였다. 여행박사 홈페이지를 들어가보니 자유여행을 판매하고 있
었고, 거기에 단순하게 질문과 답변 게시판이 있었다.

거기서 답변을 열렬하게 다는 그를 눈여겨 본 신창연 전 대표가 그에게 한번 오라고 했다.

고등학교를 졸업하면 대학에 가지 말고 곧바로 입사하란 권유를 받았다. 대학을 포기할 수 없어서 일단 진학해 공부하면서 파트타임 아르바이트 수준으로 일했다. 돈도 벌지만 더 큰 것은 즐거움이었고 그 일을 계속했다.

군대를 제대하고 학업과 회사 중 하나만 선택해야 하는 기로에 섰던 주 대표는 과감히 중퇴하고 회사를 선택했다. 고졸 출신이었지만 열정적인 그를 회사는 퍽 아꼈다. 고졸 출신이라고 차별을 두지 않은 회사의 열린 문화도 주 대표를 매료시켰다.

주 대표는 평생동안 이력서를 단 한 번도 써본 적도, 들이민 적도 없는 사람이다. 평일, 주말 가리지 않고 아침부터 새벽까지 일에 꽂혀 살았다.

그런 그에게 신창연 전 대표는 백지수표를 성과급으로 건넨 적도 있다. 자동차를 받는 조건으로 양보했지만 이듬해 더 큰 실적을 내자 결국 월급 외 1억 원 수당을 받을 수밖에 없었다. 2011년에 팀장으로 승진한 이후 계속 일본팀을 이끌어 왔던 그가 불과 29살에 대표로 취임한 것은 신선한 충격을 주었다.

주 대표는 학력, 승진 기간 등에서 유례없는 기록의 보유자로 이름을 남겼다. 하지만 전무후무한 영업실적을 올려 1억 원 인센티브의 신화를 만든 주인공이 대표가 된 것을 보면 어쩌면 여행박사라는 회사에서 이뤄질 수 있는 가장 공정한 결과인지도 모른다는 생각이 슬그머니 든다.

젊은 CEO에게 쏟아지는 우려의 시선에 대해 주 대표는 그리 걱정할 일이 아니라고 말한다. 원래부터 여행박사는 대표 한 사람에게 권한이 집중된 회사가 아니기 때문이다. 최종적인 결정이야 내리겠지만 직원들의 의견이 다수를 차지하는 권한 분산형인 의사결정 구조로 되어 있다. 톡톡 튀는 상품, 제도, 발상 중에 250여 명 직원으로부터 나온 것들이 적지 않다.

여행박사의 '행복 DNA'는 같은 부모에게서 형질을 물려받는 형제들처럼 구성원 모두의 뇌리와 가슴 속에 나뉘어 박혀 있는 것 같다. 남다른 직원 행복 철학을 고수했던 창업자 신창연 전 대표의 생각을 그대로 물려받아 직원의 행복을 위한 철학을 고수할 것이라고 주 대표 또한 말한다.

"사람을 빼면 전화기와 컴퓨터밖에 안 남는 게 여행회사입니다. 사람이 전부라는 이야기죠. 직원들에 대한 투자를 아낄 이유가 전혀 없습니다. 영업 현장 출신인 저는 특히 영업하는 직원들이 맘껏, 능력껏 일할 수 있는 환경을 만들 계획입니다."

자유배낭여행 1위 여행사라는 타이틀에 걸맞게 여행박사는 직원들이 직접 발로 뛰며 여행지를 수배하여 정보를 모으고 상품을 개발하는 회사로 유명하다. 자기 발로 직접 다녀봐야만 고객들을 만족시킬 수 있는 맛깔난 상품기획이 나오는 법이라는 것을 다년간 영업 현장에서 잔뼈가 굵은 주 대표는 잘 알고 있다. 현장 출신의 CEO가 펼치는 여행박사의 밀착형 행복 경영이 또 어떤 형태로 직원과 고객을 감동시킬지 자못 기대되는 대목이다.

다만 지금은 그 당시 주 대표와 공동으로 선출되었던 황주영 대표가 2014년 11월 내부협의를 통하여 1인 대표를 맡고 있다.

보스가 없는 경영

여행박사를 말하면서 창업주인 신창연 전 대표를 빼고는 도저히 이야기할 수 없다.

여행박사를 창업한 신 전 대표는 업계에서 '괴짜'로 통한다. 실제로 신 전 대표가 가장 존경하고 닮고 싶어하는 경영인이 역시나 일본 재계에서 '괴짜'라 불리는 일본 미라이공업의 야마다 아키오 창업자 겸 사장이라는 사실은 매우 재미있다.

야마다 사장은 일반적 경영상식을 파괴하는 인물로 유명하다. 예를 들면 직원들 이름이 쓰인 종이 쪽지를 선풍기 바람에 날려 가장 많이 날아간 쪽지에 적힌 직원들을 승진시키는 등이다.

신 전 대표는 야마다 사장을 직접 한국으로 초빙해 회사에서 직접 직원들과 함께 강연도 여러 번 들을 정도로 존경한다. 그를 만나러 일본에도 수차례 날아갔다. 신 전 대표도 야마다 사장처럼 '보스가 없는 경영'을 지향한다.

여행박사는 윗선의 지시와 무관하게 팀별, 개인별로 경영을 주도하고 있다. 심지어 직원들이 TF제도를 통해 직접 회사 경영에 참여한다. 복지, 재테크, 연봉 등 팀에서 각자 관심이 있는 팀에 가입해 함께 회사 정책을 만들고 제안해서 실행하는 풍토를 갖고 있다.

경북 문경 산동네에서 태어난 신 전 대표는 중학교만 마치고, 경기도 성남으로 홀로 상경해 온갖 고생을 했다. 이것저것 안해 본 일이 없을 정도로 여러 직업을 전전하던 신 전 대표는 주경야독하여 검정고시를 패스한 후, 군에서 제대하고 경원대학교 관광호텔경영학과에 입학하여 늦깎이 대학생이 되었다.

독특한 경영 스타일을 지닌 신 대표가 평생 업종으로 여행사를 선택한 이유는 생각보다 단순했다. 사회에 의해 자신이 '여행업'에 가도록 선택당했기 때문이란다. 공부를 잘했다면 별 고민 없이 남들이 선택한 평범한 길을 갔을지도 모른다.

대학 재학 중 단돈 3,000엔(당시 한화로 1만 5,000원)으로 일본 무전여행을 하면서 여행에 나름 매료되었다. 그리고 직접적인 계기는 첫 직장으로 투신한 곳이 바로 '아주관광'이라는 여행사였다. 이곳에서 10년 동안 근무하며 일본에 대한 다양한 경험과 지식을 쌓았다.

여행박사는 아주관광을 퇴사하고 나와 직원 3명과 함께 시작한 회사다. 2000년 자본금 23억5천만 원으로, 일본자유여행 전문 여행사로 출발한 여행박사의 현재 수탁고는 2,000억이고 매출은 200억 정도다.

현재는 국내 4대 여행사로 꼽히는 종합여행사로 발돋움해 국내뿐만 아니라 유럽·중국·동남아·대양주 지역 자유여행·패키지 상품을 모두 판매한다.

여행박사는 업계에서 알짜기업이자 재미있는 기업으로 통한다. 탄탄한 재무구조와 즐겁고 유쾌한 기업문화가 자리 잡고 있기 때문이다. 이와 관련해서 업계에서 신 전 대표를 지칭하는 별칭도 많다. '여행업계의 이단아', '꿈을 파는 괴짜CEO', '돈키호테처럼 어디로 튈지 모르는 사장' 등등.

그는 실적으로 이어지기를 원해 편 경영을 채택하지 않았다. 그는 '기업의 성과보다 직원들의 행복이 우선'이라는 생각 자체가 실적을 창출했다고 믿는 사람이다.

2014년 7월 서울 용산구 갈월동에 마련한 지하 2층, 지상 8층의 신

사옥은 여행박사의 '펀FUN 경영'을 폭넓게 펼칠 수 있는 요람이다.

직원들을 위해 전문 트레이너를 고용한 피트니스센터뿐만 아니라 여행작가가 되고 싶어하는 사람들에게 전문적인 사진과 글쓰기 노하우를 가르쳐주는 '트래비 아카데미Travie Academy'를 여는 지하 강의실도 있다.

각 층마다 독특한 콘셉트의 미팅룸도 있다. 다다미방으로 꾸며진 미팅룸에서 직원들은 사내 매점에서 판매하는 맥주를 마시며 야간 회의를 한다. 옥상에 마련돼 있는 하늘정원에서는 날씨 좋은 날 바비큐 파티가 벌어진다. 즐기고, 놀고, 배우고, 공부하는 공간이다.

이곳은 온라인 여행사로 성장해 온 여행박사가 인터넷을 넘어 고객들과 살을 부대끼면서 더 가까이 다가가기 위해 밀착공간으로도 활용되고 있다.

직원들 사기 진작에 쏟은 독특한 그의 아이디어는 부지기수다. 금연을 선언하면 금연에 필요한 경비가 지원되고 금연에 성공하면 100만 원 정도의 보상금도 받을 수 있다. 직원이 자신의 차량에 회사 스티커를 부착해 다니면 매월 5만 원권 주유 카드를 지급한다. 여행박사 깃발을 부착하고 자전거로 출퇴근하겠다는 직원이 있으면 자전거도 사준다. 직원이 회사 홍보에 기여하는 만큼 회사도 직원에게 보상을 해주는 것이다.

출근한 뒤 바로 회사를 나가 마음껏 놀다 퇴근하는 일일 데이트 프로그램도 있다. 회사는 무작위로 2~4명의 직원을 선정해 1인당 5만 원씩을 지급한 뒤 차량까지 제공하며 마음껏 놀기를 권한다.

이런 여행박사의 행복경영, 그리고 이 행복경영으로 파생된 고객만족은 대외적으로 인정받고 있다. 문화체육관광부로부터 "즐거운 직장, 행복한 기업 상", 서울시와 대한상공회의소로부터 "일하기 좋은 우수 기업 상", 국내 여행사로서는 최초로 일본 관광청 장관으로부터 표창, 대만 관광공헌상을 받았다.

여기서 궁금증 하나가 슬며시 고개를 들 수도 있다. 회사가 더 커지고 수익이 늘어나도 이런 경영 원리를 끝까지 끌고 갈 수 있을 것인가?

"앞으로 10년이 아니라 20년, 30년도 문제없이 유지할 것입니다. 회사를 무리하게 키울 생각도 없고, 혁신적으로 회사를 바꿔나갈 마음도 없기 때문입니다. 외형적으로 성장하는 회사가 아니라 속이 꽉 찬 내실 있는 회사를 만드는 것이 목표니까요."

회사만을 위한 성장을 추구하지는 않겠다는 주성진 대표의 말은 여행박사가 지향하는 것이 바로 무엇인지를 여실히 알려주고 있다.

'연봉 1원' 의리로 재기하다

"팀이란 무엇인가? 팀은 다른 누군가가 실패하게 내버려두지 않으며, 팀의 어느 누구도 실패하게 내버려두지 않는다."

알리바바 마윈 회장의 말이다. 조직과 개인은 공동운명체라는 것을 알려주는 이 말을 여행박사는 강하게 공감할 수밖에 없는 회사다.

여행박사는 통념적으로 보면 벤처나 스타트업이 아닌 이미 15년차 중견기업이다. 하지만 2008년 회사의 문을 닫을 뻔한 위기를 직원들과 함께 이겨냈으니 또 다른 의미에서 스타트업 기업이라 말해도 손색없을 것이다.

탄탄하게 성장하던 여행박사에 고비의 순간이 밀려든 것은 한순간이었다. 창립 이듬해인 2001년, 5억 원이 채 되지 않던 매출액은 2003년 35억 원, 2005년 72억 원, 2007년 157억 원으로 급증했다.

그리고 2008년. 여행박사는 당시 불었던 주식시장 상장 바람에 가세해 IT회사 트라이콤과 M&A를 했다. 상장에 성공했지만 기쁨은 잠시였다. 축배의 잔이 마르기도 전에 엄청난 위기가 닥쳤다. 리먼 사태가 터지면서 트라이콤이 몇 가지 불미스러운 사건에 연루된 것이었다. 여파는 거셌다. 여행박사도 덩달아 어려움에 처한 것이다. 8개월 만에 상장이 폐지됐고 2010년 9월 파산 선고를 받았다.

주거래은행이던 우리은행에서 여행박사의 "회사의 총 부채 중 일부인 40억 원을 갚겠으니 재활할 수 있도록 승인해 달라!"는 요청을 묵살하고 파산 처리를 한 것이다. 그때는 떠난 사람이나 남아있는 사람 모두가 고통스러웠다. 당시 여행박사의 남은 직원은 약 140여 명이었다.

하지만 신 전 대표를 비롯한 전 직원들의 불굴의 의지는 이 어려운 시기에 진정한 빛을 발휘하기 시작했다.

많은 것을 가진 이들이 모인 것이 아니라 직원 자신들이 조금씩 가지고 있던 것을 모아 회사를 살렸다. 자본금을 내려고 대출을 받은 직원들도 상당수 있었다. 110명의 직원이 작게는 100만 원에서 많게는 2,500만 원까지 출자해 23억 5,000만 원의 자본금을 모았다.

법원으로부터 '여행박사'라는 이름을 그대로 활용할 수 있다는 허가를 받은 후 각자 주주가 되어 회사를 다시 창업한 것이다. 비록 회사는 파산했지만 임직원들이 새롭게 시작한 여행박사는 한 푼의 부채도 가지지 않고 출발했다는 것이 의미 깊었다.

여행업 자체는 잘되고 있었기에 재기에는 별로 어려움이 없었다. 어려운 기간에도 상품은 판매되었고, 여행객이 여행을 못 간 경우도 없었다. 자금사정이 안 좋았지만 고객과 영업처의 신뢰를 지키는 데에는 소홀함이 없도록 최선을 다했다.

게다가 믿고 함께해 주는 직원들이 있었기 때문에 빨리 일어날 수 있었다. 당시 직원들은 모두 연봉 1원으로 회사와 협상했다. 초심으로 돌아갔다. 다행히 3개월이 지나고부터는 월급을 제대로 지급할 수 있었다. 6개월째부터는 밀린 월급도 지급할 수 있게 되었다.

이런 시련을 겪으면서 깨달은 것은 기업 경영의 가장 큰 원동력이 바로 '사람'이라는 사실이었다. 엄청난 위기 앞에서도 결코 동요하지 않을 수 있었던 것도 여행박사 직원들이라는 존재의 힘이 컸던 덕분이다.

회사에 대한 막연한 믿음을 가지고 버텼던 당시 직원들은 지금도 모두 회사의 중추적 역할을 다하고 있다. 주성진 대표도 그렇게 남은 사람들 중 한 명이다.

'파산'이라는 예방주사를 제대로 맞은 덕분일까? 경제상황에 따라 좋았다가 안 좋았다가 하는 업다운이 통상적인 여행업계인지라 몇 번의 파고들이 더 밀려온 적은 있었지만 여행박사 직원들은 아무렇지도 않게 극복할 수 있었다.

여행박사에게는 더 이상 위협이 역경을 대체하는 말이 아니다. 오히려 기회로 치환될 수 있는 말이 된 지 오래다. 2013년도에 불어닥친 엔화 약세와 독도 문제, 교과서 문제, 일본 총리의 신사참배 강행, 우파의 위안부 발언 파문 등 극도의 대치 정국이 국내 관광업계의 대일본 전략을 힘들게 만들었다. 여행사들 대부분이 대일본 관광사업을 닫았다.

하지만 여행박사에게는 그런 어려운 여건이 틈새를 파고들어 오히려 대일본 관광사업을 하는 유일무이한 회사로 변신하게 만들어 주는 기회가 되었다. 이제는 글로벌 여행기업으로 변신하기 위해 여행박사는 전 세계 곳곳을 바지런히 누비고 있다.

전 임직원들의 업무몰입과 엄청난 생산성을 통해 2013년에는 미증유의 최고 성과급 잔치를 시행할 만큼 여행박사의 성장은 거침없었다. 대형 여행사들을 제치고 여행업계 4위로 부상하기도 했다.

2008년도의 아픔과 위기를 같이 넘기면서 임직원들이 하나로 단합했던 기억은 작은 어려움 따위는 무사히 넘을 수 있는 탄성력을 조직에 안겼다. 과하다 싶을 정도로 직원들과 성과를 나누고, 사원들의 복지에 집착하는 것도 그때 얻은 교훈이다.

우리 모두가 주인이라는 생각을 하기에 회계 역시 투명하게 공개한다. 전 직원들에게 개인 법인카드를 지급하고 전산시스템으로 사장부터 말단사원까지 지출내역을 열람할 수 있도록 했다.

소사장제를 도입해 직원들에게 최대한의 자율권을 부여하는 것도 이때 보여준 직원들의 회사에 대한 무한애정과 믿음에 대한 보답이다.

여행박사의 주인은 대표 한 사람이 아니라 전 직원이다. 단단한 동지애와 주인의식은 여행박사에서는 공기와 같은 것이다.

위기의 시간 모든 직원들이 보여준 '연봉 1원'의 의리가 한 기업이 역전의 재기를 할 수 있도록 만들었다. 천만금보다도 더 가치 있고 아름다운 마음이 오늘의 여행박사를 만든 결정적 한 방이었다.

놀면서 돈 벌기

살림을 비즈니스화시킨 전 세계 주부들의 롤모델, 가사의 여왕 마샤 스튜어트는 "내가 좋아하는 모든 것이 비즈니스다"라고 말했다.

여행박사의 직원들 역시 자신들이 좋아하는 여행으로 돈을 버는 사람들이다. 여행이라는 경험 자체가 웃음을 지을 수 있는 행복한 경험이다. 행복을 파는 여행사이고 싶어하는 여행박사의 핵심가치는 바로 고객, 인재, 협력사에게로 향한다.

고객에게 믿을 수 있는 평생 여행 파트너가 되어주고, 인재들이 도전과 열정으로 무한 가능성을 펼칠 수 있는 장을 제공해 주고, 협력사에게는 함께 지속 성장하자고 손을 내미는 것이 여행박사의 사명이다.

창업 초기 여행박사는 당시로서는 전혀 새로운 유형의 저가 여행사를 표방했다. 그때의 일본 여행은 여러 가지 여건으로 보아 하와이 여행과 버금가는 비용이 들어가는 여행이라 일반 봉급생활자들은 엄두를 못내고 있었다.

하지만 그들을 대상으로 부산에서 출발하여 금요일 저녁과 일요일 저녁을 선박에서 지내는 1박 3일 일본 여행 코스를 개발하여 대박을 내면서 여행박사는 본격적으로 성장할 수 있었다.

인터넷이나 관광가이드 북이 발달하지 않았던 10여 년 전 단순히 여행상품만 파는 것이 아니라 여행지식을 아울러 전하도록 한 여행박사의 전략은 '패키지 여행'에서 '자유 여행'으로 전환하던 소비자 욕구에 들어맞았다. 여행박사는 고객들의 기대치보다 높은, 한발 앞서는 세심한 서비스를 제공했다.

고가의 항공여행이 일반적일 때 여행박사는 해외 선박 여행의 대중화로 "돈이 없어도 몸이 불편해도 누구나 해외여행을 갈 수 있게 한다"는 전략을 실현시켰다.

남아도는 야간 비행기 좌석을 이용해 저렴하게 즐길 수 있는 서민형 해외 여행상품을 개발한 것도 그래서였다. 고객들에게 저렴하면서도, 가격 대비 최상의 만족을 얻을 수 있는 여행사라는 인식을 확실히 심어준 여행박사는 이후 성장을 거듭하게 된다.

'여행박사'라는 브랜드 네이밍에 걸맞게 직원들은 일본 현지 답사를 통하여 살아있는 여행지식을 박사 수준으로 습득한 후, 그것을 상품으로 개발하는 전략을 펼쳤다. 그리고 그것은 주효했다.

다른 여행사들은 출장이나 답사를 말단직원까지 보내는 사례가 거의 없다. 대부분 팀장이나 과장급이 간다. 하지만 여행박사는 회사 부담으로 말단직원까지 여행코스 답사를 보낸다. 직접 갔다 와야 손

님에게 제대로 된 정보를 전달할 수 있기 때문이다.

직원들끼리 본인이 원하는 지역으로 팸투어를 떠나는 경우도 있다. 물론 회사비용으로 보낸다. 실제로 직원들이 현지를 다니면서 다양한 여행경로를 시험하며, 여행상품으로 만들기 위해 노력하는 과정이다. 직원들 스스로 즐기면서도 일하는 문화다.

여행박사에겐 재미와 놀이가 중요한 가치이다. 절대 버릴 수 없는. 무엇보다 대표도, 직원도 재미와 문화가 빠진 채로 실적을 견인하기를 절대 원하지 않는다.

"모든 회사가 수익 지상주의에 빠져 직원들의 행복을 등한시하고 있습니다. 하지만 전 항상 회사의 이익보다는 어떻게 하면 재미있는 회사를 만들까를 고민했어요. 인생이 뭐 있겠습니까? 재미있게 살아야죠?"

창업주의 기인 같은 행동이나 재미 전략은 굳이 직원에게만 해당되는 것도 아니다. 고객을 향해서도 똑같이 펼쳐진다. 여행을 다녀온 뒤 불만을 제기하는 고객에게 "그럼 당신이 들어와서 일을 한번 해보세요"라며 일자리를 제공한 적도 많다. 홋카이도 팀장과 규슈 팀장 모두 불만을 제기하려 왔다 직원으로 채용된 케이스다.

'국민으로서 의리'를 보이는 선거를 무사히 치뤘다는 인증을 보내면 음료수와 피자를 선물하는 이벤트를 벌인 것도 다 재미 때문이다.

100% 오픈된 칭찬·건의·불만 게시판을 통해 고객 의견을 수렴하는 것도 여행박사의 자랑거리다. 불만과 건의를 다른 고객이 못 보도록 두는 다른 여행사와 달리 게시판을 100% 공개하는 누드정책과 아울러 고객들의 칭찬과 불만의 글까지도 지우지 않고 담당자가 실시간으로 답을 하는 것은 여행박사만의 색다른 컨셉이다. 그만큼 당당

하고 자신 있다는 소리다.

직원과 고객의 즐거움과 보람이야말로 여행박사를 지탱케 하는 요인이다.

'놀면서 돈 버는 이상한 회사'가 성장 비결이라는, 다른 기업의 직원들에게 배앓이를 유발할 말이 적어도 여행박사에서는 거짓말이 아니다.

광고 안 해도 유명한 회사

여행박사라는 여행사를 들어보지 못한 사람들도 있을 것이다. 왜냐하면 일반 관광회사로서는 엄청난 비용의 요인이 되는 광고에 전혀 돈을 들이붓지 않기 때문이다. 물론 부수적으로 들어가는 접대비도 따라서 없다.

대부분의 여행사들은 1년에 신문 광고만으로 20~30억 원대의 비용을 지출한다. 국내 최고라고 말하는 어느 메이저 여행사의 경우 1년에 200억 원 이상의 어마어마한 광고비를 지불한다고 한다. 이렇게 본다면 돈 하나 들이지 않고도 업계 4위를 유지하는 여행박사가 새삼 대단하게 보일 법도 하다.

여행박사가 인위적인 광고를 하지 않는 대신 나름 홍보를 하기 위해서 채택한 것이 바로 기발한 직원 복리후생과 경영 아이디어들이다. 이런 것들이 홍보가 된다고 생각하지 못하는 경영자들에게 따끔한 일침을 주는 발상이 아닐까? 실제로 가히 금액으로 환산하기 힘들 정도의 홍보효과를 톡톡히 거두었다.

엄청난 여행박사의 복리후생 정책은 '굿 컴퍼니', '선한 기업'의 프리미엄이 얹어져 시장에서 입소문을 탔었다. 회사가 벌이는 재미있는 이벤트나 사내 행사가 광고를 대신한 사례도 많다. 예를 들어 선거와 관련된 톡톡 튀고, 재미있는 이벤트는 전국민에게 화제를 뿌려 회사를 홍보하는 것이다.

국회의원 선거 때는 전 직원 투표 시 1인당 30만 원을 지급했다. 18대 대통령 선거에는 전 직원이 투표를 하면 각각 50만 원씩의 '포상금'을 주기로 본인의 약속을 성실히 이행해 이슈가 되기도 했다. 대부분 사람들은 '보여주기식'이나 '이슈를 만들기 위한 것'이라고 여겼다. 하지만 해외출장 중인 직원까지 귀국해 투표를 했고, 신 전 대표는 총 1억 원이 넘는 포상금을 전 직원들 통장에 쏘았다.

여행박사가 자체 비용을 들여 광고를 하지 않는 이유는 딱 하나다. 그 비용이 고객의 몫에서 나오기 때문이다.

'가난한 사람들도 해외여행을 가게 만들자', '10명의 고객에게서 10만 원의 수익을 남기기보다 100명의 고객에게서 1만 원의 수익을 남기자'라는 독특한 마인드로 여행사를 경영했던 신 전 대표.

이처럼 가난하거나 여유가 없다는 이유만으로 여행에서 행복을 누리지 못하는 사람이 없기를 바라는 마음은 기적같은 상품을 낳기도 했다. 여느 여행사에서는 수지타산 때문이라도 도저히 내놓을 생각을 못 하는 상품을 만든 것이다.

가령 오리배 가격보다 저렴한 9,900원짜리 일본 여행 상품이 그랬다. 회사 입장에서는 손해를 볼 확률이 높은 상품이다. 하지만 여행박사에게 가장 중요했던 것은 고객들이 그 상품에 열광한다는 단 하나의 사실이었다.

일본여행 가격을 절반으로 낮춘 올빼미여행도, 대마도를 3만 원에 갈 수 있는 당일 여행상품도 화제를 모을 수밖에 없었던 이유는 여행 한번 가는 것이 어려운 사람들의 여행 접근성을 끌어올려준 상품이었기 때문이다.

어느 여행업체도 흉내 내지 못한 고객맞춤형 상품을 만들어내는 솜씨는 여전히 계속되고 있다. 제주 당일여행 상품도 출시했는데, 이 상품은 왕복항공료, TAX, 렌터카 포함해서 12만 1,000원이면 제주도를 다녀올 수 있는 것이다. 통상 2박 3일 정도는 보내고 와야 한다는 고정관념을 갖고 있는 제주도를 KTX보다 저렴한 교통비에 숙박비 절감, 단출해진 짐으로 가볍게 훌쩍 떠날 수 있도록 만든 것이다.

메이드 투어나 집사 투어같은 이색 상품도 있다. 일본 메이드카페나 건담샵, 화장품 가게 등을 돌아다니는 3박 4일짜리 상품이다. 큰 인기가 있는 것은 아니지만, 해당 문화에 열광적인 매니아들을 위한 상품이다.

중요한 건 여행박사는 돈 안 드는 홍보는 해도 돈 드는 마케팅은 안 한다는 것이다. 대신 진정성에 돈을 투자한다. 대개는 직원들이 일일이 가보고 여행코스를 마련하기는 어렵다. 또 실제로 그렇게 하지 않는다. 하지만 여행박사는 모든 프로그램에 직접 답사를 다녀오고 있다. 패키지든 자유여행이든 프로그램에 자신이 있는 이유이다.

여행박사는 열광하는 고객을 만들기 위해 작은 것에서부터 진심을 다하기로 유명하다. 업계 유일의 100% 공개 게시판은 그 자체로도 유명하지만 여행박사의 신 전 대표는 회사 홈페이지에 올라온 고객의 질문이나 항의 글에 장문의 댓글을 다는 것으로 유명했다. 이 전통은 여전히 이어지고 있다. 여행박사의 기업 운영의 기본을 보여주고 있으며 단골 마니아 층을 낳는 계기가 되었다.

고객에게 필요한 것이 무엇인지 직접 듣고자 SNS 채널을 활용한 지속적인 소통과 홍보를 강화하고 있는 것도 여행박사를 차별화시키는 주요한 요인이라 할 수 있다.

고객들을 편하게 하는 전략을 다양하게 구사하여 메이저 여행사 못지않은 편리성을 제고한 점도 눈에 띈다. 여행박사는 최근 웹사이트를 반응형 웹으로 리뉴얼해 모바일웹 여행서비스를 제공한 데 이어 모바일 앱으로 사용자 편의성을 한층 강화했다.

모바일을 활용해서 내가 오늘 갑자기 뭔가를 하고 싶고 여행을 가고 싶고 어디에 숙박을 하고 싶고 어떤 영화를 보고 싶고 공연을 보고 싶을 때, 어떤 것을 추천해 주고 어떤 것이 가장 매력있는지를 모아 서비스를 만들었는데 그것이 바로 '세일투나잇'이다. 영어, 중국어, 일본어 서비스도 런칭해 해외에서 한국으로 여행 오는 외국인들도 사용할 수 있도록 홍보하고 있다.

여행박사에는 '현지특파원' 제도가 있다. 자유여행이라는 것은 정말 배낭 하나 메고 호텔과 항공권만 예약해서 현지에서 내 맘대로 다니는 것이다. 예정과 다르게 비행기가 심야에 도착하거나 언어소통이 부족한 자유여행가들을 위해 각국에 특파원을 두고 라운지를 만들었다. 여행을 간 손님들이 여행을 다니다가 자료가 부족하거나 인터넷을 하고 싶거나 도움이 필요할 때 정보도 얻고 쉴 수도 있는 공간이다.

이렇듯 여행박사는 고객과 쌍방향 소통하는 여행사로 확실히 자리매김했다.

"여행박사에 가면 무언가 재미있는 일이 있다!"는 여행박사의 편경

영이 고객을 감동시켰고, 고객의 충성과 애정이 다시 여행박사의 성
장으로 선순환되고 있다. 고객이 모니터 요원인 동시에 최고의 마케
터로, 자발적으로 제3의 직원이 되어 '여행박사'라는 이름을 널리 알
리고 있다.

동아리같이 즐거운 회사

여행박사는 '동아리 같은 회사'를 지향하는 것이 이색적이다.

어느 기업을 향해 '동아리'라 표현하는 것이 어울리지 않아 보이지
만 여행박사를 나타내는 데 가장 적절한 단어라는 데 별로 이견이 없
어 보인다. 같은 관심사를 가지고 모인 동아리 구성원들은 서로의 공
통점을 발견하고 더 끈끈해지기 마련이다. 여행을 사랑하는 '박사'들
이 모인 여행박사가 딱 그렇다.

다른 기업들은 별로 탐탁해하지 않을 수 있는 사내 커플 탄생을 매
우 반긴다. 1년 이상 근무한 사내 커플이 결혼하면 원하는 전자제품
을 제공한다. 아예 회사 차원에서 모든 구성원이 동아리 구성원처럼
지낼 수 있도록 팀 간 교류할 수 있는 '친해지길 바래' 프로젝트도 진
행하고 있다.

동아리같은 조직을 지향하면서도 여행박사가 이렇게 통 큰 휴먼
경영, 펀경영을 펼칠 수 있는 이유는 여행박사가 사람 중심의 사고를
하는 기업이기에 가능하다.

자본주의 사회에서 이익창출은 기업생존과 직결된다. 기업이 성과
중심의 경영에 몰입할 수밖에 없는 이유다. 하지만 여행박사가 가장

단체 영화관람

중시하는 경영화두는 성과가 아니라 철저히 직원의 행복이다.

"어떻게 하면 직원을 더 즐겁게 할 수 있을까?"라는 창업주인 신전 대표의 생각은 회사를 탄탄하게 성장시킨 디딤돌이다. 조직원들이 스스로에 대한 자신감과 긍정에서 나오는 진정한 퍼니지먼트가 구현되는 여행박사에서는 '즐거움'이라는 가치가 제일 소중하다.

'고객을 만족시키기 위해 직원을 만족시킨다'는 신념이 대기업을 뛰어넘는 복지제도를 탄생케 한 배경이다.

세금을 못 내도 가난한 사람에게 나라가 제공하는 복지가 있듯 여행박사의 일원이라는 이유만으로도 기본적인 복지 혜택을 풍족하게 누릴 수 있어야 한다고 생각한다. 언론보도로 인해 이슈를 몰고 오는 등 대외적으로 널리 알려진 복지제도 중에 가장 파격적인 복지제도는 성형수술 지원제도였다.

성형 수술, 미용 수술(시술), 치아교정, 시력교정 때 본인 부담금의

50%를 회사에서 부담하는 제도다. 코를 높이는 수술부터 피부 치료와 같은 단순 시술도 지원해주기 때문에 직원들의 만족도가 높다.

이 외에도 직원들의 건강을 챙기는 제도들도 많다. 중요한 것은 그 모든 것이 포상금과도 연결된다는 것이다. 자기 운동을 잘해도 포상금을 탈 수 있다는 것이다. 현재는 TF를 꾸려 직원 스스로가 원하는 복지제도를 선정해 내년에 시행할 예정이다.

직원을 아끼는 회사의 마음은 법인 카드에서도 빛이 난다. '신의 카드'라는 법인 카드가 모든 직원들에게 주어지는 것이다. '어디서든지 기죽지 말라'는 뜻에서 마련된 제도다. 여행사 특성상 영업과 관련된 업무가 많은 직원에게 더없이 좋다고. 공항 라운지나 인천 공항 발레파킹 서비스 등 부가혜택도 주어진다.

여행박사는 팀장, 본부장, 이사 등의 임원을 투표로 뽑고 있다. 여행박사 직원들은 누구든 공약을 내걸고 직원 과반수의 찬성을 얻으면 그 자리로 승진할 수 있다. 자리에 오른 후에는 매년 재신임을 받아야 한다. 2년 차에는 60%, 3년 차부터는 70% 이상의 지지를 얻어야 자리를 유지할 수 있다. 특히 어느 직책이든 3년 연속 당선된 직원에게는 회사 수익의 10% 만큼을 회사의 주식으로 제공할 정도로 지원이 파격적이다.

지지율 하락으로 임명제에서 탈락해도 반대표를 던진 사람들의 의견을 수용하고 고쳐서 다음 선거에서 화려하게 부활한 사람들이 많다. 직선제에 대해 직원들은 비교적 만족하는 편이다. 누구든 욕심이 나면 도전해볼 길이 열려 있고, 학력과 파벌보다 능력을 중시하는 분위기가 형성되며, 잘 보이기 위한 아부가 적어지고, 재신임 선거를 의식해서 늘 긴장하고 열심히 할 수밖에 없기 때문에 많은 이들이 투표제를 찬성한다.

대표이사가 결재하는 경우는 1년에 5~6번밖에 되지 않을 만큼 담당자 전결제도가 확산되어 있다. 2~3시간 일해도 좋고 회사에 나오지 않고 집에서 근무해도 좋다.

뜬금없이 팀장이 팀원 전체를 소집시켜 제비뽑기를 한 후 조별로 영화를 보거나 놀이동산에 놀러간다고 하면 그뿐이다. 팀장이 결정한 것이다. 이러니 직원 만족도가 엄청 올라갈 수밖에 없다. 가히 짐작하기 어려울 만큼의 권한위양체계를 유지하고 있다.

여행박사는 정년도, 비정규직도 없다. 투표에서 임원, 본부장 등으로 신임을 받으면 계속 일할 수 있다. 60세가 됐지만 팀원으로 일하겠다면 계속 일할 수 있다. 해고란 없다. 여행박사는 청소부와 경비도 정규직이다. 80대의 경비원도 있다. 부산지사의 청소부는 모범 직원으로 꼽혀 보너스 500만 원을 받기도 했다.

그러나 자유만큼 책임이 따른다. 쉽게 말해 일한 만큼 주겠다는 것이다. 회사의 각 팀장이 말 그대로 작은 사장님들이다. 일단 연말에 차년도 사업계획이 확정되고 나면 그 팀장이 사장이나 마찬가지로 소사장 제도를 철저하게 지키는 회사이다.

여행박사 직원들은 매년 말, 이듬해 목표를 스스로 세운 뒤 그 목표를 달성하기 위해 전력 질주한다. 목표 대비 초과 달성한 수익은 인센티브로 돌려받는 만큼 주인의식을 갖고 일하는 직원이 많다. 과감한 권한 위임과 인센티브는 직원들을 끊임없이 도전하게 함으로써 위기 상황에서도 좋은 성과를 내도록 유도하고 있다.

통 큰 자율이 베풀어져도 남용하지 않는 직원들, 모든 것을 다 내주어도 책임감은 철저히 걸치게 만드는 회사가 빚어내는 경영문화가 지금 여행박사를 풍성하게 만드는 최고의 자산이다.

가방끈 짧아도 환영받는 박사들

"얼마나 많은 직원이 명문대를 졸업했는지가 기업 판단의 기준이 돼서는 안 된다. 직원들이 미친 듯이 일에 매달리고 퇴근할 때 크게 웃는지가 중요하다."

중국 전자상거래업체 알리바바의 마윈 회장의 말이다. 여행박사에서는 흔히 말하는 스펙을 보고 절대 직원을 채용하지 않는다. 그럼에도 불구하고 그들에게는 특별한 자질을 요구한다. 여행을 사랑하고, 여행에 있어서만은 박사 못지않은 식견과 열정을 가질 것!

여행사 직원의 처우 수준은 다른 업종에 비해 열악하다. 현재 국내 여행사는 만 개를 훌쩍 넘게 난립하고 있다. 결국 과당 경쟁이란 부작용을 낳을 수밖에 없는 그 여파는 직원들이 고스란히 받는다. 수시로 이직과 퇴직이 반복되는 형태다. 이런 이유로 여행업은 직원들의 근속 연수가 다른 업종에 비해 매우 짧을 수밖에 없다.

여행박사는 어떨까? 우선 초임 기본급이 2,200만 원이니까 중견기업치고는 일단 좀 낮은 수준으로 보인다. 하지만 성급한 결론은 거부한다.

여행박사는 수익이 발생하면 직원에게 초과분에 대해서는 모두 돌려준다는 경영 원리에 따라 각종 성과급, 인센티브 등을 합쳐 많으면 4,000만~5,000만 원을 받는다. 괜히 여행박사가 업계에서 '신의 직장'이나 '꿈의 직장'으로 불리는 게 아니다.

나가사키 워크샵

　여행박사는 회사 수익 중 유보자금 15억 원만 회사 계좌에 남기고 나머지는 모두 직원과 나눈다. 그리고 고객에게는 저렴한 상품으로 보답한다.

　팀마다 일정 금액을 회사에 세금으로 낸다. 나머지는 모두 팀원들 몫이다. 여행박사 직원들은 개인사업자나 마찬가지다. 회사에 세금만 내면 된다. 만약 팀이 아니라 혼자서 영업하는 데 자신이 있다면 회사와 개인별로 계약을 맺어도 된다. 성과가 좋으면 자기 몫이 더욱 늘어난다.

　3:3:3:1 법칙으로 전체를 100으로 놓고 30%는 인센티브로, 30%는 주주배당으로, 10%는 사회환원식으로 배분하는 것이다. 이러한 제도는 직원들을 자발적으로 열심히 일하게 만들었다. 직원들은 목표를 초과 달성하기 위해 자신만 팔 수 있는 혁신적인 상품을 만들려고 노력했고 고객에게 더 큰 만족을 주려고 점심시간에도 전화기와 컴

퓨터 곁을 지켰다. 주말에는 시키지 않아도 회사로 일하러 왔다.

가방 끈이 짧아도 여행박사에서는 충분히 환호성을 받는 직원이 될 수 있다. 실제로 고졸 출신으로 10대에 입사해 몇 년 동안 여행업의 메커니즘을 모두 깨달아 베스트 직원, 모범 직원으로 뽑힌 사람들도 여럿이다.

주 대표 역시 대학교를 중퇴했으니 최종 학력은 고졸이다. 그래도 '1억 원 인센티브의 신화'를 이루었고, 지금 여행박사의 박사 250여 명을 수장으로서 잘만 이끌어나가고 있다.

여행박사에는 한국 사회를 살아가기에 필수 항목이라는 학연과 지연이 전혀 필요 없다. 신입직원 선발할 때 학교에 대한 내용은 전혀 물어보지 않는다. 아예 지원서에는 학력란이 없다. 출신지도 못 쓴다. 대신 지원자의 사진으로 입사지원서의 3분의 1을 채워야 한다. 고정관념을 벗어나서 자신을 가장 개성 있게 표현하라는 뜻이다. 일반적으로 이력서용으로 붙이는 양복 입은 사진을 직원들은 제일 싫어한다.

채용 방식도 재미있다. 임원과 대표는 신입사원 면접 때 들어가지 않는다. 팀장이나 대리가 면접을 한다. 회의실에서 면접을 보기도 하고, 볼링장이나 술집에서 하기도 한다. 학벌, 경력, 성별, 연령, 지역에 차별을 두지 않는 여행박사는 대졸사원과 고졸사원을 가려 뽑지 않기 때문에 신입사원이 입사하면 똑같은 연봉을 받는다.

여행 업체인 만큼 외국어 실력이 좋은 건 가점 사유다. 매월 1권이상의 독서를 하며 본인의 주관과 사상을 뚜렷하게 하는 것도 중요하다.

'이것만큼은 내가 최고!'라고 말할 수 있는 것이 하나라도 있다면,

모르는 사람과도 이야기를 잘하는 사람이라면, 다른 국가의 사람, 문화, 역사, 미래 등 매력을 3분 동안 알차게 쏟아낼 수 있다면, 무엇보다 여행을 좋아하고 여행박사를 사랑하는 마음가짐을 가진 사람이라면 여행박사의 직원이 될 충분조건을 갖춘 것이다.

기억할 것은 이 모든 조건을 갖췄더라도 흡연자라면 곤란하다는 것. 여행박사에서는 흡연자 이력서를 받지 않을 정도로 금연을 우선시한다. 재직 중 흡연을 하게 되면 계약직으로 전환되는 등의 징계를 받을 수도 있다. 금연을 강조하는 이유는 단 하나, '몸에 해로워서'다. 물론 입사 시 금연 약속을 하면 입사가 가능하다.

여행박사는 열정적인 인재를 선호한다.

전 세계 여행을 아우르는 여행사답게 현지 여행 경험과 워킹홀리데이 등의 생생한 현지체험과 체류 경험이 많은 이들을 좋아한다. 어떤 일에 마니아가 될 만큼 파고 드는 치밀함도 높이 산다.

해당 여행상품을 상담, 판매할 뿐 아니라 기획하고 홍보하는 일에도 적극적으로 참여하는 회사의 특성상 사진을 잘 찍거나, 블로그 또는 SNS 활동을 열심히 하는 것도 가산점 요인이 된다. 열정과 도전, 강력한 실행력이 있고 실패를 두려워하지 않고 추진력 있게 밀어 부치며 여행박사에서 내가 가장 잘할 수 있는 것이 무엇인지 명확한 사람 역시 여행박사가 원하는 인재다.

여행박사는 정식 직원으로 채용하기 전 3개월간의 수습 기간을 두고 있다. 만약 즐거움, 혁신, 도전, 열정이라는 여행박사의 DNA에 잘 맞지 않는다고 판단되면 정직원으로 채용하지 않는다. 기업문화에 대해 공감대를 가진 직원들 간의 유대감과 소통이 조직의 활력을 높이고 고객 서비스의 질을 향상시킨다는 것을 잘 알기 때문이다.

수습 3개월 동안 단맛·쓴맛을 다 보고 살아남은 자들의 이직은 거의 있을 수 없다. 초창기 창립 멤버를 비롯해 장기 근속자가 다른 여행사에 비해 월등히 많은 여행박사의 꿈은 100년 여행사가 되는 것이다. 전혀 불가능한 꿈처럼 보이지 않는다.

'두드림 프로젝트' 가슴을 열다

한 켤레의 신발을 사면 한 켤레의 신발을 기부하는 착한 스니커즈 브랜드 탐스는 선한 기업으로 유명하다. 그 회사는 기업의 이윤만을 탐하지 않고, 세상의 사람들과 그들의 결실을 나누는 것이 당연한 일처럼 여긴다.

여행박사도 그렇다. 누구나 행복한 세상을 만들고 싶어한다. 불필요한 돈을 아껴 직원들을 행복하게 하고, 세상의 다른 가난하고 아픈 이웃들과 즐거움을 나누고 싶어한다.

매출 200여억 원을 달성해 국내에서 네 번째로 큰 여행사가 되면서 오히려 사회에 대한 책임의식도 배가되었다. 여행박사의 성장 이면에는 그 모든 것이 우리 사회에 빚을 지고 있다는 채무감이 있다.

이 사회가 행복해야 여행박사가 행복하다는 생각으로 진행하는 사회공헌 프로그램 중에 '트래블 스토리 두드림'이라는 것이 있다.

복지기관 해외여행 공모전 '여행의 날개', 각각 저소득 청소년과 장애인을 위한 여행 지원 프로그램 '아름다운 동행'과 '여행의 자유를', 일반인 사연을 공모하는 '소원을 말해봐' 등 서로 다른 주제를 가진 7개 분야의 프로그램을 꾸준히 진행하고 있다.

남들에게 자랑하지 않아도 알만한 사람들은 여행박사의 여러 사회 공헌사업에 깊은 지지와 신뢰를 보내고 있다. 심지어 감동을 받아 여행박사에 일부러 지원하는 사람들이 있을 만큼 여행박사의 봉사활동은 의미깊다.

여행박사의 사회공헌 프로그램은 직원들 급여 1%와 회사의 매칭 그랜트matching grant 방식에 의해 전액 무료로 이뤄진다. 직원들 월급의 1%를 자동 적립하고 똑같은 금액을 회사에서 기부하는 매칭 그랜트 방식으로 사회공헌활동 기금을 마련하는 것이다. 대략 1년에 7~8천만 원 정도가 모인다. 민주적이고 활발한 사원 간 대화를 통해 직원 모두 자발적으로 참여하고 있다.

사회공헌 프로그램도 다른 기업과는 다르다. 의식주 지원에 치우친 사회적 약자 지원 사업이라는 천편일률적이고 고만고만한 프로그램이 아니라 여행박사는 여행사로서 잘할 수 있는 분야에 집중했다.

바로 '여행'으로 소외받은 이웃들에게 웃음을 찾아주는 것이다. 사

사회공헌대상

회적 약자의 여가 행복추구권은 우리 한국 사회에서는 생소할뿐더러 많이 알려지지 않았다. 그런 의미에서 소중한 마중물이 되기를 마다 하지 않는 여행박사의 능동적인 사회공헌 모습은 대기업들에게도 귀감이 되고 있다.

사회공헌 사업이 여행박사 구성원들에게 기여하는 바도 크다. 직원들은 그들이 가난하거나 아픈, 불우한 사람들에게 '행복한 추억'을 선물할 수 있음에 오히려 기뻐하고 감격스러워한다.

여행박사는 루게릭병 환자와 가족 20명을 데리고 일본 규슈지방으로 2박 3일 여행을 떠났던 적이 있었다.

이 여행지원 봉사는 어느 날 여행박사 홈페이지에 올라온 한 줄의 사연으로 탄생된 것이었다. 홈페이지에 개설된 "소원을 말해봐!"라는 게시판에 글을 올린 이는 지난 2005년 여행박사가 후원한 장애인 해외여행에 자원봉사자로 참여했던 청년이었다.

건장한 청년이었던 그는 최근 루게릭병 의증疑症 진단을 받았는데 몇 해 전 어머니가 같은 병으로 숨을 거둔 뒤 같은 질병에 걸려 심적 고통이 큰 상황이었다.

그는 용기와 희망을 잃지 않고 여행박사의 문을 두드린 것이었다. 소박하고도 가슴 울리는 그의 소망은 여행박사 전 직원들을 울리기에 충분했다.

"루게릭 환우들과 가족들이 어쩌면 마지막이 될지도 모르는 여행을 함께 다녀올 수 있도록 도와 주세요!"

스스로도 힘든 상황에서 그는 루게릭병 환자들의 돕는 활동을 하던 선한 청년이었다. 루게릭병 환자와 그 가족들은 선뜻 여행을 다닐 수 없는 형편에 직면하곤 한다. 여행 비용의 부담도 부담이지만 무엇보다 휠체어 전용 차량의 운행 여부, 보행장애인 편의시설 등에 대한 현지 정보 부족으로 환자와 가족이 스스로 여행을 떠난다는 건 엄두도 못 내는 상황이기 때문이다.

여행박사는 오히려 청년에게 고마움을 표했다. 뭔가를 할 수 있는 기회를 제공한 것에 대한 감사의 마음은 바로 후원으로 증명했다. 여행요금의 절반은 직원들이, 나머지 절반은 회사가 내기로 했다. 직원과 회사가 힘을 합쳐 루게릭병 환자들을 위한 기부를 한 셈이었다.

누군가에게 평생을 잊지 못할 추억과 즐거움을 선사하는 것이 얼마나 근사한 경험인지를 잘 아는 여행박사 직원들은 그 여행을 아주 기쁘게, 무사히 마칠 수 있었다. 이 밖에도 실천하고 있는 사회 복지 행사들은 다양하다.

매년 봄 실시하는 '여행의 날개'는 여행사 최초 복지기관 공모전이다. 매년 공모전에는 평균 200여 개 기관에서 신청서가 날아든다.

서울시에서 자살 고위험 지역으로 지정한 강서구 가양동 영구임대 아파트의 싱글맘과 그 자녀들에게 해외여행을 무료로 지원하기도 했다. 아이들이 엄마의 어려움을 이해하고, 싱글맘 역시 당당하게 사회에 진출할 수 있도록 돕는 소통과 자신감 회복 프로그램이 되기에 충분했다. 소아암 환아 가족여행이 선정돼 '소아암도 이겨냈다, 용감한 가족여행'이라는 캐치프레이즈로 무료 해외여행 사업을 진행하기도 했다.

청소년 UCC(사용자 제작 콘텐츠) 공모전을 통해 저소득 청소년 100명을 선발, 1박 2일 국내 여행을 지원했다. 저소득 가정 청소년의 여행에는 '일본의 내가 한국의 나에게 쓰는 편지', 장애 청소년의 여행에는 일본 장애인학교와 교류회 등 여행 대상자별 맞춤 프로그램이 포

연탄배달

함된 현장 체험을 구성했다.

사회공헌 홈페이지나 e메일을 통해 장애인, 청소년, 싱글맘, 노인 등 도움을 필요로 하는 고객의 이야기를 듣고 프로그램을 계획한다. 또 여행지에서 관광만 하는 것이 아니라 여행지에 알맞은 여가 프로그램을 마련해 어려운 처지에서도 열심히 살아가는 이웃들의 이야기를 세상에 알리고자 노력한다.

우리 사회를 힘들게 살아가는 사람들에게 새로운 자극과 희망을 경험할 여행을 제공함으로써 직원들이 갖게 되는 '우리가 이웃의 여행을 보내드린다'는 자부심은 대단히 크다. 게다가 여행박사의 사회공헌 활동은 본 고객들은 자신의 소비활동이 가치 있게 사용된다는 믿음을 갖게 되어 여행박사를 더 신뢰하게 되었다.

앞으로도 여행박사는 더욱 넓은 층위의 사람들의 마음을 두드리는 다양한 '두드림 프로젝트'를 개발하여 다 함께 잘 살아가는 사회를 가로막는 온갖 장벽과 경계를 힘차게 두드려 허물 계획이다.

새 수혈받은 신사업 배낭

2014년 7월 여행박사는 공룡 벤처로 불리는 옐로모바일과의 인수합병을 마쳤다. 쿠차, 우리펜션, 굿닥, 퍼플프렌즈 등의 50여 개 기업을 인수합병한 옐로모바일은 직원 수만 700여 명에 다하는 거대 기업이다.

벤처업계의 '카카오'로 불릴 만큼 급부상하고 있는 생활 콘텐츠 전문 기업 옐로모바일과 합병함으로써 여행박사는 모바일-로컬 신사업의 시너지를 노린다는 전략이다.

옐로모바일이 인수합병한 기업 중에서 여행박사가 최대 규모였다. 총 200억 원에 브랜드와 영업권이 옐로모바일에 인수됐다. 이 중 60억 원은 현금으로, 나머지는 옐로모바일 주식과 자체 여행사업부인 트립얼라이언스 주식으로 지급되었다. 이로 인해 여행박사가 받게 될 현금 60억 원은 여행박사 직원이자 주주인 110명에게 고스란히 돌아왔다.

이번 M&A는 여행박사 주식을 가지고 있는 일부 대주주나 투자기관만 혜택을 볼 수 있는 것이 아니다. 함께 일해 온 직원들이 돈을 벌 수 있는 기회였다는 점도 크게 작용했다. 평소 직원들을 부자로 만들어주고 싶다던 신 전 대표의 소원이 조금이나마 실현된 것이다.

기존 복지제도나 조직운영 및 경영방식은 그대로 유지하는 것으로 합의했다. 여행박사가 옐로모바일과 인수합병으로 없어지는 것은 아니다. 절대 어느 기업으로의 종속이 아니다. 지금의 여행박사는 그대로 유지된다. 사업 방향이나 운영방식, 뭐 하나 바뀌는 건 없다. 특유의 색을 각각 유지하면서 함께 성장하자는 것이 이번 M&A의 또다른 특징이기도 하다.

이 빅딜은 '여행업과 모바일', '해외와 국내'의 만남이라는 점에서 여러모로 의미 깊다.

빅딜 전부터 여행박사 역시 새로운 변화를 모색하고 있는 시점을 맞이하고 있었다. 여행업 역시 모바일로 성장해야 한다고 판단한 여행박사는 다수의 모바일 업체 중에서 가장 실적이 좋고 향후 가능성이 높은 옐로모바일과의 합병을 추진했던 것이다.

옐로모바일은 현재 모바일 분야에서 내로라하는 많은 인력을 보유하고 있다. 여행업의 흐름이 모바일로 넘어가고 있는 시점에서 여박의 여행전문 인력과, 옐로모바일의 IT전문 인력이 만나면 새로운 시너지를 낼 수 있을 것으로 본다.

옐로모바일 산하 기업들의 앱 다운로드 수가 7,000만 건에 이르는 만큼 모바일과 여행을 결합한 다양한 크로스 마케팅으로 많은 효과를 기대하고 있다.

여행박사가 직접적으로 작업을 같이하는 곳은 옐로모바일의 여행사업부 성격을 띤 자회사인 옐로트래블이다. 옐로트래블 내 회사들 대부분은 국내 비즈니스와 모바일, 기술에 집중되어 있다.

해외에 특화된 여행박사는 이번 합병으로 여행업 전반의 확대를 노릴 수 있는 발판을 마련했다는 점에서 중요하다.

하지만 외형의 변화나 기업 확장이 중요한 것이 아니라고 여행박사 직원들은 모두 생각한다. 그들은 꿈처럼 행복한 여행을 만들겠다는 초심을 버리지 않고 있기 때문이다.

행복한 여행을 위해, 현실보다 가까운 여행 이야기를 눈 앞에 펼쳐 주기 위해 여행박사는 부지런히 발로, 손으로, 머리로, 마음으로 연

태국 송크란

구를 거듭할 것이다. 여행박사는 직원과 고객을 즐겁게 하기 위한 학업을 끝날 기미가 없다.

여행을 떠나는 사람 그리고 떠나고 싶어하는 사람의 마음에 행복을 지피고 이를 전파하기 위해 발 벗는 일이라면 여행박사는 앞으로도 전 세계를 누빌 것이다.

이 글은 한국형 인사조직 연구회 회원이신 '렉스켄 - 장동익 대표'께서 사례분석 보고서를 써주셨고 '여행박사 - 조영우 대표'께서 여기에 소개되는 글이 회사의 경영철학이나 제도가 본래 취지와 벗어나지 않도록 꼼꼼하게 체크해주신 글임을 밝히는 바이며 노고에 감사드립니다.

유한킴벌리

사 람 냄 새 나 는
착 하 면 서
강 한 기 업

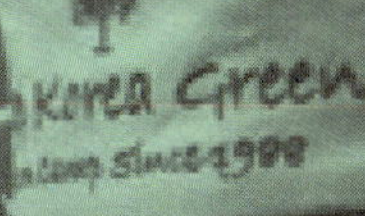

유 한 킴 벌 리

시장에서, 주력 사업 모두에서 타의 추종을 불허하는 부동의 1위 생활혁신기업, 유한킴벌리. 대한민국에서 이 회사를 모르면 간첩이다. '업계 최고의 성과를 올리는 기업', '가장 일하기 좋은 기업', '12년 연속 가장 존경받는 기업', '여성이 일하기 좋은 기업' 등 다양한 타이틀을 가진 유한킴벌리는 40년이 넘도록 대중에게 '윤리경영', '사회책임경영'으로 각인되어 왔다. 1984년 시작한 최장수 환경 캠페인 '우리강산 푸르게 푸르게'로 공익활동의 모범이 되어왔고, IMF 외환위기 때에도 직원의 해고 없이 위기를 극복한 착한 기업의 표상이었다. 또한 직장인이라면 누구나 한번쯤 꿈꾸지만 쉽사리 실현하지 못하는 삶의 혁신을 실현한 강한 기업이기도 하다.

평생학습을 기반으로 한 4조 2교대 근무, 탄력적으로 출퇴근시간을 조정하는 시차출퇴근제, 모든 임직원이 서로 '〜님'이라 부르는 수평적 호칭제, 재택근무, 오픈좌석제, 스마트오피스 기반의 '스마트워크' 등으로 '사람 냄새 나는 직장'을 만들어 온 유한킴벌리. 직원을 최우선으로 했을 때 이윤 창출도 따른다고 확신하고 증명해 보인 '인간중심경영'을 실천한 기업이다. '사회책임', '혁신', '공유'의 가치를 담은 유한킴벌리式의 성장은 승자 독식의 아집에 갇힌 많은 한국 기업에 경종을 울리고 있다.

- ■ 주주(합작) : 유한양행/킴벌리클라크
- ■ 창업년도 : 1970년
- ■ 자 본 금 : 2,000억 원
- ■ 사 원 수 : 1,720명
- ■ 매 출 액 : 1조 4,000억 원
- ■ 소 재 지 : 강남구 테헤란로
- ■ 특　　징 : 윤리경영, 사회책임경영, CSV(공유가치창출), 스마트워크, 가족친화

대표이사 **최규복**

'착하고 강한' 역설이 통하다

대한민국에서 유한킴벌리를 모르면 간첩이다. 설령 모른다 하더라도 '우리강산 푸르게 푸르게'라는 캠페인 문구를 안 들어본 사람도, '뽀삐', '크리넥스', '하기스', '좋은느낌', '화이트', '그린핑거', '디펜드 스타일' 등의 생활용품을 안 써본 사람은 거의 없다.

주력 대표사업 모두에서 부동의 시장 1위로 타의 추종을 불허하고 있는 유한킴벌리는 국내 시장뿐만 아니라 중국, 호주, 유럽, 일본 등 전 세계 50개국 이상에 제품을 수출해 온 종합 생활용품 기업이다. 유한킴벌리는 창업주로 인해서도 유명하다. 최근 일부 재벌3세들의 '갑질행각'이 사회적 문제로 떠오른 가운데 주주사인 유한양행의 창업주 故 유일한 박사의 한발 앞섰던 경영방침이 새삼 재조명되고 있다. 이미 25살 때 백만장자가 된 유 박사는 애국자였다. 대학생일 때 기미독립운동에 참여했고 한국에 전 재산을 가지고 들어와 유한양행을 창립했다. 유일한 박사의 꿈은 정성껏 좋은 상품을 만들어 국가와 동포에게 봉사하는 것이었다. 아울러 정직하고, 성실한 인재를 양성하여 사회에 배출하고, 기업에서 얻은 이익으로 기업을 키워 보다 많은 일자리를 만들고 납세하며, 그리고 남은 것은 기업을 키워준 사회에 환원하는 것이었다.

유한양행은 창업 초기에 이미 전문경영인 제도를 도입했고 종업원 지주제를 실시했다. 유일한 박사는 은퇴 당시 혈연관계가 전혀 없는 조권순에게 사장직을 물려줬고, 개인 재산은 자녀들에게 한 푼도 남기지 않고 전액 환원했다. 정치자금 압박에 굴하지 않아 세무감찰의 표적이 되기도 했다. 하지만 20일간 세무조사에서도 털어 먼지 하나 안 나왔던 일화로 유명하기도 하다.

1970년 '유한양행'과 '킴벌리클라크'의 합작으로 설립된 유한킴벌리는 투자사인 미국 킴벌리클라크의 위탁을 받아 중국과 홍콩, 대만 등 아시아지역을 경영한 바 있으며, 지금도 많은 사원들이 킴벌리클라크의 세계 각국의 사업장으로 파견되어 글로벌 리더로 성장하고 있다. 퍽 이례적인 행보를 보여 왔던 유한킴벌리에 붙은 수식어는 다양하다. '업계 최고의 성과를 올리는 기업', '가장 일하기 좋은 기업', '12년 연속 가장 존경받는 기업', '여성이 일하기 좋은 기업' 등등. 이처럼 40년이 넘도록 대중에게 '사회에 공헌하는 좋은 기업'으로 각인되어 온 유한킴벌리는 환경 공익캠페인을 지속적으로 실시해 왔고, IMF 외환위기 때는 직원 해고 없이 위기를 극복하여 사회와 함께 성장하는 모범사례를 보여주었다.

그런데 착하기만 할까? 아니다. 착하면서도 강하다. '착한 기업' 하면 떠오르는 것들이 혁신에 느리고 수동적인 데다가 비용이 많이 들어 크게 성장할 수 없다는 것이라면 유한킴벌리는 이런 편견을 완전히 불식시킨 강한 기업이다. 유아아동용품, 여성용품, 가정용품, 액티브시니어용품, B2B산업위생안전용품 주요 사업 분야 모두 1위를 달리고 있고, 합작 투자사인 킴벌리클라크의 전 세계 공장 중 생산성 1위를 기록하는 공장도 유한킴벌리에 있다. 전 사원이 혁신 DNA로 무장한 강한 기업 유한킴벌리의 이노베이션센터는 동종업계에서 가장 빠른 제품혁신과 신제품을 출시할 수 있는 역량을 구축하고 있다. 사원 복지는 업계 최고 수준이며, 재무구조 또한 탁월하다. 이익잉여금 등을 감안하면 부채 비율은 사실상 0이다. 이러한 강한 체질로 P&G 등 글로벌 기업의 공세에 맞서서도 당당히 이겼다. 도전과 창의, 책임과 공헌, 신뢰와 배려가 유한킴벌리의 핵심가치이다. 그 중심에는 사람이 있다. 사람을 최우선으로 생각할 때 성과와 이윤 창출도 따라온다는 신념을 증명한 경영모델이다.

유한킴벌리는 일과 삶의 조화를 중요하게 생각한다. 가정이 행복하면 업무효율도 높아진다고 믿는 유한킴벌리에서 '가족친화경영'을 실천하는 것은 매우 자연스러운 수순이었다.

또한 평생학습을 기반으로 한 4조 2교대 근무, 탄력적으로 출퇴근 시간을 조정하는 시차출퇴근제, 모든 임직원이 서로 '~님'이라 부르는 수평적 호칭제, 재택 근무, 오픈좌석제, 스마트오피스 기반의 '스마트워크' 등으로 '사람 냄새 나는 직장'을 만들어 온 유한킴벌리. 이 모든 것에 '신뢰'가 자리 잡고 있다. 유한킴벌리는 직원들을 믿는다. 각 부문에서 스스로 마련한 표준 업무절차를 준수하여 일하도록 돕고, 결재를 최소화하고, 감사 조직 또한 내부통제라는 명칭으로 감시보다는 사전절차 안내와 정확한 프로세스를 안내에 중점을 두고 있다. 업계에선 화제를 불러일으켰던 '열린 임원회의' 또한 '사원을 못 믿으면 누굴 믿을 수 있겠나?'라는 신뢰를 바탕으로 연 것이다.

유한킴벌리는 대한민국 직장인이라면 누구나 한번쯤 꿈꾸지만 실현하기 어려운 삶의 혁신을 성공시킨 기업이다. 생산과 기능직 사원의 경우 4일 일하고 4일 쉬는 혁신적인 근무형태로 일하고 있다. 쉬는 날은 학습이나 자기개발, 가족친화활동을 통해 혁신역량을 높이고 개인의 삶의 질도 높이고 있다. 사원과 함께 성장하는 회사, 사회와 함께 성장하는 회사, 유한킴벌리의 경영 패러다임은 그 존재만으로도 이미 사회에 큰 기여를 하고 있다. '착하고 강한'이라는 이 묘한 역설을 끈기 있게 관철시킨 유한킴벌리만의 저력이 또 얼마나 대한민국을 감동시킬지, 변화시킬지 많은 이들의 궁금증을 불러일으키고 있다.

위기에 더 빛나는 우량기업

"회사 내 모든 사람의 말에 귀를 기울여라!"
세계 최대 기업 월마트를 일군 샘 월튼은 직원들의 말에 경청하는 것이 리더의 역할이라고 말했다. 유한킴벌리 역시 회사의 경쟁력은 사람에게서 나온다는 것을 잘 아는 기업이었다. 위기일수록 사원을 믿어야 하고, 진심을 다해 일할 수 있도록 해야 한다는 것을 알고 실천해 왔다. 이런 기업은 위기에 더 강하게 마련이다. 위기가 닥쳐

왔을 때 유한킴벌리는 '감원'과 '해고' 등 근시안적인 방법으로 문제를 해결하지 않았다. 오랫동안의 소통과 공감대 형성을 통해 사원들과 위기극복의 대안을 찾는 새로운 경영방식을 보여줬다. 하지만 이런 것들이 저절로 생긴 것들은 아니었다. 유한킴벌리가 처했던 위기와 어려움 속에서 성숙된 소중한 자산이었다.

여성용품 업계를 개척했던 유한킴벌리는 새로운 제품을 출시하며 한동안 시장의 독주를 계속했지만 그것은 자만이었다는 것을 곧 깨닫게 된다. 경쟁자가 없는 독자시장에서 방심하는 사이 세계 굴지의 여성용품 업체들과 국내 대기업들이 속속 시장으로 뛰어든 것이다. 1989년 글로벌 기업 P&G가 날개 달린 생리대 '위스퍼'를 첫 번째 무기로 삼아 한국 시장을 공략하면서 유한킴벌리 생리대 시장점유율이 뚝뚝 떨어지기 시작한 것이다. 당시 유한킴벌리는 여성용품 사업을 계속하느냐, 접느냐의 기로에 서 있었다. 1992년 비상대책 회의가 열렸다. 격론이 벌어졌다. 회의 도중 "여성이 직접 사용하는 제품조차 만족시키지 못하는 상황에서 다른 생활용품이 여성 고객의 선택을 받을 수 있겠느냐?"는 근본적인 질문도 나왔다. 유한킴벌리가 만드는 기저귀나 화장실용 화장지 등 주요 제품의 핵심 구매계층이 여성이었기 때문이었다. 생리대가 이들의 마음에 들지 않는다고 포기한다면 다른 제품도 마찬가지일 수밖에 없다는 위기감마저 감돌았다. 결국 생리대 사업을 결코 포기할 수 없다는 데 의견이 모아졌다.

유한킴벌리는 한국 소비자가 가장 원하는, 차별화된 생리대 개발에 몰두해 결국 글로벌 기업 제품을 압도하는 최고 품질의 '화이트'를

유한킴벌리 아기 어린이 제품 이미지

탄생시켰다. 이 제품으로 유한킴벌리는 3년 9개월 만에 시장점유율 1위를 다시 되찾을 수 있었다. 아기 기저귀 시장도 마찬가지였다. 글로벌 강자 P&G가 '팸퍼스'로 시장을 장악해왔다. 유한킴벌리는 시장을 지키기 위해 1993년에 미국 시장에서 대히트를 기록한 킴벌리클라크의 팬티형 기저귀 제품을 그대로 도입해 판매하기 시작했다. 한국시장에서 연이은 실패로 큰 손실을 입었지만 유한킴벌리는 포기하지 않았다. 팬티형 기저귀를 한국 소비자가 원하는 방향으로 연구하고 재디자인하여 '하기스 매직팬티'를 출시했고, 결국 팬티형기저귀라는 새로운 시장을 창출하며 큰 성공을 거두었다. 한국 시장에 최적화된 제품을 위한 집중적인 연구개발과 생산성 향상 노력에 힘입어 유한킴벌리는 글로벌에서 가장 성공적인 기저귀 사업의 성과를 거두었고, P&G는 한국 기저귀 시장에서 철수하는 수순을 밟게 되었다.

글로벌 기업의 공세만이 위기는 아니었다. 한때 유한킴벌리도 극심한 노사분규를 겪은 바 있다. 회사가 안팎으로 많은 도전에 직면하면서 경영진과 종업원 간에 갈등과 불신이 커질 때였다. 생산성은 갈

196

수록 악화됐고, 회사의 생존조차 걱정되는 위기 상황으로 이어졌다. 경영진이 찾은 해법은 의외로 단순했다. '모든 걸 내려놓고 초심으로 돌아가는 것!' 뼈를 깎는 노력으로 혁신을 시작했고, 모든 패러다임을 바꾸기 위해 노력했다. 당시 가장 큰 문제는 인원감축. 제품이 팔리지 않자 재고가 쌓이고, 기계 가동률이 줄어들어 사원을 줄여야 하는 처지가 되기도 했다. 하지만 유한킴벌리는 사원을 정리하는 쪽을 택하지는 않았다.

기계가 쉴 때는 청소를 하고, 판매현장을 찾아가 판매를 돕던 사원들을 외면할 수 없었다. 회사는 인원감축 대신 노조와 대화를 통해 평생학습을 기반으로 한 4조 교대근무를 도입하기로 했다. 특근과 과로 대신 예비조를 두고, 그 예비조는 학습을 통해 혁신 역량을 키우자는 거였다. 회사에서는 4조 3교대를 도입했지만, 노조에서는 오히려 보다 발전적인 4조 2교대 근무를 제안했고, 이것이 우리나라 기업의 근무형태에 일대 파란을 일으킨 4일 12시간씩 일하고 4일을 쉬거나 학습에 참여하는 4조 2교대 근무가 되었다.

회사의 배려와 사원들의 열정이 혼연일체가 돼 마침내 위기를 극복할 수 있었다. 사원에게 좋은 기업이 어떻게 계속 성장할 수 있을까? 의심하던 많은 기업들은 한국 기업 정서상 받아들이기 힘들었던 유한킴벌리의 실험을 보고 놀라워했다. 주력사업의 시장점유율이 80%에서 18%로 추락하고 심각한 노사분규를 겪었던 유한킴벌리가 '위기에 더 강한 우량기업'으로 다시 태어나는 모습은 한 편의 드라마와 같았다. 사원들의 안전과 학습을 위해 더 많이 쉬면서 더 높은 생산성을 이끌어 내는 경영. 기업의 효율성은 인력감축이 아니라 열정과 혁신을 통해 달성해야 한다는 것을 제대로 보여주었다. 사원들은 경영진을 신뢰하고, 회사에 대한 자부심을 가졌으며, 일에서 보람과 즐거움을 느낄 수 있었다.

유한킴벌리 경영진은 기업을 오케스트라라고 표현했다. 경영진과 사원들은 오케스트라 지휘자와 연주단원이 돼야 한다. 경영자와 노동자가 직접 소통하면 그들이 연주하는 음악은 아름다운 선율을 낼 수 있다. 밀실경영은 물론이고 피라미드 모형으로 설명되는 고압적인 기업 문화는 버려야 한다고 판단했다.

유한킴벌리는 모든 사원들이 지난달 실적을 월초에 알 수 있게 공개했다. 일부 기업들은 몇 달이나 지나야 알 수 있는 정보들이었다. 투명한 경영은 복잡하게 회계 장부를 만들 필요도 없었고, 사원들 스스로 주인의식을 갖고 더 강한 책임감을 갖게 했다. 골프와 술 접대, 기밀비 등 100여 가지 구태와 관행을 없앴다. 대신 고객에게 도움이 되는 앞 선 마케팅 전략, 영업전략을 전수했다. 일선 영업사원의 저항도 있었고, 일부 대형 유통업체는 "판매 리베이트가 없다면 물건을 빼라!"는 요구도 했으나 이를 극복했고, 그 과정에서 오히려 수많은 소규모 독립 슈퍼와 유대를 강화하는 계기가 되어 큰 경쟁력으로 돌아왔다.

유한킴벌리는 무엇보다 경영자와 사원 상호 간의 신뢰를 강조한다. 수직적인 인간관계는 언젠가 문제를 낳게 돼 있다. 동등한 입장에서 서로를 믿고 인정하는 수평적 관계가 더 큰 성장을 가져다준다. 서로의 벽이 없어질 때 자연스럽게 품질이 향상되고, 향상된 품질은 사원들과 경영자 모두의 이익으로 돌아온다는 것을 믿게 된 것이다. 혁신의 노력은 성과로 돌아왔다. 생산성은 높아졌고, 재해율은 낮아졌으며, 1990년대에 무너졌던 시장점유율도 다시 강력한 1위 자리를 회복했다. 매출액의 약 17%를 수출로 달성하고 있는 유한킴벌리는 50개국 이상에서 프리미엄 제품으로 사랑받고 있다. 만약 유한킴벌리가 가동률이 떨어지는 상황에서 노사분규를 무릅쓰고 정리해고를 통해 위기를 극복하고자 했다면 어떻게 되었을까? 설령 위기를 극복했다 하더라도 주인의식을 갖고 세계 최고 수준의 제품을 만드는 사원들이 되지는 못했을 것이다. 위기 속에 희망이 있고, 사람이 그 희망을 꽃피운다는 믿음과 투자가 없었다면 아마 유한킴벌리는 지금 같은 특별한 회사가 되지 못했을 것이다.

정리해고 대신 '4조 2교대 모델'

"회사 경영이 어렵더라도 직원을 해고하기보다는 경영자나 직원 모두가 월급을 깎고 함께 버티는 게 낫다." 사우스웨스트의 허브 켈러허 회장에게 일차 고객은 직원이었다. 그는 주가나 스톡옵션보다는 훨씬 더 중요한 것이 직원에 대한 예우라고 말했다. 유한킴벌리에는 인위적인 '명퇴'가 없다. 과로를 부르는 특근을 없애고, 법정근로시간을 일하면서도 창조적인 시간배분을 통해 절반을 자신을 위해 투자할 수 있는 것이다. 바로 'YK 4조 2교대 모델'. 평생학습을 기반으로 한 유한킴벌리식의 4조 2교대 혁신경영 모델이다. 1993년, 시장점유율 추락으로 위기에 빠진 유한킴벌리는 다른 기업들이 흔히 하는 방식과는 정반대로 '기업 살리기'에 나섰다.

　기존에 유한킴벌리는 3조 3교대 근무제를 기본으로 채택하고 있었다. 3조 3교대 근무는 3개 조가 하루 8시간, 주말과 공휴일을 포함하여 매일 일하는 방식이었다. 교대근무 사이에만 쉴 시간이 주어졌다. 주말까지도 공장이 쉴 새 없이 가동됐기 때문에 평일의 잔업과 야근, 주말 특근이 반복되어 '피로도'가 높은 근무체계였다. 동료가 결근하거나 업무량이 넘칠 경우 대신 특근도 해야 했다. 그 결과는 낮은 생산성과 늘 상존하는 안전에 대한 우려였다. 1993년 준공된 대전공장은 처음에 4조 3교대 근무를 도입했다. 4조 3교대 근무는 24시간을 3개조로 나누어 8시간씩 일하고 1개조는 예비조로 편성되어 휴식을 취하거나 교육을 받는 새로운 시스템이었다. 간단히 말하면 7일 일하고 2일 쉬는 근무방식이다. 대전공장을 세계 최고의 공장으로 만들겠다는 포부로 시작된 방식이었다. 뒤이어 외환위기 직후인 1999년까지 나머지 2개의 생산 공장에서 근무방식을 변경하면서 한 단계 더 나아간 4조 2교대 근무방식으로 바꿨다. 가동률이 낮아져 인력을 줄여야 할 상황이었지만 감원 대신 예비조 근무방식을 택한 것이다. 4조 2교대 근무는 하루 24시간을 2등분해 12시간씩 4개조가 근무한다. 하루 근무시간은 4시간 늘어나지만 예비조가 2개로 운영된다. 교대 근무자는 4일 동안 매일 12시간을 일하고 4일은 쉰다. 쉬는 기간 중 일부 시간에는 교육프로그램이 제공되어 사원들의 평생학습을 돕는다.

　처음 노조에서는 4조 3교대 근무를 반대했고, 특근시간이 줄어 실질임금이 줄어들고 결국 회사가 예비조에 해당하는 인원을 줄일 것이라는 것이 그 이유였다. 하지만 회사는 임금을 낮추거나 정리해고를 위한 수순이 아니라는 것을 설득하고, 적정한 휴식을 통해 더 안전하게 일하고, 평생학습과 혁신을 통해 더 높은 품질과 생산성으로 파이를 키워 더 많은 성과를 나누자는 진심을 전달했다. 오랜 설득과 논의 과정에서 상호 간에 신뢰가 형성되고, 예비조 편성에 반대했던 노조에서 오히려 더 발전적인 4조 2교대 근무를 제안하기까지 했다. 마침내 4조 2교대 근무방식이 도입되고, 사원들은 연간 200시간 내외의 교육을 기본으로 하는 평생학습의 개념을 받아들였다. 근무시간이 줄어 삶의 질은 높아지고 품질과 생산성이 향상되면서 매출 또한 늘어나 회사는 더 큰 성장을 거두게 된다. 사원들 역시 그 성장의 성과를 나눌 수 있게 되어 실질 임금이 늘어났다. 요즘 급부상하는 동반성장과 일맥상통한 것으로 함께 노력하여 보다 많은 이익을 창출하고 이를 노경이 함께 나누는 회사로 변신한 것이다. 유한킴벌리의 성공이 한국사회에 던진 파급효과도 엄청났다. 기업과 사원, 사회가 모두 성장하는 새로운 길을 알려 준 유한킴벌리 경영방식은 많은 주목을 받았다.

손님의 회사? 주인의 회사?

국내기업 최초로 본격화된 4조 교대제와 평생학습을 통해 인간존중경영을 확립한 유한킴벌리. 사실 '4조 교대제'라는 건 그다지 새로운 제도는 아니었다. 외국 일류기업들 다수가 이미 채택했던 방식이기 때문이다. 그러나 유한킴벌리는 여기에 '평생학습' 개념을 결합하여 사원들을 지식근로자로 강력하게 탈바꿈시켰다. 연간 180일 일하고 185일을 쉬면서 세계에서 가장 높은 수준의 품질과 생산성을 이루어 낸 유한킴벌리 모델이 정착되면서 많은 변화가 일어났다. 가장 먼저 여가생활은 꿈도 꾸지 못하고 일하던 사원들의 얼굴이 밝게 변하기 시작했다. 그들은 여유시간을 활용해 학습하고, 자원봉사도 참여하기 시작했다. 이렇게 얻어진 자기계발과 경험은 혁신의 기반이 되고 생산성 향상으로 이어졌다. 회사 입장에서는 종업원들이 갖는 휴식이 가치 있는 투자로 전환된 셈이다. 조직 안에서 일어난 평생학습 열풍에 힘입어 사내 강좌는 물론 여러 대학과 연계해 사내 대학도 만들어졌다. 유한킴벌리가 지향하는 직원상은 '지식근로자'이다. 이는 유한킴벌리가 추구하는 인간중심의 철학과 일맥상통한다. 유한킴벌리는 사원을 핵심 경쟁력으로 생각하고 이들이 회사의 가치와 비전, 문화를 공유함으로써 창의성과 재능을 발휘토록 했다.

유한킴벌리는 4조 2교대 근무조 중 주간 4일 근무를 마친 사람을 대상으로 하루 8시간의 평생학습 프로그램을 운영한다. 직무교육과 함께 외국어 교육, 인문·교양·창의성·리더십 관련 강좌 등 교육 프로그램을 운영한다. 회사의 입장에서는 인건비 부담이 그만큼 더 늘어나지만 유한킴벌리는 이것이 지출이 아닌 '투자'라고 생각한다.

유한킴벌리는 평생학습을 도입하는 이유를 '손님과 주인론'으로 설명했다. 손님은 결코 혁신을 할 수 없다. 왜냐하면 혁신할 목적과 의지가 없기 때문이다. 사원을 주인으로 만들어야 한다. 그러기 위해서는 주인의식을 가질 수 있는 의미를 부여해야 한다.

유한킴벌리는 '제안활동'도 활발하다. 유한킴벌리 사원들은 제안이 회사발전에 직접적인 기여를 하고, 그 성과는 자신에게 돌아온다고 인식하고 있다. 이러한 과정에서 주인의식이 생겨나고 이는 효율성과 경쟁력 강화로 이어졌다.

산업재해율 또한 낮아졌다. 실제 무재해에 가까운 안전을 확보한 것은 충분한 휴식과 함께 학습을 통해 스스로 재해를 예방할 수 있는 능력이 향상되었다는 의미이기도 하다. 품질이 눈에 띄게 좋아진 점도 놀라운 일이었다. 실제 유한킴벌리 제품의 품질과 생산성은 세계 최고의 수준이며, 유한킴벌리 공장에서 생산되는 제품들은 세계 어

유한킴벌리-하기스, 아기물티슈 생산현장

디에 수출을 해도 가장 좋은 품질의 프리미엄 제품으로 대우 받는다. 그리고 그 이익은 사원들에게 돌아온다는 것을 알고 있다.

유한킴벌리 생산현장에는 이른바 '노하우'가 없다. 특정 몇 사람만 기술이나 지식을 독점하지 않는다. 평생학습을 담당하는 부서에서는 사내의 경험 많은 선배사원들을 사내 교수로 활용해 학습을 전담하도록 하고, 커리큘럼을 만들어 노하우와 기술, 정보를 공유하도록 하고 있다. 사원들 스스로 설비를 점검하고 개선하는 전문가가 될 수 있도록 돕는 것이다. 회사에서는 사원 가족들의 학습을 위한 이러닝 e-learning 프로그램도 제공하고 있다. 유한킴벌리의 평생학습과 창조경영 사례는 많은 기업들의 벤치마킹 대상이 되고 있다. 한 사람의 주인이 있는 회사와 모든 조직원이 주인인 회사의 성장 폭은 다를 수밖에 없다. 갑질논란이 분분한 요즘 같은 시대 사원들 스스로 주인의식을 갖는 유한킴벌리의 사례를 주목할 필요가 있다.

진정성과 지속성, '사회공헌'

"사회와 기업은 하나다."

경영학자 제프리 가튼은 특히나 기업인의 윤리·책임을 강조했다. 그는 자선차원이 아니라 살아남기 위해서 외부 문제에 적극 개입해야 한다고 주장했다. '이윤추구'라는 낡은 공식은 더 이상 통하지 않는 시대에 기업은 이제 고용과 투자를 통해 사회를 살찌우고, 사회와 함께 발전해야 장기적인 이윤을 창출할 수 있다고 주장했다. 기업의 사회공헌 활동은 대중의 반응을 일으켜 또 다른 구매로 이끄는 투자로 인식되고 있는 현대 사회를 우리들은 살고 있다. 그런 의미에서 유한킴벌리는 투자 항목에 대한 선별력과 과감한 실행력을 갖춘 기업임에 틀림없다. 유한킴벌리는 국내 기업들의 사회공헌 활동의 주요 모델이 된 '우리강산 푸르게 푸르게' 캠페인을 통해 사회공헌 활동에 앞장 서는 '나눔 경영'의 대표적인 기업이다. 유한킴벌리의 사회공헌활동에는 다른 기업에서는 찾아볼 수 없는 독특한 색깔이 있다.

유한킴벌리는 기업의 경제적 책임, 환경적 책임, 사회적 책임을 포괄적으로 수행하기 위해 노력하고 있으며, 특히 환경적 책임은 사회공헌활동과 연계하고 있다. 1984년부터 시작된 공익캠페인 '우리강산 푸르게 푸르게'를 통해 2014년까지 5,000만 그루의 나무를 심고 가꿈으로써 우리나라의 숲을 키워 왔고, 많은 기업과 사람들이 환경보호에 더 많은 관심을 갖도록 하는 데 기여했다.

화장지, 기저귀 등의 생활필수품을 생산하는 회사의 특성이 반영된 것이라는 평가도 있지만, 실제 회사 내부에서 추진하는 환경경영 노력을 본다면 나무심기나 숲 가꾸기가 순수한 공익의 발로였다는 점을 알 수 있다. 화장실용 화장지 원료로 재생용지를 사용하기 위한 설비를 도입하고, 또 이를 환경친화적으로 운영하기 위해 많은 노력을 기울이고 있다. 수입이 불가피한 펄프는 외국에서 지속가능산림인증을 받은 원료만을 구입한다. 기저귀와 같은 생활필수품의 환경성을 높이기 위한 노력과 사용된 기저귀 재활용사업 등을 통해 환경경영을 실천하기 위한 노력을 지속적으로 펼치고 있다.

우리강산 푸르게 푸르게–숲체험 여름학교 그린캠프에 참여한 여고생들이 숲과 나무를 주제로 체험학습에 참여하고 있다

　최근 '우리강산 푸르게 푸르게' 캠페인은 세대를 뛰어 넘어 공감할 수 있도록 새롭게 버전업하여 선보이고 있다. 20~35세 젊은 층이 줄임말을 자주 쓰는 것에 착안, '우리강산 푸르게 푸르게' 캠페인을 '우푸푸' 캠페인이라 재 명명했다. 이 캠페인은 디자인 소품 제작과 페이스북 페이지운영 등 온라인 채널을 주축으로 오프라인 행사를 겸하는 다양한 활동을 전개하며 젊은 세대들이 공감하고 재미있게 숲을 경험할 수 있도록 하고 있다. 또한 국내뿐 아니라 북한의 숲 복원활동, 몽골 사막화방지활동 등을 통해 동북아 산림보호 활동에도 기여하고 있다.

유한킴벌리는 친환경 경영을 통한 기후변화대응에도 적극적으로 동참하고 있다. 2020년까지 배출 전망치 대비 온실가스를 30% 감축하고, 녹색제품 매출을 30% 달성하는 것을 목표로 삼고 있으며, 산업용수 재활용율도 50% 이상을 실천하고 있다. 친환경 경영은 결국 기업 스스로를 위한 것이다.

녹색물류 측면에선 '물류 에너지 목표관리제' 협약을 통해 물류부문의 온실가스 배출량을 줄이는 것은 물론, 협력회사와의 '그린 파트너십'도 지속 추진하고 있다. 임직원도 환경보호에 적극적이다. 대전 공장의 경우, 출퇴근에 자전거를 이용하는 사원들이 많아 환경부로부터 '그린 휠 모범기관'으로 선정되기도 했다.

유한킴벌리 신혼부부 나무심기행사에 참가한 신혼부부들이 묘목들을 줄지어 나르고 있다

환경 캠페인과 더불어 유한킴벌리는 사회적 약자를 보듬는 데에도 관심을 기울이고 있다. 회사의 사회공헌활동과 연계한 사원들의 봉사활동도 활발하며, 회사 내 동아리를 중심으로 자율적인 사회공헌 또한 많이 실행되고 있다. 신입사원 시절부터 복지시설 봉사나 나무심기 프로그램에 참여할 수 있도록 기회를 제공하여 봉사 DNA를 체화하고 있다.

직원 가족들의 봉사활동 참여도 활발하다. 유한킴벌리의 대전과 김천 공장에서는 매년 김장철이 되면 사원 및 가족들이 공장에 함께 모여 소외된 이웃을 위한 김장하기 행사를 연다. 가족봉사단이 지역 장애인 단체를 위한 목욕 및 청소 봉사를 이어가고 있다.

'나눌수록 더욱 커지는 투자'라는 것을 아는 똑똑한 기업, 유한킴벌리의 사회공헌은 앞으로도 크게 주목받는 신투자사업의 새로운 모델이 될 것이다.

한국 최고의 스마트워크(SMART-work)

유한킴벌리에 또다시 제2의 혁신 물결이 흐르고 있다. 시간과 공간이 자유로운 유연한 근무방식과 정보통신기술ICT을 지원하는 혁신적인 스마트 워크를 선보이며 새로운 기업문화를 창조해 나가고 있다. 그 혁신을 이끌어가는 강력한 컨트롤타워를 최규복 대표가 진두지휘하고 있다.

1983년 유한킴벌리에 입사한 최 대표는 2003년 유한킴벌리 유아용품 사업 및 신규사업 전무, 킴벌리클라크 북아시아 유아용품사업본

부장, 2007년 유한킴벌리 유아·아동용품 사업 총괄부사장을 역임했던 정통 유한킴벌리맨이다. 창립 40주년을 맞은 2010년 3월부터 전문경영인의 바통을 이어받아 남다른 도전 정신으로 지금까지 달려왔다. 2011년 9월부터 시행한 스마트워크는 시간과 공간의 제약 없이 직원 상호 간, 팀 간 소통을 극대화하고 시간을 유연하게 활용하도록 한 업무 혁신이다. 유연시간근무, 변동좌석제, 재택근무, 스마트워크센터 등과 가족친화경영이 결합된 유한킴벌리식 스마트워크를 시작한 것은 보다 효율적으로 일하고, 일과 삶의 균형을 지키자는 취지에서였다.

스마트워크는 비효율을 없애고, 소통과 협업을 강화함으로써 더 짧은 시간에 더 많은 성과를 거두고, 여유시간은 개인의 행복에 투자하자는 것이다. 기업 근무환경을 개선해 사원들이 공간의 제약을 벗어나 보다 자유롭고 창의적으로 일한다면 시간과 자원을 절감할 수 있다. 또한 유연한 기업문화를 통해 사원들의 소통과 협업을 확장함으로써 더 높은 성과를 달성할 수도 있다. 스마크워크는 에너지 절약과 환경보호에도 크게 일조한다. 종이사용량은 거의 없을 정도로 줄고 있으며, 건물의 냉난방 효율 또한 획기적으로 개선되었다. 스마트워크는 가족친화적인 업무환경을 구현하는 데에도 그 의미가 크다. 보다 높은 업무 효율과 직무 몰입이 가능하면서도 가족의 삶의 질을 높일 수 있는 업무 환경을 생각하는 것이 유한킴벌리의 유연한 스마트워크의 또 하나의 특징이다.

사전에 회사와 함께 정한 목표를 달성할 수 있다면 언제 어디서 일하는 것은 중요하지 않다. 사전협의를 통해 일하는 장소와 시간을 유

자유근무 공간에서 업무를 협의하고 있는 유한킴벌리 본사 직원들

연하게 조정할 수 있다. 메신저나 모바일, 비디오 콘퍼런스가 열려있으니 업무적인 불편함도 없다. 영업사원들은 곧바로 현장으로 출퇴근할 수 있다.

유한킴벌리는 사원의 90퍼센트가 부서나 팀으로 구분되지 않고 자신이 일하기 가장 편한 자리에서 자유롭게 일하는 오픈좌석제를 실시하고 있다. 자유로운 분위기에서 근무하기를 원한다면 커피숍처럼 꾸며진 공용 라운지에서, 오픈된 공간에서 업무효율이 잘 오르지 않을 경우에는 별도로 마련된 집중업무 공간에서 일하면 된다. 대형 제조업체가 전체 사무직 직원을 대상으로 오픈 좌석제를 실시하는 것은 이례적인 일이다. 오픈 좌석제 시행과 함께 모바일 오피스 시

스템을 구축해 사내·외 커뮤니케이션에 문제가 없도록 했다. 사내
는 물론 재택근무, 외근 때도 개인 업무전화를 받고 결재업무를 처
리할 수 있다. 오픈좌석제로 좋아진 점은 사내에 수평적인 커뮤니케
이션이 확산된 것이다. 자리 배치에 직급에 따른 차이가 없으니 평
소 다가가기 어려운 상사나 다른 파트의 동료들과도 마주보고 근무
하면서 자연스럽게 수평적인 조직문화를 형성하는 것이다. 오픈 좌
석제를 안착시키기 위해서 개인 및 공용 사물함과 라운지를 만들고,
'전화부스'도 만들어 공간이 나뉘지 않아 불편한 직원도 배려했다. 사
용빈도가 적은 임원실도 없애고 회의·토론공간으로 활용한다. 사실
오픈 좌석제나 임원실을 없애는 등의 스마트워크 실행에는 리더가

전화부스를 활용해 고객과 커뮤니케이션하는 모습

움직이지 않으면 힘든 제도다. 유한킴벌리 스마트워크는 위에서부터의 실천과 변화가 있었기에 가능했다.

또한 사장부터 사원까지 '님'으로 동등하게 부르는 수평적 호칭제도를 실시하고 있다. 여기에 일주일 내내 자유로운 복장이 가능한 복장 전면 자율화와 탄력점심시간제 등을 시행하는 등, 보다 유연하고 창의적인 문화를 조성하기 위한 다각도의 노력을 전개하고 있다.

유한킴벌리 본사 5층 자유근무공간 중앙에는 원형극장과 같이 '열린 공간'이 있다. 이 자리에는 매월 둘째 주 화요일 오전 9시, 사장과 부사장을 비롯한 임원이 모여 사업현황을 보고받고 주요 경영안건을 논의한다. 어느 회사에서나 하는 임원회의 같지만, 이 회의에는 신입사원부터 부장까지 직원이라면 누구나 참석해 내용을 듣고 질문도 할 수 있다. 유한킴벌리가 투명경영과 임직원 간 정보공유를 위해 시행 중인 '열린 임원회의'의 모습이다. 임원들만 알고 있던 고급정보를 말단 직원까지 공유해 회사 내 협업을 강화하자는 취지에서다. 참석자들은 경영현황과 앞으로 계획과 진행 중인 사업내용 등 다소 민감한 내용이라도 임원들과 같은 정보를 받는다. 참석하지 못한 직원들이 열람할 수 있는 회의록도 있다. 기밀이 유출될 수 있다는 우려도 있었으나 정보공개가 부처 간 의사소통과 협력을 장려하는 긍정적인 효과가 더 크다고 회사 측은 판단하고 있다.

임원이 알 수 있는 정보는 회사 내 누구라도 알 수 있어야 한다는 게 유한킴벌리 경영철학이다. 열정적이고 소통하는 혁신 씨앗이 유한 킴벌리의 지속경영을 유지시켜주는 엔진이 되었다. 이 엔진을 달고 날아갈 미래의 길은 탄탄대로일 것이다.

즐거운 선물 '저녁 있는 삶'

유한킴벌리는 여성가족부가 2008년 처음 선정을 시작한 가족친화기업(11개 기업 및 기관)에서 1호 타이틀을 거머쥔 기업이다. 이 회사는 이제 여성친화기업을 넘어 가족친화경영을 시도하고 있다. 양성평등을 바탕으로 하면 더 행복하고 즐거운 직장 생활을 누릴 수 있다는 믿음이 회사 곳곳에 스며있다. 아직도 많은 사업주들이 가족친화제도를 업무 효율을 떨어뜨리는 '비용'으로 인식하고 있다. 적어도 비용을 들인 만큼 '생산성'으로 연결돼야 한다고 생각하는 기업들도 아직 많다. 가족친화경영을 후생복지 프로그램이 아니라 시간과 공간, 자원을 사람들의 생애주기에 맞게 재설계하는 것이다. 기존의 후생복지 프로그램을 직원들과의 '소통'을 통해 눈높이에 맞춰 '빼고 더하는' 것이 바로 가족친화경영이다. 기업의 생산성은 다양한 영역의 영향을 받아 나타나는데, 가족친화경영을 하면서도 지속적으로 성장할 수 있다면 이는 생산성으로 이어진다. 일하기 좋은 직장이 되면 결국 지속성장에 기여할 수 있는 훌륭한 인재들도 모이게 된다.

유한킴벌리는 현장에 기반한 가족친화제도의 안착을 유도하고 지속적인 사후관리를 하기 위해 근로시간 단축, 노동환경 유연화 등 제도와 현실 간 괴리를 과감히 줄이는 실험을 계속하고 있다. 유한킴벌리는 근로시간에 목을 매지 않는다. 대신 제한된 시간 내 업무집중도를 높이는 데 역점을 둔다. '조직원이 행복한 회사'가 지속 가능 경영의 첫 단추임을 강조하는 유한킴벌리의 최규복 대표는 가족친화경영의 선두주자로 인정받아 국민훈장 동백장을 받기도 했다.

양성평등의 기업문화 덕분에 본사의 경우 약 40%가 여성이다. 유한킴벌리 직원들은 시차출퇴근제(오전 7~10시 출근), 산전후 휴가 3개월과 육아휴직 1년을 부담없이 사용할 수 있으며 임신기간 중 격주로 태아검진 시간을 가질 수 있다. 특히 시차출퇴근제는 여사원이 아이를 돌보는 데 많은 도움을 주고 있다. 유한킴벌리가 지난 1994년 도입한 이 제도는 전체 관리직 인원의 20% 가량이 이용할 정도로 일반화됐다.

사무직은 출근 시간을 오전 7시부터 10시까지 자유롭게 택할 수 있다. 모든 직원의 근무가 겹치는 오전 10시부터 오후 4시를 집중 근무 시간으로 정해 협업이 필요한 공통 업무를 처리하고 나머지 시간은 직원들의 사정에 따라 자유롭게 배분한다. 가정과 일의 조화를 이루자는 취지였다. 임신한 직원들을 위해 1년에 2회 가량 간담회를 열어 임신부의 애로사항을 듣는다. 또 임신부는 앉고 싶은 자리에 우선 앉을 수 있도록 했고 경기도 군포와 죽전에 스마트워크센터를 둬 직원들이 집과 가까운 곳에서 근무할 수 있도록 배려했다.

서울 본사와 군포, 죽전, 대전, 부산 등에 스마트워크센터를 구축하고 재택근무제와 시간 유연근무제를 도입해 주거지와 가까운 공간이나 자택에서 일하며 자녀 돌봄 등에 활용하도록 한다. 본인만의 업무를 80% 하고 나머지는 협업한다. 임신한 사원을 위해 사규까지 변경하기도 했다. 한 여성 사원의 요청으로 초등학교 3학년 이하의 자녀가 1명 이상인 사원에게만 재택근무제도를 허용했던 것을 자녀가 없더라도 임신 중 건강상 우려가 있는 직원이 재택근무가 가능토록 사칙을 변경했다. 상사와 동료들에 고민을 털어놓은 지 불과 며칠 만에 회사가 회의를 소집해 사규를 바꾼 것이다.

육아제도를 마음 놓고 쓸 수 있는 사내 분위기가 정착돼 직원들의 호응도가 높다. 2006년 4.8%에 불과했던 유한킴벌리 직원들의 육아휴직률은 현재는 90%가 넘는다. 여성 직원의 출산율은 1.12명에서 1.8명으로 높아졌다. 우리나라 평균(1.22명)보다 훨씬 높다. 상사와 동료의 눈치를 보지 않고 과감히 육아휴직을 쓸 수 있도록 한 회사 분위기가 결정적이었다.

2011년 여성 임원들이 모여 여성위원회를 조직하고, 여성위원회 실행조직으로 자발적으로 만들어진 여성네트워크 'K-WINKorea Women's Interactive Network'의 출범으로 유한킴벌리의 가족친화 경영은 새로운 도약대에 서 있다. 'K-WIN'은 다양성과 포용의 일환으로 마련된 조직으로 여성 직원 모두가 스스로 경력 계발에 참여하고 사내 활동 영역의 폭을 넓힐 수 있도록 돕기 위한 장이다. 성장·연결·참여·소통 그룹으로 나눠 멘토링, 리더십 교육, 경력유지 프로그램 활동 등 다양한 활동을 펼침으로써 여성이 일하기 좋은 기업으로 만들고 있다.

유한킴벌리처럼 사원들뿐만 아니라 가족들의 행복까지 관심을 갖는 회사는 흔하지 않다. 유한킴벌리는 국내 최초로 가족관계와 문화를 진단하는 '패밀리인게이지먼트 조사'를 실시해 세대별 문제를 진단했다. 본사와 대전, 충주, 김천 공장에 근무하는 30~50대 사원과 배우자 각 305명을 대상으로 온라인 설문·집단 그룹 인터뷰를 실시해 직원의 91%, 직원 배우자의 89%가 '가족을 긍정적으로 생각한다'는 답변도 도출해냈다.

이번 조사는 사원들의 직장 만족도나 업무 몰입도를 조사하고 이를 경영 전략에 반영하는 것에서 한 단계 더 나아가 가족친화경영에 대한 사원 가족들의 만족도를 조사하기 위한 것이었다. 직원들은 가족 내에서의 역할, 가족과의 질적 시간Quality Time, 직장으로서의 명성, 가족으로부터의 존중 등의 항목에서 특히 높은 만족도를 보였다. 다만 생애주기별로 각자 다른 어려움을 겪고 있다는 조사 결과에 맞춰 20~30대의 경우 첫 육아자를 대상으로 한 부부 프로그램 '생명사랑신혼부부학교', 40대는 유연근무제 활성화와 휴가문화정착에 초점을 둔 프로그램, 50대는 예비 시니어 부부학교, 은퇴자를 위한 '이모작학교' 등 가족친화 프로그램을 진행하고 있다.

유한킴벌리는 단순히 돈을 버는 이익집단에 머무르지 않고 사회에 필요한 변화를 주도적으로 이끄는 트렌드세터 기업으로 일과 삶의 균형을 잘 잡을 수 있는 회사 메커니즘을 구축하고 있다. 그중 하나가 '저녁 있는 삶'을 돌려주는 것이다. 매일 저녁 7시 30분이 되면 테헤란로에 위치한 유한킴벌리 본사는 일제히 소등된다. 정시퇴근을 유도하면서 뿌리 깊은 야근 관행을 회사 차원에서 끊어내려는 것이다. 몇몇 야근자를 위해 각층의 일부 공간에만 불을 켜둔다. 시행 전 20% 정도였던 야근 비율은 약 8%까지 떨어진 상태, 사원 만족도는 2011년 86%에서 2014년 91%로 높아졌다. 정시 퇴근에 대한 직원들의 높은 만족도는 생산성에도 선순환되는 구조를 보인다. 그룹사가 아니면서도 존경받는 기업, 일하기 좋은 기업 조사에서 줄곧 상위권을 유지하는 요인이다.

공유가치(CSV)로 '액티브 시니어'를 잡아라!

유한킴벌리의 주요 성장축은 뭐니 뭐니 해도 유아사업이다. 기존에 기저귀 판매 정도에 머물던 유아용품 매출을 종합 유아아동용품으로 넓히겠다는 전략에 따라 수년 전부터 신규 사업을 발표해왔다. 2007년 유아 스킨케어, 2010년 육아용품 사업진출이 그 일례다. 2010년 3월 취임하여 채 4년이라는 길지 않은 기간 최규복 대표가 보여준 성과들 중의 하나이다. 그는 여기서 한 발짝 더 멀리 내디뎠다. 기존 사업에 머무르면 성장을 기대할 수 없다는 생각에서다. 주력 상품인 기저귀, 생리대, 화장지 등 생활용품은 저출산으로 인한 인구 증가 둔화로 국내시장에서는 더 이상 성장하기 어렵기 때문이다. 모든 연령층을 아우르는 종합생활용품 기업으로 변신하겠다는 전략도 그래서 나왔다. 특히 차세대 성장 동력 후보로 거론되는 '시니어 케어' 시장을 공략하기 위한 다양한 실험을 시도하고 있다.

우리나라는 세계에서 가장 빠른 속도로 초고령 사회로 진입할 것으로 예상되고, 복지 수요가 증가하는 반면 경제 활력은 떨어지고 있다. 하지만 이런 시대에도 유한킴벌리는 '고령화'를 문제가 아닌 기회로 여기고 있다. 시니어 세대가 역동적인 삶과 행복을 추구하면서 생산자이자 소비의 주체가 된다면 고령화 문제를 해결할 수 있을 뿐만 아니라 새로운 산업 창출도 가능하다는 것이 유한킴벌리의 판단이다. 유한킴벌리는 '액티브 시니어'에 주목하고 있다. 액티브 시니어는 55세 이상 인구 가운데 경제활동을 할 수 있는 건강한 신체와 정신을 갖춘 세대이다. 이런 생각 속에는 최근 기업들의 화두가 되고 있는

‘공유가치경영csv’의 패러다임이 녹아있다. 시니어산업을 육성하면서 회사의 시니어비즈니스를 키우기 위해서는 우리 사회의 고령화문제 해결이 선행되어야 한다는 보다 큰 생각을 한 것이다.

최 대표가 주목한 것처럼 시니어 산업은 성장 가능성이 무궁무진하다. 현재 전체 산업 내 시니어 산업 비중이 현재 5%에 불과하지만 2020년에는 10%대를 넘어설 것이라는 예측도 나오고 있다. 시니어 비즈니스 육성에 한국의 미래가 달려 있다고 해도 과언이 아니다.

“더 일하고 싶고, 일할 수 있는 액티브 시니어를 새로운 경제활동 인구로 끌어들이면 일자리 창출, 소비 촉진, 국가의 재정부담 경감 등의 선순환 구조가 형성될 것이라고 판단했습니다.”

유한킴벌리의 액티브 시니어 비즈니스 모델에는 시니어 관련 용품을 개발하는 중소기업을 선정하고 육성하여 새로운 제품과 서비스를 발굴하고 판로 개척을 도와주는 내용이 포함돼 있다. 공익법인인 ‘함께일하는재단’에 시니어기금운영위원회를 설치해 시니어 사업에 관심 있는 소기업을 발굴, 육성하고 있다. 제품이나 서비스는 있지만 자금·마케팅·이노베이션 능력이 부족한 소기업들이 그 대상이다. 유한킴벌리는 중소업체가 제품을 만들 때 시니어 채용을 전제조건으로 지원함으로써, 시니어 일자리 확대도 독려하고 있다. 이로써 ‘시니어의, 시니어에 의한, 시니어를 위한’ 제품을 탄생시키고 있다. 이 사업을 통해 현재까지 22개 소기업을 발굴, 육성했으며 150개의 시니어 일자리를 창출하는 성과를 거두고 있다.

2012년 10월 출시한 '디펜드 스타일 언더웨어_(요실금 팬티)'는 CSV 컨셉과 비즈니스가 결합된 제품이다. 나이가 들면서 자연적으로 나타나는 증상인 요실금에 특별한 대안이 없이 외출을 자제하고, 활동을 줄이는 액티브 시니어들이 팬티 대신 착용할 수 있도록 고안된 이 제품은 속옷을 입은 듯 겉으로 표시 나지 않고 활동성이 뛰어나 시니어들의 사회활동을 돕고 있다. 또한 이 제품의 상담원으로는 55살 이상의 시니어를 고용했다. 간호사가 포함된 시니어용품 콜센터 사원들은 젊은 직원을 상대하는 것을 꺼리는 고객을 배려하여 또래의 상담원을 배치한 것이다. 동시에 은퇴자들에겐 전문성을 살릴 수 있는 좋은 일자리가 되기도 한다.

유한킴벌리는 시니어용품을 맘 편하게 살 수 있는 공간도 만들었다. 2012년 10월부터 액티브 시니어를 위한 생활용품 판매점인 '골든프렌즈'를 종로와 안산에 있는 실버영화관 2곳에서 시범 운영하고 있다. 최근에는 대구에도 매장을 설치하여 제품 공급을 확대하고 있다.

골든프렌즈는 국내 생활용품업계에서 요즘 주목하는 매장이다. 주요 생활용품업체 마케팅 담당자들이 벤치마크 대상으로 꼽는다. 저출산과 경기부진으로 생활용품 시장이 침체에 빠진 가운데 업계의 차세대 성장 동력 후보로 거론되는 시니어케어 시장을 공략하기 위한 유한킴벌리의 실험이 이곳에서 이뤄지고 있기 때문이다. 이와 함께 시니어 제품 및 서비스를 전시하고 판매하는 공익회사도 출범했다. 시니어 제품과 서비스 유통을 위해 유한킴벌리와 한국노인인력개발원이 사회연대은행에 출연하여 설립된 기업이다.

온오프라인 서비스를 계획하고 있는 시니어허브의 첫번째 오프라인 매장 '타임브릿지'가 을지로 3가와 을지로입구 사이의 지하상가에 자리를 잡고 서비스를 시작했다. 시니어산업 생태계 조성과 시니어 일자리 창출이라는 공익 목적으로 출범한 이 회사는 아직 산업화 되지 않은 시니어제품들의 유통을 활성화 하고 그 과정에서 시니어일자리를 창출함으로써 고령화 문제에 능동적으로 대처하자는 의미가 담겨있다. 이 매장에서는 유한킴벌리 시니어제품도 판매되어 사회문제와 기업의 경제적 성과에 직접 기여하는 CSV, 공유가치창출 모델이 된다는 계획이다.

최 대표는 유한킴벌리라는 작은 나비의 날갯짓으로 한국 사회가 시니어에 대한 인식의 변화를 촉구할 수 있기를 간절히 바란다. 아직까지는 시니어 산업에 대한 인식이 그리 높지는 않다. 하지만 그는 확신한다.

"CSV가 사회문제를 해결하는 과정에서 기업에 비즈니스 성과 또한 창출하여 저성장의 한계에 부딪친 우리사회에 새로운 성장모델이 되기를 바랍니다. 이 가치 있는 발걸음에 유한킴벌리가 작은 씨앗이 될 것입니다."

사회와 함께 성장하기를 바라는 착하면서도 강한 기업. 유한킴벌리식 '혁신경영', '사회책임경영', '공유가치경영'은 승자 독식의 틀에 갇힌 많은 한국 기업에 경종을 울리고 있다.

이 글은 한국형 인사조직 연구회 회원이신 '김선화 박사'께서 사례분석 보고서를 써주셨고 '유한킴벌리 – 최호연 전무'께서 여기에 소개되는 글이 회사의 경영철학이나 제도가 본래 취지와 벗어나지 않도록 꼼꼼하게 체크해주신 글임을 밝히는 바이며 노고에 감사드립니다.

필룩스

직원을 성장시키는
감성문화기업

필 룩 스

새로운 감성 조명으로 기술과 문화를 접목하여 빛의 시장을 선점하고 있는 필룩스는 국내 180여 명, 해외 4,000여 명의 직원을 거느린 업력 40년의 히든 챔피언이다. 세계 조명업계 2위라는 타이틀을 당차게 거머쥔 필룩스에는 조명업계의 '애플'이라는 수식어가 따라다닌다. 감성을 기르는 문화경영으로 만드는 필룩스만의 기술과 제품, 사회공헌 활동들에 대한 외부의 찬사다. 스스로를 '감성문화 공장장'이라 칭하는 노시청 대표는 필룩스를 문화가 넘치는 좋은 일터, 하나님의 뜻을 펼치는 사역장으로 만들어나가고 있다. 독특한 사내 아이디어 공모제 '드리밍사이트'로 직원의 지적재산권을 보호하는 동시에 사업화까지 지원하는 등 직무발명에 대한 철저한 보상으로 직원을 주인으로 만드는 시스템, 예술과 기술의 융합형 인재인 '아르테(Arte)人'을 기르기 위해 다양하고 적극적인 교육 지원도 눈에 띈다. 기독교적인 믿음을 바탕으로 외환위기 때부터 만 60세의 정년을 보장하여 고용 안전을 철저히 실현한 필룩스는 재고용제를 통해 퇴직자에게도 일할 기회를 제공한다. 술 대신 문화를 접대를 하는 독특한 문화와 중소기업으로서는 드물게 박물관과 야외 공연장을 갖고 있는 필룩스. 감성과 기술의 융합을 원천 삼아 전 세계로 그 광원을 넓혀 나가는 숨은 글로벌 강자다.

- 창 업 자 : 노시청
- 창업년도 : 1975년
- 자 본 금 : 113억 원
- 사 원 수 : 국내 180명, 해외 4,000명
- 매 출 액 : 1,300억 원
- 소 재 지 : 경기도 양주시
- 특　　징 : 감성문화 경영, 크리스찬 경영

대표이사 **노시청**

조명업계의 '애플'

　조명업계의 '애플'이라 불리는 회사, '필룩스FEELUX'. 조명이 인간의 감성을 보듬어 삶을 더 아름답고 건강하게 하는 존재라는 것을 강조하기 위해 느낌을 뜻하는 'Feel'과 빛을 의미하는 라틴어 'Lux'가 결합한 사명이다. 이처럼 감성적이고 문화적인 회사 이름으로 눈길부터 먼저 사로잡는 필룩스는 어떤 기업일까?

　필룩스는 국내보다 해외에서 더 알아주는 회사다. 조명의 본 고장이라 불리는 유럽에서 먼저 극찬한 한국의 중견기업이 바로 필룩스다.

　2008년 세계적인 조명회사 독일 오스람의 악셀 바슈나켈 사장이 한국에 왔다. 재계와 언론에서 주목한 오스람 사장의 방문 목적이 필룩스라는 한 중소기업을 방문하기 위해 이뤄졌다는 사실에 모두 깜짝 놀라고 말았다.

　필룩스의 주가는 급등했다. 한국의 제품을 세계시장에 팔겠다고 벽안의 세계적 기업인이 일부러 지구 반대편까지 찾아왔다는 자체가 쇼킹했다. 도대체 어떤 회사이길래?

경기도 양주시 시골길을 달리다 보면 나오는 필룩스 사옥은 외형상으로는 그냥 보통 지방 소재의 회사처럼 보인다. 하지만 이 회사에 다른 회사에는 없는 특이한 것들이 있다.

제일 먼저 크게 눈에 띄는 것은 웬만한 대기업도 갖기 힘들다는 박물관이다. 사무실이 들어서 있을 법한 1층에 필룩스가 만든 조명박물관이 자리 잡고 있다.

이뿐만이 아니다. 멋진 야외 공연장이 회사 마당에 떡하니 조성돼 있다. 뒷동산이 배경인 멋진 공연 무대다. 대규모 관객들도 수용이 가능한 공연장이 사옥 안에 버젓이 있다.

회사에 들어가면 또 다른 특이한 것들을 만난다. 회사 복도에 전시돼 있는 세계적인 디자인상 수상패들이 그것이다.

독일 프랑크푸르트에서 열린 라이트 및 빌딩 전시회에서 받은 최우수상, 이탈리아 밀라노에서 열린 리빙루체에서 받은 톱디자인상, 미국 라스베이거스의 라이트페어에서 받은 상패가 위풍당당 놓여 있다. 모두 세계 3대 조명전시회에서 휩쓸며 수상한 상패들이다. 특히 2007년 밀라노에서 수상한 '탑디자인'상은 필룩스의 기술이 해외 유명 조명회사들과 어깨를 견주어도 전혀 뒤떨어지지 않는다는 것을 공인받은 상이다.

필룩스처럼 자체상표를 보유하고 해외에 그 명성을 널리 알리고 있는 중견기업은 드물다. 필룩스의 조명은 시계명품 패션 브랜드의 디스플레이에 쓰인다. 신세계 백화점, 롯데 호텔, 인천공항, 제2롯데월드 등 국내 유명 백화점과 기관의 매장에서도 필룩스 조명을 쓴다.

국내 180명, 해외 4,000명의 직원을 두고 있는 업력 40년의 회사 필룩스는 오직 '조명'이라는 한 우물만 파고들었던 기업이다. 필룩스는 지난 40년간 단 한 번도 적자를 기록한 적이 없다. 세계 2위 조명 회사라는 타이틀을 쟁취한 필룩스는 기술개발 연구와 직원 교육에 대한 지원, 복리후생에 대한 투자를 아끼지 않는다는 점으로도 꽤 알려져 있다.

2009년 회사 내 숙박과 세미나, 교육이 가능한 연수시설을 신축했고, 대학교나 대학원을 갈 때 교육비의 50%을 지원하고 있다. 수업을 위한 학습 시간도 철저히 보장한다. 재택근무와 탄력적 근무제를 실시하고 있고, 연구개발직을 대상으로 자율근무제를 도입하고 있다.

필룩스는 기독교적인 믿음을 바탕으로 고용안정과 윤리경영을 몸소 실천하고 있다. IMF 시절에도 구조조정을 하지 않은 뚝심과 25년 전 60세로 정년을 끌어올린 배려 때문에 직원 대부분이 장기 근속하고 있다. 해고 대신 교대 근무를 실시해 생산성을 높였고, 현장에서 물러난 노년의 직원들에게는 재고용 제도를 통해 일할 기회를 제공했다. 심지어 퇴직자를 위한 자회사를 선정하여 운용할 계획도 만들었다. 창의적 아이디어를 창출하는 직원들은 아예 정년을 없애겠다고 공식 석상에서 말하기도 했다.

열악하기 그지 없었던 직원들의 작업환경도 회사가 먼저 나서서 개선하고 있다. 명절에 하루의 명절 유급휴가가 더 주고, 샌드위치데이에는 휴무를 부여하고 있다. 전 직원 중 경차 운전자에게는 월 10만 원씩 유류비를 지원하고 기숙사를 운영하고 있다. 도서구입비는 물론 외부 전문가 그룹의 **EAP**(employee assistance program; 근로자 지원 프로그램)까지 지원한다.

어린이날에 전직원 가족들을 무료로 초청하여 문화공연을 열고, 어린 자녀들에게는 선물을 지급한다. 동호회 활동도 적극 지원하는 등 운동과 여가시설을 만들어 서로 땀 흘리며 인적교류를 할 수 있는 환경을 만들었다.

기업을 운영하면서 드는 온갖 접대비와 잡비에 돈 쓰지 않고 연구개발과 문화사업에 올인하는 CEO의 모습은 한국에서는 좀처럼 유래를 찾기 힘든 것이다. 직원들의 감수성을 위해 박물관도 만들고, 음악회도 열고, 전시회장으로 나서서 보내는 사장이 어디 흔한가?

그런 리더의 모습을 보면서 필룩스 직원들 모두 운명공동체라는 사실을 확연히 깨닫는다. 조직에 충성할 수밖에 없다. 감성을 기르는 문화경영, 누구도 넘볼 수 없는 필룩스만의 조명 기술과 제품들. 조명업계의 '애플'이라는 말은 괜한 수사가 아니었다. 세계적인 조명 기술을 탄생시킨 원천 소스는 바로 문화경영에 대해 확고한 의지를 가진 CEO였다.

감성문화 CEO

필룩스의 노시청 대표 역시 이성보다는 감성적인 CEO에 가까워 보인다. 필룩스 노 대표는 조명업계의 '스티브 잡스'라고 칭해도 무방할 만큼 보통의 경영자들과는 사뭇 다르다.

생전에 자유분방하고 가식 없는 모습을 보였던 스티브 잡스처럼 노 대표 역시 뭔가에 얽매이는 것을 매우 싫어한다. 넥타이는 특별한 일 아니면 좀처럼 매지 않는다. 2001년 필룩스가 거래소에 상장하여 제법 번듯해진 때부터 지금까지 줄곧 그래왔다. 회장이 너무 반듯해 보이면 직원들이 어려워할 것 같아서라는 이유 때문이기도 했다.

그는 엉뚱하게 생각하는 걸 좋아한다. 생각을 뒤집어야 세상이 새롭게 열린다는 것이다. 노 대표는 소녀처럼 '아름답다!', '따뜻하다!', '행복하다!'라는 감정 표현에 매우 솔직하다.

하지만 치밀함에 있어선 둘째가라면 서럽다. 사업에 관한 한 흐트러짐이 일절 없다. 늘 단정하게 빗어 넘긴 그의 머리를 봐도 절도가 느껴진다. 그에게서 느껴지는 분방함과 절제는 어쩌면 한 궤를 갖고 넘나드는 쌍생아처럼 보여진다.

그는 독실한 기독교 신자다. 주말엔 교회에서 살다시피 한다. 술은 입에도 대지 않는다. 예전에는 골프를 조금씩 쳤지만, 본사가 경기도 양주시로 거처를 옮긴 뒤부터 필드에 나가지 않는다. 대신 산악 오토바이와 인라인 스케이트 등을 즐긴다. 승용차는 세단형이 아닌 밴을 타고 다닌다.

그는 새로운 라이프스타일을 이끄는 '감성문화 공장장'이 꿈이라고 입버릇처럼 말한다. 회사 안에 박물관도 만들고 공연장도 만든 그는 전시회와 음악회의 조명을 필룩스의 제품으로 비추는 모습을 상상하고 기획하는 것을 매우 즐거워하는 사람이다.

밤과 어둠을 거부하는 현대 문명의 상징인 조명기기를 만드는 회사의 대표임에도 불구하고 그가 정말로 만들고 싶은 문화는 '자연으로 돌아가는 문화back to the nature'라는 특이하면서도 심오한 생각도 갖고 있다. 이런 그의 철학에서 탄생한 것이 SIH(Sun In Home: 인공태양조명) 시스템의 원천기술이었다.

SIH 시스템은 '시시각각 변하는 햇빛의 분위기를 집안에서도 연출한다'는 개념이다. 해가 떠서 한낮을 거쳐 해가 질 때까지 빛의 변화를 실내에서 그대로 연출하고 이를 일정 범위 내에서 자유롭게 조절하는 것이다. SHI 시스템은 인간의 감성에까지 영향을 끼치는 '감성조명'이자, 단순한 조명기술이 아닌 '조명문화'라 지칭할 만한 파격적인 생활 시스템이다.

조명 제조업체를 이끌고 있는 CEO지만 그는 편견에 당당히 맞서는 인문주의자다. 그의 입을 초지일관 점령하고 있는 단어는 '문화'다. 조명업체라면 단순히 형광등이나 백열전구를 만드는 업체로 생각하기 쉽다.

하지만 필룩스는 다르다. 감성조명이라는 새로운 분야를 개척한 필룩스는 소비자의 취향을 섬세하게 포착한 감성과 디자인 덕분에 인기를 구가하고 있다. 신기술 전시회인 '라이팅콘서트'를 열어 조직문화에도 감성경영의 바람을 불게 한 이유도 따지고 보면 직원들이 고객의 '감성'을 사로잡는 제품을 만들어내도록 하기 위해서다.

연세대학교 전기공학과를 졸업한 노 대표는 ROTC 생활을 하면서 학창 시절을 보냈다. 젊을 때부터 겉만 보는 게 아니라 꼭 속을 뒤집어 봐야만 직성이 풀리는 성격이었던 그는 병기장교로 있던 ROTC 시절 군용 차량과 무기·통신장비를 모조리 분해·결합하겠다는 목표를 세우고 그대로 실천했다. 이 경험들은 그의 인생을 바꿔놓았다. 제대 후 자동화 전문 회사를 설립하겠다는 다짐도 이때 싹이 텄다.

1975년 제대하기 열흘 전에 상봉동에서 친구 6명과 페라이트코어를 국산화하기 위해 '보암전기전자재료연구소'를 만들었다. 대학원에 진학하려다 창업을 한 그때 그의 나이는 25살이었다.

우리나라 벤처 1호로 여겨지는 '보암전기전자재료연구소'에서 당시로서는 최첨단 분야였던 수정진동자 사업을 시작했다. 하지만 시대를 너무 앞서갔던 탓에 쓰라린 실패를 경험해야 했다. 당시 소재 산업은 중소기업이 할 만한 사업이 아니라는 이유로 이래저래 지원금을 받을 수가 없었다.

고민하던 노 대표는 소재를 가지고 부품을 만들기 시작했다. 부품의 품질을 알리는 방법은 간단했다. TV를 사다가 자신이 만든 부품으로 바꿔 끼워도 잘 작동한다는 걸 보여주는 식이었다.

1980년대 초, TV와 오디오 부문에서 기술력을 인정받던 동남전기에 텔레비전 부품을 납품했다. 하지만 6개월 정도 지났을 무렵 동남전기는 부도를 맞고 말았다.

"납품한 부품 대금을 못 받으면 그대로 망하는 상황이었어요. 박영택 동남전기 회장 집무실로 뛰어 들어갔어요. 눈물을 흘리면서 호소했습니다. 제 얘기를 들은 박 회장이 그날 밤에 트럭 두 대를 창고 뒤에 대라고 하더라고요."

물건으로 대금을 받은 것이다. 당시 창고도 다 압류가 들어간 상태였을 텐데 본인이 모든 책임을 지겠다고 하고 가전제품을 출고해 준 박 회장에 대한 고마움은 아직도 깊다.

이후 몇 달 동안 노 대표는 외판원처럼 그 제품을 팔았다. 그 돈으로 겨우 다시 사업을 꾸릴 수 있었다. 동남전기에 납품했다는 사실은 시장에서 두터운 신뢰를 받는 밑천이 돼주었다. 동남전기가 제품에서 뒤지지 않았던 회사였던 까닭이다. 이 덕분에 다른 가전 업체에도 부품을 납품할 기회가 찾아왔다.

그러다 노 회장은 다른 바람이 생겼다. 직접 소비자와 만나는 제품을 만들어 보고 싶었다. TV 부품을 만들던 기술을 바탕으로 조명 사업을 하기로 했다. 1990년도의 일이다. 필룩스가 처음 주력한 것은 삼파장 램프. 당시 오스람과 필립스 등의 수입품만 팔리던 때다. 필룩스는 삼파장 램프를 국산화했다. 가격도 수입 삼파장 램프에 비해 저렴했다. 경기도 부천에 삼파장 램프 생산공장을 짓고 사업에 박차를 가했다. 1994년까지 주문량도 폭발적으로 늘었다.

하지만 성장 발목을 잡는 일들이 연이어 일어났다. 중국에서 만든 제품이 싼 가격에 한국에 들어오기 시작했다. 가격 경쟁력에서 밀릴 수 밖에 없었다. 결국 부천 공장 문을 닫았다.

서류 없는 거래가 관행이다 보니 거래 업체 부도로 손해를 보는 경우도 비일비재였다. 그때 노 대표는 단순히 많이 파는 게 능사가 아니라는 사실을 깨달았다. 자신만의 콘텐츠가 없다면 시장에서 승부를 내기란 요원하다는 것을 알게 된 것이다.

노 회장은 특허 제품을 만들기로 했다. 남들이 따라하지 못하는 제품을 만들어 제값 받고 팔자는 뜻에서였다. 시작은 형광등과 전기 회로가 담긴 안정기가 하나로 합쳐진 형광등이었다. 삼파장 램프를 만들어 팔던 조명사업 초기부터 생각하던 아이디어였다. 온전한 제품도 없이 아이디어와 모형만 가지고 미국 뉴욕의 조명 박람회에 참석했다. 신기하다는 반응이 일어났다. 미국 수출을 계기로 국내보다 먼저 해외 시장에 입성할 수 있게 됐다.

2000년에 사명을 '필룩스'로 바꿨다. 필룩스 설립과 함께 신제품 개발팀을 이끌고 시장조사에 나섰다. 새로운 수요로 나온, 기존 형광등보다 가늘지만 더 밝은 빛을 내는 전구를 주력 아이템으로 잡았다. 새 제품 '슬림라인'으로 필룩스의 품질을 국내와 글로벌 시장에서 크게 인정받을 수 있었다. 매출도 쑥쑥 증가했다.

기술 개발을 위해 법인설립 직후인 1985년 부설연구소를 만들었고, 1990년에는 조명기기연구사업부도 설립했다. 2002년에는 중국 산둥에 '필룩스 연구소'도 출범시켰다. 1992년에 중국 현지법인을 필두로 9개의 외국 법인도 세웠다. 경기도 양주 본사에는 기술개발본부를, 서울 중계동 사무실과 광장동 사무실에는 부품·소재개발연구소와 조명기술연구소를 각각 분산배치했다.

현재 필룩스는 감성조명시스템 등의 조명사업과 스위치트랜스, 인버터, 노이즈 필터 등의 부품사업, 페라이트 코어 등의 소재사업 부문에서 크게 활약하고 있다. 노 대표는 여기서 조금 더 욕심을 내기로 했다. 그는 단순히 돈을 더 남기는 목적의 사업을 하고 싶지 않았다. 자신이 만든 상품으로 소비자에게 기쁨과 감동을 줄 수 있는 것이 진짜 사업이라고 생각했던 그는 조명을 통해 소비자와 교감을 할 수 있는 사업을 찾기 위해 숨가쁘게 달렸다.

시대적 요구를 반영한 조명과 조광, 음악 등을 통제할 수 있는 제품 개발은 기업의 명성을 더 빛내주었다. 이제는 조명 기술을 기반으로 다른 것을 접목해 감성문화를 만드는 필룩스는 어느 누구도 인정할 감성문화 공장이란 것은 확실하다.

"빛으로 인류를 행복하게"

노시청 대표 역시 "빛으로 인류를 행복하게!Change your light, Change your life!"라는 비전을 갖고 있다. 이윤을 추구하지 않는 그의 철학이 녹아 있는 이 말은 필룩스의 기업 모토가 되었다.

필룩스의 감성문화는 모두 함께 잘살기 위한 원대한 프로젝트다. 노 대표는 내부 고객이나 외부 고객 모두에게 '빛'으로 감동과 건강, 행복을 주는 기업을 만들고 싶어 한다. 그것이 노 대표의 그리고 필룩스의 사명이다.

빛이 인류에 기여하는 바는 크다. 빛은 도둑을 잡는 경찰관이 되기도 하고, 가장 좋은 소독약이기도 하다.

조명을 어떻게 연출하느냐에 따라 기업의 잠재적 매출도 극대화할 수 있다. 매장을 어떤 빛으로 디스플레이를 할지, 기업 매출에 관한 의견이 오고가는 회의실을 어떤 톤의 빛깔로 해야 집중이 잘될지 등등 여러 방면으로 영향을 끼치는 것이다.

빛으로 병도 치유할 수 있다. 유럽 등 선진국에서는 빛요법이 이미 보편화돼 있다. 치매 환자들에게 3,000룩스 이상의 밝은 빛을 집중적으로 쬐게 하면 수면시간을 일정하게 조절하면서 치료를 돕는다고 한다.

이처럼 노 대표에게 빛은 '어두운 문제를 해결하는' 기능 상품으로만 인식되어 있지 않다. 그는 빛 안에는 무궁무진한 건강이 있고, 행복이 있고, 미래가 있고, 일터가 있고, 문화가 있다는 것을 일깨우고 싶어한다. 조명을 아름다움을 전달하고 인간과 밀접하게 조응하는, 즉 문화로 발전해야 한다는 것이 노 대표의 생각이다. 그런 의미에서 '감성조명'은 끊임없이 변화를 추구하는 인간의 본성을 가장 충실하게 돕는 도구로 활용할 수 있다.

자연을 거스르지 않으면서도 인간의 편의성을 높이는 제품 컨셉가 필룩스의 가장 큰 무기다. 그리고 신체와 마음까지 건강하게 만드는 감성조명을 개발한 이유이기도 하다. 그는 조명 회사의 CEO라는 지위와는 사뭇 역설적인 사회 활동으로 주목을 받기도 했다. '빛공해 방지법' 제정을 위해 노력한 것이다.

빛공해 문제를 사람들에게 알리기 시작한 사람이 빛으로 먹고 사는 기업의 사장이라는 이 아이러니를 어떻게 설명해야 할까? 조직 안팎에서 이 문제를 괜히 드러내어 매출을 감소시킬 수 있다는 우려를 제기하기도 했다. 하지만 소비자에게 정직해야 기업의 지속 성장도 꾀할 수 있다고 생각한 노 대표는 뜻을 굽히지 않았다.

조명의 양면성을 알리고 교육시키는 것이 조명전문기업의 몫이라고 생각했다. 이런 부작용을 바로 잡지 않고 물건만 판다면 기업인이 아니라 장사꾼일 뿐이라고 그는 생각한다.

결국 빛공해방지법이 통과됐다. 시민들이 드디어 빛공해 문제에 관심을 갖고, 줄이는 노력을 하기 시작했다. 장기적으로는 이것이 필룩스에도 분명 이득이 될 것이라 그는 확신하고 있다.

흔히들 사회공헌 활동을 가리키는 말에 '빛'이라는 단어를 많이 쓴다. '어둠 속에 빛이 되는 사람' 같은 관용어구를 봐도 쉽게 이해가 될 것이다. 필룩스는 기업의 이름값을 제대로 하는 회사다. 아주 활발하게 사회공헌 활동에 나서는 기업 중 하나이기 때문이다.

상당수 중소·중견기업들은 대기업에 비해 사회공헌활동에 소극적인 게 현실이다. 사회공헌보다는 외형성장이 우선이라는 생각이 자리잡고 있기 때문이다. 중소·중견기업들도 사회공헌을 하더라도 투입 대비 산출이 커야 한다고 생각한다. 하지만 필룩스는 사회에 기여하는 것은 물론 브랜드 가치 제고를 통해 직원들에게 자긍심을 심어주고 미래 고객을 창출하는 차원에서 사회공헌활동에 적극적으로 나서고 있다.

"기업이 경제논리에만 집착하고 사회적 역할에 소홀하니까 국민들이 기업에 피해의식을 느끼는 것입니다. 국민들과 기업들의 골이 깊어봐야 서로 좋을 게 하나도 없어요. 평행선을 달리면 설 자리를 잃는 건 기업입니다."

빛공해 관련 활동뿐만 아니라 빛으로 건강에 도움을 주는 '라이트 테라피'를 연구하는 것도 노 대표가 '더 많은' 빛이 아니라 인간에게 유익한 '더 좋은' 빛을 꿈꾸는 사람이기에 가능한 일이다.

노 대표는 기업의 목적은 선순환을 위해 수익을 내는 것이어야 한다고 말한다. 그 스스로 과욕을 부리지 않고 좋은 일에 앞장서면서 언제나 시장을 멀리 내다보고 위기에 대한 대비를 습관적으로 해 오다 보니 지금껏 흔들리지 않을 수 있었다고 고백한다.

이런 경험을 그는 후배 직원들에게도 적극 알려주고 있다. 자체 청년 창업학교를 열어 창업 이후 그가 겪었던 실패와 성공의 노하우를 가르치고 있다. 시행착오 없이 좋은 기업을 이끌 수 있도록 돕기 위해서다. 직원들 역시 필룩스가 갖고 있는 이러한 조명기업으로서의 가치 때문에 자신이 하는 일과 일터에 큰 자부심을 느끼고 있다.

필룩스가 추구하는 큰 경영 그림을 그릴 수 있는 가장 큰 힘은 바로 태양처럼 뜨겁고 커다란 인류애를 밀어내지 않고 잘 품었기 때문이 아닐까? 모든 것의 앞에 고객과 직원의 행복을 두는 필룩스의 행보가 필룩스의 지속가능한 경영을 이어가게 할 것이다.

성장의 원천 '부모님과 하나님'

노 대표는 6·25전쟁의 '난리통'에 태어났다. 어머니가 전쟁을 피해 외딴 산 속에서 홀로 그를 낳았다. 전쟁 통에 그의 부친과 몇 년간 서로 떨어져 있어야 했다. 2남 3녀 중 장남인 그는 어려운 피란 시절임에도 내내 어머니의 보호와 교감이 있었기에 정서적으로 잘 성장할 수 있었다고 회고한다.

초등학교 교사 자격증을 가지고 계셨던 어머니는 어린 시절 그의 호기심을 해결해주는 선생님이었다. 전쟁 중에 항상 자신을 포대기에 업고 다니시며 자연의 이치를 얘기해 주신 기억이 아직도 생생하다고 말하는 노 대표. 그가 어머니의 등에서 본 이 세계 속에서 가장 신비한 것이 '빛과 그림자'였다.

'빛과 그림자'에 대한 궁금증이 마치 화두처럼 노 대표의 마음 속에 항상 남아 있었다.

몇 년 후 함께 살게 된 아버지는 장남인 그에게 유독 엄하게 대하셨다. 잘못이 있을 때 장남인 그가 책임지고 매를 맞아야 했다. 잘못의 과중에 따라 매를 골라 맞았는데, 1~6대까지의 매는 '성공봉', 7~12대까지의 매는 '희망봉'이라고 부르며 정성껏 매를 때리셨다.

그래도 그가 벌 받는 날은 집안의 잔칫날이었다. 넉넉지 않은 살림이었지만 마음을 풀어주려고 어머니가 수박 파티, 고기 파티 등을 해준 것이다. 그의 동생들이 이것을 알고 고의로 그의 잘못을 부모님께 이른 적이 있을 정도였다.

노 대표는 작고하신 아버지가 아니었으면 지금 자신은 없었을 것이라고 말한다. 사업을 하셨던 노 회장의 부친은 어려서부터 장남인 노 회장에게는 특히 고생을 사서 시키셨다. 노 대표 회사가 자금난에 처해 있을 때는 어음을 바꾸는 능력도 사업의 일부라며 돈이 있으면서도 내주지 않았다. 지금 경쟁에서 살아남고 보니 부친의 말씀이 하나부터 열까지 모두 맞는 말씀이었다는 것을 철저히 깨닫고 있다.

아버지가 지어주신 자신의 이름 노시청은 때 시時 자와 푸를 청靑 자를 쓴다. 이름 덕분에 그는 때를 중시 여기는 것이 몸에 뱄다. 지금까지 살면서 어느 자리에서건 지각을 해본 적이 없다고 한다. 초중고 시절은 물론 대학교와 ROTC 장교 생활을 하면서도 모두 개근상을 받은 그였다.

그렇게 타이밍에 대해 늘 생각하는 노 대표였기에 사업을 하는 데에 있어서 언제가 적기適期인지를 아는 것이 무엇보다 중요하다는 것을 잘 안다. 그는 적기를 아는 것 자체가 새로운 도전을 할 준비가 됐다고 생각한다. 그래서 결심하면 곧바로 행동에 과감히 옮기곤 했다. 적기를 읽고 과감히 감행했던 도전들이 오늘날의 그를 이끌었다.

유난히 탐구심이 강했던 노 대표는 다른 어떤 과목보다 자연 과목에서 뛰어난 성적을 거두며 중고교 시절 친구들 사이에선 '노 박사'로 불렸다. 중고등학교 시절과 대학교 때는 반장과 과대표를 놓치지 않아 '사장'이라는 별명도 달고 살았다.

1973년 연세대 전기공학과에 입학했다. 대학에 다니면서 탁구장을 직접 운영하는 등 일찍부터 경제 관념에 눈을 뜬 것도 성장 과정에서 겪은 어려움과 그를 통해서 배운 삶의 의지가 작용한 결과였다.

사업 수완도 남다른 편이었다. 연세대 근처에 근처에 탁구장을 만들었다. 재료를 가져다가 직접 조립해 탁구대 등을 만들었다. 이화여대 학생을 심판으로 고용했다. 여학생이 지켜보기 때문에 남학생들은 정말 자존심을 위해서 필사적으로 탁구를 쳤다. 혈기 왕성한 남학생들 때문에 매출도 많이 올랐다고 한다. 일종의 마케팅 전략을 쓴 것이었다.

당시 제대로 된 운동화가 없어서 구두 신고 탁구를 치면 많이 미끄러졌다. 직접 운동화를 사다가 고객 전용 신발장 만들어주었다. 단골 고객들이 늘었다. 팬들이 스스로 일을 도와주겠다고 자청해서 인건비도 한껏 줄일 수 있었다.

ROTC 장교로 군대를 간 그는 주변 사람들에게 말뚝을 박으라는 소리도 수없이 들을 만큼 일도 잘했다. 하지만 군 생활을 더 이상 하고 싶지 않았던 그는 석사과정에 들어간다고 거짓말하고 전역 신청을 했다. 제대를 열흘 앞두고 사업자등록증부터 냈다.

생각해 보면 그가 조명사업에 뛰어든 것도 모두 어린 시절 어머니의 등에서 배운 자연에 대한 관심, 그중 유독 빛에 대한 깊은 인상 때문이라고 그는 확신한다. 빛에 대한 최초의 영감을 준 것은 자연과 어머니였지만 '빛'에 대한 새로운 의미를 제공해주고, 사업에 대한 새로운 정립을 도와준 존재는 따로 있다. 바로 '하나님'이다.

사실 그가 신앙과 인연을 맺은 것은 전쟁으로 궁핍한 생활을 살던 때였다. 교회에서 주는 떡이나 과자를 얻기 위해 문턱을 넘었던 수준으로 시작되었다. 성탄절 연극도 하고, 대학 재학 시절 기독학생회 임원도 맡았지만 그는 엄밀히 말하면 진정한 크리스천이라고 할 수 없었다. 그저 기독교 문화를 즐기는 사람일 뿐이었다.

대학을 졸업하고 사업을 시작했지만 여전히 뜻을 이루기 위해 그는 한국 사회에서 기업하는 사람들이 할 수 있는 관행이라는 이름과 슬며시 야합했다. 15년 동안 경영했지만 매일매일이 아슬아슬했다.

될 듯 말 듯 성공도 쉽게 다가오지 않았다. 그렇지만 당시에는 신앙과 비즈니스를 접목시키는 지점을 잘 볼 줄도 몰랐고, 보이지도 않았다.

그 후 몇 년 뒤 교회 건축을 맡고 교회에서 첫 예배를 드리면서 하나님의 뜻을 깨닫는 시간을 만났다. 그때부터 그는 하나님 뜻을 따르는 크리스천 경영을 시작했다. 처음에는 어렵다가 점점 기반이 넓어졌다. 회사를 설립하며 하나님께서 지으신 원래의 빛을 닮아가려 애썼다. '감성조명'도 그 고민 끝에 나온 결과물이다.

독실한 크리스천인 그는 "빛은 실로 아름다운 것이라. 눈으로 해를 보는 것이 즐거운 일이로다.(전도서 제11장 제11절)" 같은 '빛'에 관한 성경 구절들을 특히 좋아했다.

어려서 어머니 등에서 보았던 아름다운 빛, 하나님이 그에게 알려주고 보여준 빛, 그리고 이 세상과 사람들을 위해 만들어야 하는 빛 등이 그를 살게 만든다고 생각한다.

힘들고 어두운 세상에서 고통받는 사람들에게 불빛 하나가 삶의 희망이 되듯이 노 대표는 자신의 기업 운영이 사회에 말 그대로 '빛'이 되기를 간구한다. 성경에서 힌트를 얻은 아이디어가 특허가 되고, 남들이 생각하지 못하는 비즈니스 성장 모델이 된 이후 필룩스는 전 직원과 임원들이 정기예배를 드리고, '아볼로선교회'를 설립하는 등 선교 사역에도 적극적으로 나서고 있다. 예수님이 열두 제자를 뒀듯이 필룩스는 12명의 임원을 두고 있다. 이들에게 3년 안에 12명의 제자(팀장)를 길러내라고 그는 요청했다.

크리스천 경영을 하면서 지시 일변도의 강압적인 조직문화도 서로 섬기고 사랑하는 문화로 바뀌었다. 그가 보유한 사주 6백만 주 중 3백만 주를 사회공헌 활동에 사용할 예정이다. 매년 여름과 겨울 두

차례씩 꼭꼭 아내와 함께 해외 선교 봉사에 참여하고 있는 노 대표.
그에게 필룩스는 하나님이 주신 귀한 사역지다.

'좋은 기업을 넘어 영적인 기업으로Good to Spirit'의 성장을 지향하는
그의 곁에 수천 만의 필룩스 가족들이 든든하게 동행해 주고 있다.

악덕업주(?)의 변신은 무죄

노시청 대표는 리더란 '같이 가는 집단 구성원에게 감당할 만한, 합
당한 일을 제시해주는 사람'이라고 생각한다. 주어진 자원을 갖고, 천
재만 데리고 일하는 게 아니라 조금 부족한 사람일지라도 사회에 선
순환할 수 있는 역량을 갖출 수 있도록 돕는 게 바로 리더의 책임이
라고 생각한다.

이런 생각을 갖기까지 그에게도 시련은 많았다. 자금 위기, 품질
사고, 세무조사 등 사업가라면 으레 겪을 수 있는 일뿐만이 아니었
다. 인명사고까지 났던 화재사고, 특허 침해, 노사분규 등 기업을 운
영하면서 온갖 위기란 위기는 모조리 겪었다.

남보다 일찍 시작한 사업이라 어려움도 일찍 겪었는지 모른다. 하
지만 예방주사를 맞는 효과도 꽤 나쁘지 않았다. 웬만한 어려움은 모
두 예측이 가능하고, 또 설령 닥친다 해도 끄떡없을 것 같은 용기를
주었으니까.

그러나 분명 한때는 그 위기로 인해 좌절하고 포기할까 생각했던
적도 많았다. 하지만 모든 상처는 단단한 굳은 살을 남기는 법이다.
40년 가까이 기업을 경영해오는 동안 위험의 연속이 아니었던 적이

솔직히 없었다. 숱한 위기를 겪으면서 '어려움이 없으면 성장도 없다'는 진리를 깨달았다. 다행히 초기를 제외하고는 단 한 번도 적자를 낸 적은 없었다.

그럼에도 '남들이 가지 않는 길' 그리고 항상 '새로운 길'을 가려는 생각 때문에 쉬운 길을 놔두고 굳이 어려운 길을 택한 경우도 많았다. 그때는 갈등하고 포기할까도 생각했지만 결국 그런 경험들은 위기 때 고스란히 생존을 위한 경쟁력이 되어 돌아왔다.

종교적인 이유로 술을 입에 대지 않는 노 대표는 대기업과의 회식 자리에서 강권하는 술을 마시지 않았다는 이유로 월 20억 원의 거래를 갑자기 중단당하는 일을 겪은 적도 있었다. 영업사원들이 그 수주를 따내기 위해 얼마나 피땀을 흘렸을지 잘 알고 있었지만 비굴하게 사업을 하고 싶진 않았던 그는 우여곡절 끝에 5~6년 착실한 거래로 신뢰가 쌓여 있던 신용보증기금에서 무담보로 30억 원을 차입할 수 있었다.

그 이후 노 대표는 필룩스만의 독특한 자금 지수를 개발했다. 총부채에서 환금성 자산을 뺀 수치를 그래프화해 분석하는 것이다. 이를 통해 1년 이후의 유동성까지 예측할 수 있게 했다.

전 직원을 대상으로 한 윤리경영 교육과 윤리서약을 통해 내부 윤리경영방침을 실천하려고자 노력하고 있다. 노 대표는 세무조사를 받으면서 작은 잘못이나 오해의 소지가 있는 일을 했다면 나머지 잘한 일들도 주장할 수 없다는 것을 깨달았기에 현재의 필룩스에는 이중장부가 전혀 없다. 모든 수입과 지출은 은행 계좌로 관리하고 전산화하고 있다.

판공비 지출이 거의 없으니 관리비가 절감되고, 투명 경영을 하니 회사의 모든 에너지를 창의적인 데에만 집중시킬 수 있다. 이처럼 노 대표의 윤리 경영 실천은 더 큰 리더십으로 되돌아왔다.

이러한 윤리경영은 사내뿐 아니라 외부 거래 관계에 있어 신뢰를 바탕으로 하고 있다. 계약 체결 시 '윤리실천 특별약관' 체결을 통해 거래관계에 있는 모든 외부 기관에 회사의 윤리경영방침을 설명하고 동참하도록 유도하고 있다.

필룩스 회사 시설을 잠시 사용하던 협력사의 실수로 인명 사고까지 발생한 화재가 난 적이 있었다. 그 이후 소방 장비를 철저히 갖추고 소방 훈련도 열심히 했다. 공교롭게도 또다시 화재가 발생했는데 첫 화재 이후 열심히 준비한 소방 장비와 훈련 덕분에 회사가 전소될 위기를 가까스로 넘길 수 있었다. 필룩스는 소방 훈련 우수 회사로 상도 받았다.

성숙한 노사관계 또한 필룩스의 빼놓을 수 없는 성장동력으로 꼽힌다. 떳떳하고 투명하게 모든 것을 공개하기 때문에 노동조합의 신뢰를 더 얻고 있는 필룩스. 하지만 한때는 경기도 북부에서 가장 요란한 노사 대립으로 유명했던 회사였다. 당시 직원들은 노 대표를 '악덕업주'라고 불렀다. 그는 이런 과거를 숨김없이 말한다. 세간의 평판이 직원의 오해에서 비롯된 것이라는 변명조차도 하지 않는다. 그처럼 스스로 점수 까먹는 발언을 거침없이 할 수 있는 이유는 지금은 전혀 다른 반전의 길을 걸어가고 있는 대표이기 때문이다.

자신이 생각해도 그 당시 그는 직원들에게 욕을 많이 얻을 만큼 강압적으로 회사를 운영했다. 노 대표가 처음 기업을 설립했던 3~40년 전은 수직적 상명하복의 구조가 당연시되던 시절이었다. 그 역시 권위적이고 경직된 보통 중소기업 CEO의 모습과 크게 다르지 않았다.

더군다나 ROTC 출신인 그는 군인정신으로 막 밀어붙였다. '안 되면 되게 하라!'는 군인들의 통용 문장을 신봉했던 그는 될 때까지 직원들에게 요구하고, 또 요구했다.

막 노조가 태동되던 시기 데모가 심하게 벌어졌는데 노 대표는 그들에게 백지수표를 적어주고 원하는 급여 인상율을 적으라고 했다. 노동조합측에서 200%를 적고 다음에는 60%를 적었다. 다음 년도에는 노조위원장이었던 간부가 구치소에 수감되어 임금인상안이 유야무야 되었다.

그를 바꿔 놓은 것은 흥미롭게도 '생존'에 대한 고민이었다. 결정적으로 노사갈등을 풀게 된 계기는 그가 직원을 대하는 마음을 바꾸면서부터였다.

"어느 날 갑자기 직원들이 고맙게 여겨지더라고요. 제가 아무리 못되게 굴어도 직원들은 저에 대한 예의를 버리지 않았거든요. 그런 태도가 첫째 고마웠어요. 둘째로 고마운 건 직원들의 마음이었어요. 노사문제가 심각했을 때 속으로 '그래, 그럼 사표 내고 다른 데 가서 일하든가!'라는 생각을 가지고 있었어요. 그런데 직원들은 회사를 나가서 잘살려고 한 게 아니라 저와 함께 잘살려고 생각했던 거예요. 그게 그렇게 고맙더라구요."

마음이 바뀌니 직원들이 원하는 것이라면 무엇이든 들어주고 싶었다. 출소를 한 노조위원장이 사장실에 찾아왔다. 그는 또다시 예전과 같이 강경하게 자기 주장을 했다. 그런 그에게 노 대표가 꺼낸 말은 단 한마디였다.

"함께 갑시다!"

그리고 자신의 회사에 치명타를 준 노조위원장을 다시 노조위원장

으로 복권시켰다. 노조의 요청을 받아들여 두 차례에 걸쳐 봉급 인상
도 해주었다. 무려 150% 인상이었다.

이때부터 직원과 그 사이에 신뢰가 쌓였다. 노사문제가 풀리자 기
술력도 급속도로 향상됐다. 지금까지 취득한 국내외 지식재산권만
해도 총 500여 건이 된다. 그 신뢰 관계가 얼마나 탄탄한지는 직원들
의 평균 근속년수가 22년이라는 사실을 봐도 알 수 있다. 심지어 30
년 넘게 근무한 직원도 많다.

이제는 오랜 세월 쌓인 신뢰로 눈빛만 봐도 서로의 마음을 아는 경
지에 이르렀다. 노 대표는 민노총의 노사관계 관련 수상자로 추천되
기도 했고, 노조위원장의 감사패도 받은 보기 드문 전적(?)을 자랑하
는 CEO다.

필룩스에서는 매월 전 직원 회식을 하는데 회사 식당에서 그가 주
방장이 돼 철판구이 등을 직접 요리하기도 한다. 이 식당이 양주시에
서 제일 맛있고 제일 멋있는 사내 식당이라고 자랑하는 노 대표에게
필룩스 직원들은 식구와 매한가지다.

시행착오를 겪으며 좌충우돌했던 노 대표의 시련은 오히려 전화위
복이 되어 소통 경영을 펼치는 물꼬가 되었다. 직원을 회사의 주인으
로 만들려고 노력하는 CEO, 그를 믿고 따르는 직원들이 한데 옹기종
기 모여 함께 차린 밥상을 나누어 먹는 모습처럼 흐뭇한 것은 없다.
악덕업주(?)의 선한 변신은 무조건 무죄였다.

문화로 경영하다

휴렛팩커드HP의 전 CEO 칼리 피오리나는 "CEO의 역할은 직원을 관리하는 사람이 아니라 활력을 불어넣는 사람"이라고 말했다. CEO의 경영방식이 직원들의 행태와 문화까지 바꿀 수 있다.

구글이나 애플같은 외국 기업은 문화경영으로도 유명하다. 아무리 월급을 많이 준다고 해서 이직률이 낮아지는 것은 아니다. 직원들의 회사에 대한 애사심이 커져야 이직율이 낮아진다. 그래서 회사의 문화가 중요하다.

중소기업들은 문화경영을 현실과 동떨어진 문제로 받아들여 왔다. 매출 규모가 큰 대기업 정도나 돼야 홍보 효과를 노리고 문화 경영에 투자를 한다고 오해했다. 당장 생존을 고민해야 하는 중소기업은 문화경영을 '배부른' 이야기라 치부했다.

하지만 이는 어리석은 생각이다. 이제는 스토리텔링을 더해 문화 상품으로 만들어야 팔린다. 안 그러면 소비자들은 감동받지 않는다. 이제 문화경영은 선택이 아니라 생존이 되었다.

문화경영을 하면 직원들의 자존감이 높아진다. 동호회 활동 등을 통해 자신의 취미를 대놓고 즐길 수 있는 회사에서 더 좋은 아이디어가 나올 수 있는 법이다. 문화 수준을 끌어올리면 직원들도 문화인이 된다. 문화 수준이 낮으면 상대적 박탈감과 빈곤감으로 불평불만만 높아진다.

필룩스는 회사 차원에서 경차를 가진 직원들에게 유류비를 지원해 준다. 과거 통근버스를 운영하던 시절에는 퇴근 시간만 되면 다들 차에 타기 바빠 여유가 없었다. 그런데 이제는 퇴근시간에 구애받지 않고 일하는 문화가 정착됐다. 업무의 효율도 높아지고 회사의 실적도 더 올라갔음은 두말할 것도 없다.

이직률이 높은 중소기업의 경우, 특히 젊은 일손을 붙들어야 하는 중소기업의 경우 문화경영에 더 매진해야 한다. 당장의 가시적 부담만 보고 문화 경영을 소홀히 하면 경쟁에서 도태될 수밖에 없다.

"문화경영은 직원들의 몰입을 강화시킵니다. 문화는 나이·성별·직급을 초월해 공감대를 창출하는 '무한 마력'을 발휘하니까요."

노시청 대표는 문화예술을 통한 감성경영의 전도하기 위해 직원들을 음악·미술·무용 등 문화 콘텐츠에 끊임없이 노출시킨다. 그가 박물관을 운영하는 것이나 음악회를 여는 것, 디자인을 중시하는 것도 같은 맥락이다. 결국 이 조명문화를 필룩스의 미래와도 직결되는 문제로 그가 보고 있다는 사실이다.

조명은 주거공간뿐 아니라 공연장이나 전시관 등 섬세한 분위기를 연출해야 하는 문화공간의 필수요소다. 직원들이 관현악·회화·전통공예 등 문화 콘텐츠에 익숙해져야만 공연장과 전시관에 어울리는 제품들을 개발할 수 있다고 노 대표는 생각한다.

조명문화 구현을 위한 제품을 개발 제조하는 것뿐만 아니라 감성조명이라는 새로운 조명문화로 우리의 삶을 아름답게 비추는 기업으로 남고 싶은 것이 노 대표의 소원이다.

예술적 상상력을 시각화하고 현실화할 수 있는 조명 콘텐츠를 지속적으로 개발해 많은 이들에게 기쁨과 도움을 줄 수 있는 사업을 지속적으로 이어나가다 보면 자연스럽게 조명 문화가 만들어지고, 그 문화에 필요한 제품 구매로 이어지기 마련이다.

브랜드 런칭 때부터 감성조명을 강조해온 필룩스는 '라이트 아트

페스트벌Light art festival'을 통해 조명을 소재로 한 예술가들의 라이트 아트light art를 전시하고 '라이팅 콘서트lighting concert'라는 이색 음악회도 정기적으로 열고 있다.

　게다가 이런 무대는 새롭게 개발된 제품들이 전시와 테스트가 이뤄지는 장소가 된다. 출시 전 소비자들로부터 피드백을 받고 새로운 아이디어를 얻는 통섭의 장으로 활용된다. 라이팅 콘서트는 필룩스만의 독특한 바이어 접대법이다. 많은 기업들이 술 접대를 하면서 영업하는데 필룩스의 경영철학에 맞지 않아 다른 방식의 영업전략을 생각해낸 것이 '문화접대'다. 접대비를 아끼니 수억 원의 돈이 모였고 이 돈으로 고객사는 물론 지역 사회도 인정하는 축제를 마련한 것이다.

　'라이팅 콘서트lighting concert'를 준비하기 위해 노 대표는 '공연기획사' 사장으로 거리낌 없이 변신한다. 대학 재학 시절 통기타를 치며

사랑의 쌀 나누기

이화여대 강당에서 공연도 했던 노 대표의 이력이 제대로 한몫하는 때이기도 하다.

2~3백 명으로 시작했던 가을 음악회가 해가 지날수록 2~3천 명 이상이 참석하는 음악회로 발전했다. 관람객이 늘어나다 보니 공연은 점차 다채로워졌다. 러시아 무용단의 무용도, 서울내셔널심포니오케스트라 연주도, 유명 밴드의 공연도 이뤄졌다.

반응이 좋아 매해 더욱 잘해야 한다는 생각으로 준비하다 보니 어느새 대형 공연이 돼버렸다. 공연 규모가 커지면서 예산도 1억 원을 훌쩍 뛰어넘었다. 공연 전후로 다양한 이벤트가 펼쳐지는 데다 해외에서 공연을 보러오는 바이어들에게는 교통비를 일부 부담하기도 한다.

각계에서 음악회 동영상 CD를 요청하는 것을 보고 직원들도 많은 보람을 느끼고 있다. 이제는 고객사가 먼저 음악회 참석을 위해 언제 하는지 묻곤 한다.

음악회뿐 아니라 조명박물관, 미래조명 체험관, 라이트아트 공모

전 전시회, 빛공해 사진전, 조명디자이너 작품전 등 다양한 조명문화
전시회 관람 기회를 제공한 필룩스는 이런 공을 인정받아 문화관광
부 중소기업문화대상 기업으로 선정되기도 했다.

　지역민과 함께하는 어린이날 역시 성황을 이룬다. 전국에서도 손
에 꼽히는 어린이날 최대 이벤트로 필룩스가 2005년부터 매년 마련
한 어린이날 선물이다. 경기도 양주 시민들과 함께 필룩스 임직원 가
족들이 본사 일대를 가득 메운다. 조명박물관 안에서는 아이들을 위
한 다양한 체험 행사가 열리고 다채로운 공연과 이벤트가 곳곳에서
펼쳐진다. '번 돈의 일부를 반드시 지역사회에 돌려줘야 한다'는 노
대표의 경영철학에 따른 것이다.

　이 외에도 여러 문화예술 분야도 아낌없이 후원하고 있다. 2008년
부터 서울내셔널심포니오케스트라 후원회장을 맡아오고 있고, '서양

어린이날 행사

미술 400년 전' 조명을 협찬하기도 했다. '크리스마스 캔들전', '빛 연극 캠프', '에디슨 빛 탐험대', '에디슨 조명스쿨' 등 다양한 부대행사를 통해 어린이에게 문화체험의 기회도 제공하고 있다.

기업이 문화예술을 지원하는 메세나 활동을 할 경우 가장 중요한 것은 진정성과 지속성이다. 필룩스의 문화경영은 이미 두 요건을 뛰어넘었다. 경영적인 성과를 지역민과 사회와 공유함으로써 진정한 노블리스 오블리제를 실천하는 필룩스에서 문화경영은 이제 단순히 직원들에게 볼거리를 주기 위한 복지 수단이 아니라 회사가 사활을 걸고 추구하는 전략이 되었다.

문화 인큐베이터 '조명박물관'

2005년 4월 예술의 전당에서 '서양미술 400년 전'이 열렸다. 많은 귀한 작품 원본이 선보인 전시라서 매우 흥미를 끌었던 전시회였다. 그 전시에도 필룩스의 조명이 쓰였다. 하지만 처음에는 이 전시회의 조명을 필룩스가 맡았을 때, 루브르 박물관측 사람들의 비웃음 섞인 우려의 시선을 고스란히 받아야만 했다.

'과연 작품이 제대로 조명이나 받을 수 있을까?'

그들은 필룩스의, 아니 한국의 조명 기술 수준을 아프리카 후진국 수준으로 보고 있었다. 그들의 무시에도 아랑곳하지 않고 필룩스는 각각의 작품마다 서로 다른 밝기와 색온도를 가진 조명을 설치했다. 작가가 작품을 그렸던 현장 분위기 그대로 조명을 설치했다. 여름이면 여름에 걸맞은 빛으로, 겨울이면 겨울에 걸맞은 빛으로. 봄여름가

을겨울 등 계절에 맞는 빛을, 심지어 아침, 저녁, 시간에 맞는 빛으로 세팅했다.

예술에 대한 심미안이 없다면 절대 불가능한 조명이었다. 세계 유수의 박물관 직원들이 놀라워했다. 필룩스가 전사적으로 추진했던 감성경영의 결실이 이런 식으로 나타난 것이다. 그리고 그 중심에는 '조명박물관'의 영향이 컸다.

노 회장의 명함에는 직함이 두 개다. 그는 '필룩스 회장'이자 '조명 박물관장'이다. 지난 2004년 경기도 양주시 외곽에 있는 필룩스 본사 내 1층에서 '등잔박물관'이라는 이름으로 우리나라 전통 등화구 1,000여 점을 전시하고 있었다. 2005년 박물관 등록을 하면서 기존에 보유하고 있던 세계의 등잔과 등화구, 근현대 유물을 모두 전시하고, 명칭을 '조명박물관'으로 변경하였다. 박물관에는 등잔·밀랍초·오일 램프 등 좀처럼 보기 드문 동서양의 전통 조명기구들이 가지런히 정리돼 있다.

세계 최초, 국내 유일의 조명박물관은 조명문화를 전파하는 산실인 동시에 조명을 문화를 구현하는 도구로 생각하는 필룩스의 기업 철학을 대표하는 곳이다.

'빛의 과거, 현재 그리고 미래가 있는' 모토를 갖고 있는 조명박물관은 관람객들에게는 인류 생활양식과 조명의 밀접한 관계를 소개하고 있다. 또한 우리 문화를 빛으로 보다 풍성하게 하고, 건강한 빛의 문화를 개척하고 미래의 빛을 제시하는 이야기를 담고 있다.

연면적 약 3,000평에 달하는 조명전시장에는 동영상을 감상할 수 있는 150석 규모의 멀티미디어실과 등잔박물관, 조명체험관 등으로 구성돼있다. 필룩스는 이 전시관을 만드는 데 약 100억 원을 투입했다. 2001년 9월 착공한지 3년 만에 결실로 맺은 조명박물관 건립이 처음부터 쉬웠던 것은 아니다. 효과성과 필요성에 대해 반신반의하는 사람들도 많았다.

노 대표는 반대하는 주변 투자자들을 설득하느라 힘들었다. 반대자들은 2004년 연매출 500억 원인 회사에서 전시장 하나 만들려고 100억 원이나 쏟아붓는다는 게 납득할 수 없다는 논리를 들이댔다. 하지만 노 대표의 생각은 확고부동했다. 그리고 적중했다. 현재 조명박물관은 필룩스의 감성문화를 배양하는 인큐베이터 역할을 톡톡히 하고 있다. 이런 분위기 속에서 배양된 여러 선진 특허 기술과 연구개발 실적은 이제 전 세계적으로 인정받고 있다.

조명박물관을 만들게 된 결정적인 계기에는 특허와 관련된 에피소드가 있다. 처음 SIH 시스템을 만든 노 대표는 세계적인 특허감이란 자부심에 어깨가 들썩거렸다. 특허청 등에 관련 서류를 제출했다. 하지만 서류심사과정에서 번번이 탈락했다.

한참을 생각하던 노 대표는 종이에 적은 글로는 도저히 설명할 수 없는 뭔가가 있다는 걸 뒤늦게 깨달았다. SIH 시스템을 들고 가서 이게 어떤 아이템인지 눈으로 직접 확인시켰다. 특허청 공무원들은 비로소 "아하, 바로 이거구나!"라며 공감했다. 무릎을 탁 친 건 노 대표도 마찬가지였다. 자신의 아이디어를 설명할 공간이 필요하다는 걸 절감했다. 빛의 진가를 보여주기 위해서는 그것을 잘 구현할 무대가 필요했던 것이다.

이제는 매년 10만 명 이상의 방문객이 박물관을 찾는다. 사무관들의 기업탐방 교육부터 초중고생 진로교육, 일반 기업의 신입사원 연수과정에서도 필룩스는 인기 코스다. 탐방 때마다 노 대표를 비롯한 임직원들은 회사의 성장 스토리를 들려준다. 이곳에서는 전시관을 둘러보며 조명작품도 직접 만들어 볼 수 있다.

조명박물관은 단순히 조명기기들을 전시하는 공간이 아니다. 물론 등잔박물관 같은 조명의 역사를 돌아볼 수 있는 시설도 있지만 그 중심은 아무래도 빛이 인체에 미치는 영향을 직접 체험해볼 수 있는 감성조명체험관이다.

감성조명체험관을 겸한 조명박물관을 세운 것도 어떤 빛이 사람에게 좋은지 한눈에 보여주기 위한 것이었다. 여기서는 병실, 교실, 회의실, 백화점, 식당, 미술관 등 용도별 조명에다 '라이트 테라피(빛치료)' 효과까지 눈으로 보고 몸으로 느낄 수 있다.

조명박물관은 필룩스가 갖고 있는 빛에 대한 전문적인 기술을 대내외적으로 알리는 홍보 부스다. 동시에 뛰어난 감성과 표현 능력을 결합한 독특한 예술 작품을 선보이는 갤러리다. 이제는 문화경영의 야전사령관 노 대표가 이룩하려는 창조경제를 향한 전진기지다.

융합을 꿈꾸는 아르테인

'아르테Arte'라는 단어가 있다. '예술Art'와 '기술Technology'은 원래 하나의 단어였다. 별개로 생각하고 발전시킨 사람들 때문에 전혀 다른 영역처럼 인식된 이 두 가지가 이제는 다시 만나지 않으면 안되는 시대가 되었다.

노 대표는 기술 냄새만 나는 상품은 하품下品의 것이라고 치부한다. 예술과 기술, 좌뇌와 우뇌의 불균형을 해결하는 '문화상품'이야말로 상품上品이 되는 시대다. 융합에 대한 노 대표의 정의는 간단하면서도 심오하다.

"배고플 때 밥 먹으면 그 음식은 기능 상품이죠. 그렇지만 1인당 5만 원, 10만 원짜리 식당에 가보면 음악도 있고, 분위기도 있고, 서비스도 있습니다. 융복합 상품이에요. 여기에 오감이 결합되면 문화상품입니다. 저희는 조명을 하지만 조명문화 상품이라고 얘기합니다."

그는 진정한 미래의 리더 자질은 바로 좋은 상상력이고, 그 상상력을 제시해주지 않으면 리더가 아니라고 생각한다. 예술적 상상력을 리더십으로 치환하는 데에 전혀 주저가 없다.

필룩스에서는 차후년도 사업계획을 절대 서류로 받지 않는다. 신년 음악회를 겸해 열린 신년 사업 계획 발표회에서도 잘 확인된다. 이 자리에서 필룩스 28개 팀은 신년 계획을 담은 5~10분짜리 동영상을 각자 제작해 상영한다.

자신이 펴고자 하는 사업이 있다면 영화나 드라마처럼 이야기가 있는 10분짜리 영상물을 담아 사업계획을 발표해야 한다. 덕분에 직원들은 꿈도 꾸지 않았던 시나리오 작가가 되고 배우가 되고 감독이 된다. 기꺼이 그 고생을 즐긴다.

노 대표는 직원을 뽑을 때 학벌을 보지 않는다. 그 자신이 명문사립대 출신임에도 불구하고 말이다. 대신 춤을 잘 추는 사람이나 상상력이 뛰어나고 잘 노는 사람들을 더 좋아한다.

또한 기본에 충실한 도덕적인 인재를 좋아한다. 정직을 바탕으로 언제나 일을 공정하게 처리하는 사람이 내외부 고객을 감동시킬 수 있다고 생각한다. 창의적 사고와 프로의 승부 근성을 작고 한 분야의 전문가가 되기 위해 끊임없이 노력하는 사람도 높이 산다. 밝고 고운

심성을 갖고 조직 내에서 서로를 존중하고 협력하는 나눔의 자세를 가진 인재, 다양한 관점에서 바라볼 수 있는 폭넓은 지식과 유연한 사고방식으로 어떠한 어려움도 이겨낼 수 있는 인재, 자기 존중과 철저한 자기관리로 정신적, 육체적 건강을 유지하고 모든 일에 적극적, 의욕적으로 참여하는 인재면 무조건 합격이다.

직원들부터 문화 수준을 높여야 고객을 감동시키는 문화 창조가 가능하다고 생각한 노 대표는 작업 환경을 개선하고 공장을 공원처럼 꾸미기 시작했다. 직원들이 문화를 즐기는 테크니션이 되기를 진정 원한다면 기꺼이 그들의 환경을 바꿔주어야 하는 건 리더의 몫이라 판단한 것이다.

중소기업이 세계 유수의 기업들과 경쟁할 수 있는 최고의 무기는 아이디어와 지적재산권이라는 생각에 필룩스는 특허 전담부서를 운영하고 있다. 지적재산권의 확보와 권리 보호에 힘쓰면서 직원들의 창의적인 아이디어와 제안을 제품화하고 사업화하는 데 지원을 아끼지 않는다.

조명사업 진출 초기 콤팩트 램프를 제조해 좋은 반응을 얻고 있던 중·저가형의 중국산 카피 제품이 등장해 큰 피해를 입었던 일이 큰 계기가 되었다.

당시 관련 지식재산권을 보유하지 않았기 때문에 아무런 대응을 할 수 없었다. 1997년 당시 부천에 있는 공장이 철수하는 결과를 가져올 정도로 큰 사건이었다. 공격보다는 방어가 우선임을 깨닫고 지적재산권에 대한 준비를 철저히 하기 시작했다.

덕분에 실용신안, 특허권 외에도 상표권권과 디자인권 등 전 영역에 걸쳐 의욕적으로 지식재산권을 획득한 것이 500여 건이나 된다.

100여 건이 넘는 국내외 특허를 보유하고 있고 독일, 미국, 영국 등 20여 개 나라에 수출하면서 각종 조명박람회에서 상을 휩쓸기도 했다.

외국 조명 회사에 비해 역사는 짧을지라도 필룩스가 그동안 거둬들인 실적은 이처럼 '알토란'과 같은 것들이다. 국내시장은 물론 세계시장에서도 기술력과 창조적인 아이디어로 앞서 나가고 있다. 원천기술을 보유하고 있기에 가능한 성적표다.

직무발명에 대한 보상을 직원에게 철저히 해 준다. 제안, 지적재산권 출원, 지적재산권 등록 등 모든 시점에 모두 보상한다. 특히 '드리밍사이트'라는 제도를 통해서 본인의 아이디어를 사업화할 수 있는 기회를 제공한다. 이러한 회사안의 회사를 통해서 스스로 주인이 되는 사원을 키워낼 수 있다. 아이디어의 모집, 평가, 시제품 제작, 지재권 확보, 사업화 등 지원 프로그램을 통해 제안된 아이디어가 사업화될 경우 매출의 2%를 보상한다.

필룩스의 인센티브 제도는 특별하다. 개인별로 회사 매출 및 이익에 기여한 실적을 철저히 평가해 1년 수익의 10%를 기여자에게 준다. 어떤 직원은 3~4배 정도의 인센티브를 받아가는 경우도 생겼는데 실은 월급의 10~20배를 인센티브로 받아갈 수 있도록 설계되어있다. 'Com in ComCompany in Company' 개념으로, 직원들이 자본투자 없이도 자기 사업보다 더 열심히 업무에 매진하고 있다.

말로만 주인의식을 고취하는 것은 소용이 없다. 편한 직장은 바람직한 직장이 아니라고도 한다. 변화를 추구하고 변화를 선도해야 회사가 발전하고 개인이 발전한다고 생각한다.

필룩스만의 특별한 제도에는 직무 발명제, 사이버 고품질 병원제 등도 있다. 직무 발명제는 특허 경영과도 관련이 있다. 직원들이 직무 관련 아이디어를 제시할 수 있는 제도인데, 이는 '생각이 자산'이라는 노 회장의 신념과도 통한다.

또한 회사 관리나 제품 품질 관련 문제를 사이버 병원에 입원시키고, 처방을 위한 의견도 직원들이 제시한다. 나중에 어느 직원이 처방한 내용이 맞았는지 결과를 전사가 공유하게 하는 것은 물론 문제 해결에 기여한 직원에게는 보상을 한다.

전체 R&D(연구개발) 비용도 매출액의 3% 규모에 달한다. 회사 차원의 연구개발 지원 환경이 꼼꼼히 뒷받침되었기에 차세대 미래조명으로 주목받은 감성조명 산업의 선두에 설 수 있었을 것이다.

노 대표는 기업 경영은 이윤을 추구하는 것만을 목표로 하는 것이 아니라 직원에게 꿈을 심어줄 수 있는 것이 진정한 경영이라고 말한다. 명확한 목적을 세우고 시련을 이겨내는 창의적인 영감이 기업경영에 중요하고 필요하다고 생각한다.

노 대표는 한달에 열 권 이상의 책을 읽으려고 노력한다. 자기 분야 이외의 책도 많이 읽는다. 평형 감각을 가지지 못한 사람은 실수하기 마련이다. IT에 있으면 인문학에도 관심을 갖고 공연, 예술에도 관심을 갖는 이유다. 노 대표는 그런 사람에게서 비로소 미래를 변화시키는 선한 '영감Spirit'이 나온다고 생각한다. 책보다 더 높이 사는 지식은 현장에서 얻는 산지식들이다.

필룩스는 기업의 모방이 아닌 자신만의 창조를 실현해 왔기에 오스람, 필립스 등 세계적 조명기업들과 어깨를 나란히 하는 혁신적인 조명과 조명문화를 만들 수 있었다.

필룩스는 남들이 걸어온 길은 덮어 놓고 생각하지도 않는다. 그만큼 자존심이 센 기업이다.

'높이 올라 멀리 보라' 이는 필룩스의 도전성을 나타내는 CEO의 메시지다. 높은 산에 올라가면 낮은 곳에서 보지 못한 것을 보게 된다. 글로벌로 진출하고 새로운 조직을 만들어내는 필룩스의 도전 정신은 여전히 거세게 타오르고 있다.

빛을 지배하는 자, 세계를 지배하다

'빛' 만큼 보편적이고 인류 공통의 정서적 기반을 가진 글로벌한 스테디 상품은 없다.

조명이 인류에게 과학의 원리로만 설명할 수 없는 독특한 문화요소로 기능하기 때문이다. 조명은 신화이기도 하고 역사이기도 하고 예술이기도 하고 과학이기도 하다. 이 복합적인 문명의 산물인 '조명'은 앞으로도 인류문명을 놀랍게 진보시킬 것이고, 새로운 문화를 계속 창출할 것이며, 진화시킬 것이다.

필룩스 노 대표는 '조명 산업'은 끝끝내 '사양 산업'이 될 수 없다고 확신한다. 그는 지금을 제2의 도약의 시기로 여긴다. 그래서 글로벌 경영에 박차를 가하고 있고, 조명 산업의 본거지라 말하는 유럽 시장에 더 도발적으로 진출하고 있다.

오스람·필립스 등 굴지의 조명업체들이 포진한 유럽 시장은 조명업계의 트렌드를 이끄는 곳이다. 이곳에서 잘 팔리는 제품은 세계 어느 곳에서나 환영받는다.

현재 필룩스의 제품은 독일, 미국, 영국 등 20여 개 나라에 수출되고 있다. 연 매출액 1천억 원 이상을 올리는 기업이지만 필룩스의 한국 내 판매 비중은 해외와 비교하면 미미한 수준이다.

가장 중요한 고객사인 건설사에 술접대도 안 하고 뒷거래도 하지 않는 조명회사니 미운털이 박히는 것은 명약관화였던 필룩스. 신념에 맞지 않는 영업을 하지 않으려고 다른 모색처를 찾을 수밖에 없어서 일찍부터 해외로 진출할 수밖에 없었다지만 한계가 많은 국내 내수 시장을 오히려 더 빨리 벗어날 수 있는 계기를 마련한 필룩스의 전화위복에 업계의 부러움도 쏟아지고 있다. 어느새 당당히 세계 조명 시장에 발도장을 강하게 찍고 있는 필룩스의 꿈은 무얼까?

"백열전구는 에디슨이 발명했지만 이를 아시아에서 가장 먼저 도입한 것은 고종 황제이셨습니다. 한국이 조명 분야에서 앞서갈 수 있도록 노력할 것입니다."

노 대표의 꿈은 감성 조명분야에서 세계 최고봉에 오르는 것이다. 세계 시장에서 계속 그 빛을 넓혀 나가고 있는 필룩스가 유럽 다음으로 가장 주목하고 있는 곳은 바로 중국이다.

지리적으로 인접해 있고, 문화적으로도 유사한 중국은 또 다른 한국의 내수시장이 될 수 있다는 점에서 유럽 조명업체의 부러움도 사고 있다.

필룩스는 중국인들과 경쟁하기 보다는 그들의 힘을 활용하는 방법을 찾고 있다. 그들의 힘으로 좋은 물건을 싸게 만드는 식이다. 대신 필룩스는 중국인들이 만든 상품에 문화와 예술, 혼魂을 불어넣는 일을 할 것이다. 필룩스가 확보한 남다른 경쟁력이 저가의 중국산 제품 공세 속에서도 살아남을 수 있는 강력한 방어막이 되고 있다.

아무리 품질과 가격의 우위가 있다고 해도 고객들의 개인적 기호와 문화적 취향을 반영한 응용제품들을 많이 만드는 필룩스에 중국

VIP ASIA AWARDS2014

은 한참 못 미치기 때문이다.

하나의 문화상품의 반열로 조명을 바라보는 노 대표에게 제품은 예술품이 되고, 고객은 예술 애호가가 된다. 예술가나 애호가의 안목은 대체로 매우 까다롭고 수준도 높다. 구미 당기는 작품 앞에서 가격은 그리 중요한 문제가 아니듯 문화적인 감수성이 담긴 제품은 조금 비싸도 구매할 수밖에 없다고 말한다.

게다가 지속적인 연구 개발을 통해 시대의 변화를 앞서가며 새로운 조명 수요를 창출하였으니 세계 시장을 선도할 수밖에 없다. 장기화된 경기침체와 원자재가격 폭등으로 인해 최악의 상황을 겪고 있을 때에도 필룩스는 '위기는 기회'라며 R&D에 투자를 늘리면서 돌파구를 찾아나갔다.

단기간의 위기극복이나 매출에 치중한 성장보다는 장기적이고 탄탄한 기업으로의 성장이 글로벌 기업을 만드는 반석이 된다. 과감한 연구개발투자로 파생되는 신기술은 무역장벽을 거뜬히 무너뜨리는 첨병이다.

이런 튼튼한 무기와 필룩스의 전사戰士들이 있는 한 세계의 빛을 지배하는 것은 필룩스로서는 전혀 무리스럽지 않다. 빛과 그림자로 나뉘어진 세계에서 빛을 지배하는 자가 세계를 지배하는 건 당연하다. 빛과 그림자는 양면을 가진 하나이기 때문이다.

이 세상과 인류를 불행하게 하는 모든 '어둠'에 대항하고, 전 세계인을 사로잡을 새로운 빛을 탄생시키기 위해 노력하는 필룩스의 빛나는 활약을 다시 한번 기대해 본다.

이 글은 한국형 인사조직 연구회 회원이신 '내비게이터십코칭 – 구건서 대표'께서 사례분석 보고서를 써주셨고 '필룩스 – 김수만 인사팀장'께서 여기에 소개되는 글이 회사의 경영철학이나 제도가 본래 취지와 벗어나지 않도록 꼼꼼하게 체크해주신 글임을 밝히는 바이며 노고에 감사드립니다.

인키움

인　　　　　　　　**키**　　　　　　　　**움**

기업에게 HR전략·진단·평가에서부터 핵심인재 관리까지 토털 솔루션을 제공하는 HRD 전문 컨설팅·교육업체 인키움은 사명에 담긴 뜻 그대로 '사람을 키우는' 기업이다. 인키움은 사람 키우는 회사답게 '직원'을 아주 소중히 여기며 수준 높은 내부 HRD 서비스를 펼쳐 '인적자원개발 인증제도 Best HRD 기관'으로 선정된 바 있다. 특히, 인키움의 조재천 대표는 우수인재를 찾기 위해 대학가에서 샌드위치 패널을 등에 맨 채 '바보를 찾습니다'라며 구인광고를 해서 화제를 모았던 인물이다. 매년 전 직원의 7%를 항상 대학원에 다닐 수 있도록 학비를 적극 지원하는 등 직원역량 개발을 소중히 여기는 리더, 조재천 대표는 집무실 벽에 전 직원들의 사원증을 붙여놓고, 전직자와 퇴사자까지 다 불러 모아 명랑 운동회를 열 만큼 조직원들을 아낀다. 조 대표 뒤에는 늘 '파격'과 '독특'이라는 수식어가 따라 다닌다. 'Do first, Dream next'라는 좌우명을 가진, 아주 잘나가던 삼성맨이었던 그는 1999년 독립하여 기업 15년 만에 100억 원의 매출을 내는 교육업계의 수장이 되었다. 9권의 저서를 낸 박학다식함, 수준급의 색소폰 연주 실력, 마니아 뺨치는 산악자전거 실력, 작사 능력 등 다양한 잡기를 보유한 그는 '129미팅'이라는 대화 프로그램으로 직원과의 소통을 꾀하고, '교육 없는 세상이 꿈'이라는 역설적인 주장을 펼치며 오늘도 인키움의 새로운 스토리를 써 나가고 있다.

- ■ 창 업 자 : 조재천
- ■ 창업년도 : 1999년
- ■ 자 본 금 : 8억 3천
- ■ 사 원 수 : 50여 명
- ■ 매 출 액 : 109억 원
- ■ 소 재 지 : 구로구 구로동
- ■ 특　　　징 : HRD 우수인증 기업, 역량진단에 의한 시스템 경영

대표이사 **조재천**

사람을 키우다

홍콩 청콩그룹 리카싱 회장은 "지식은 사람의 운명을 바꿀 수 있다"고 말했다. 이런 말에 제법 잘 어울리는 기업이 있다. HR전략·진단·평가에서부터 핵심인재 관리까지 토털 솔루션을 제공하는 HRD(인적자원개발) 전문 컨설팅·교육업체 인키움이다.

인키움은 고객사에게 기업 위탁교육에서부터 기업 임직원의 역량개발을 위한 이러닝, 독서통신교육, 개인의 역량 분석과 진단, 수준별 맞춤교육을 제공하는 iCAP과 국내 최초 강사자격 인증제도 ICPI 서비스 등을 제공하고 있다.

인재개발 연구 부서를 비롯해 컨설팅, 교육프로그램을 기획하고 유통 판매하는 직원들과 현역 전문가와 교수로 구성된 5,000여 명의 전문가 풀Pool이 유기적으로 결합돼 운영되고 있는 인키움은 사명에서 잘 드러나듯 '사람을 키우는' 것을 지상 최대의 과제로 여기는 회사다.

사람을 키우는 전략은 어떻게 만들어야 할지, 사람을 키우는 방법은 제대로 된 것인지, 사람을 키우는 성과는 얼마나 되는지에 대한 고민을 하는 기업들에게 솔루션을 제공하는 인키움은 사람을 키우는 회사답게 '직원'을 소중히 여긴다는 점에서는 타의 추종을 불허한다. 직원들을 위해 '좋은 화장실'을 찾아 회사를 성장시켰던 짠하지만 재미있는 인키움 성장스토리에서도 여지없이 드러난다.

인키움을 설립한 조재천 대표는 1999년 12월 오래 몸담고 있던 삼성그룹을 떠나 방배동의 한 조그만 사무실에 둥지를 틀게 된다. 보증금 없는 월세 50만 원짜리 10㎡에 불과한 초라한 사무실이었다. 겨우 만든 400만 원의 출자금으로 시작한 신생벤처로서는 더 욕심을 낼 수 없었던 형편이었다.

당시 전화와 팩스, 화장실까지 다른 50여 개 벤처기업들과 공동으로 사용했다. 많은 사람들이 이용하고 있어서 늘 지저분했다.

조 대표는 고민스러웠다. 이런 화장실을 벗어나기 위해 곰곰이 따져본 결과 월 80만 원만 더 벌면 가능했다. 그리고 그 꿈은 불과 3개월 만에 이뤄질 수 있었다. 테헤란로 이면 도로에 위치한 보증금 1,200만 원에 월세 120만 원인 60㎡의 사무실로 옮겼다. 이전보다는 훨씬 좋아졌지만 그래도 여전히 화장실은 좁고 불편했다.

1년 후, 교대역 인근에 위치한 좀 더 넓은 소변기와 좌변기가 각각 두 개씩 있는 화장실이 딸린 사무실로 옮겼다. 평수도 120㎡이었다. 다 좋았는데 문제가 있었다. 남녀가 같이 쓰는 화장실이라 여직원들은 화장실을 사용할 때면 으레 문을 잠그곤 했다.

또다시 1년 뒤 서초역 인근 200㎡의 사무실로 옮기게 되었다. 남녀가 분리된 화장실이었다. 3년 뒤인 2005년에 한 개 층을 더 확장해 사용할 수 있게 되었다. 무려 4개 화장실을 갖게 되었다. 모든 것이 지난 시절에 비해 만족스러웠지만 화장실에 온수가 나오지 않는 문제점이 있었다.

2007년 온수가 나오는 화장실이 있는 1,000㎡의 사무실로 옮겼다. 더 큰 기쁨은 임대해서 그곳에 들어간 것이 아니라 빌딩주가 되어 들어갔다는 것이다.

좋은 화장실을 쫓아온 인키움은 창업 10년 만에 직원 10배, 사무실 면적 100배, 자산 1,000배의 규모와 역량을 가진 회사가 되었다. 조재천 대표와 인키움의 모든 직원들이 함께 이뤄낸 결실이었다.

HR의 중요성을 강조하며 그걸 업으로 삼은 기업의 수장답게 조재천 대표는 '내부 직원들부터 교육해야 한다'는 열린 마인드로 인키움 내부에서부터 인적자원 관리에 앞장서고 있다.

"인키움은 규모가 크지 않은 벤처형 중소기업이었을 당시 직원들이 입사를 안 하려고 하는 경향이 있었어요. 그래서인지 '격이 떨어진다'는 느낌이 드는 게 영 마음에 걸리더라고요. 곰곰이 생각하다 보니 그것을 상쇄할 수 있는 방법은 교육밖에 없더군요."

직원들을 대상으로 활발하게 진행하고 있는 인키움의 직무능력향상 교육On the Job Training 프로그램은 다양하다. 인키움에서는 전 직원의 7%는 항상 대학원에 다니는 게 원칙이다. 특히 대학원 진학을 할 때 학비의 50%를 지원해주는 복지 프로그램은 직원들 사이에서 높은 호응을 받고 있다. 이 제도를 활용해 대학을 졸업한 직원들이 석사학위를 취득하고, 지방대를 졸업한 직원이 서울에서 알아주는 대학에서 석박사 과정을 받은 경우는 부지기수다.

밤샘 근무가 잦은 영업부서와 휴일근무가 많은 전문 강사 프레젠

테이션 자격인증 부서는 평일을 휴일로 대체하는 대휴 등 탄력근무
제를 도입해 운용하고 있다. 이로써 업무 효율성과 더불어 직원들의
만족감을 최대화시키고 있다.

조 대표의 집무실에 가면 특이한 장면을 볼 수 있다. 한쪽 벽면 가
득히 전 직원들의 사원증이 다닥다닥 붙어있다. 입사일자와 생일 등
이 기록된 직원들의 사진을 보면서 한 명 한 명의 고마움을 늘 되새
긴다는 조 대표. 그는 직원들에게 고마움과 존경심을 잃지 않으려고
노력하는 드문 사장이다. 이런 회사의 노력과 CEO의 마음이 인키움
을 2012년에 '인적자원개발 인증제도 Best HRD 기관'으로 선정되게
만들었다 해도 과언이 아니다.

'나를 따르라!'보다는 '내가 도와주겠다.'며 선뜻 손을 내미는 조 대
표. 그는 직원의 성장이 지속경영의 비밀이라는 것을 제대로 알고 있
는 CEO다.

Do first, Dream next

"실행이 곧 전부다" 르노 닛산의 카를로스 곤 회장의 말이다.

인키움 조재천 대표의 좌우명도 언뜻 이와 비슷하다. 'Do first,
Dream next'다. 좌우명처럼 그는 꿈을 먼저 생각하지 않고 행동을 먼
저 하는 실천가다.

일본을 근대화시킨, 일본인들의 정신적 지도자였던 미국인 클라크
박사가 남긴 'Boys, Be ambitious'라는 말을 개인적으로 최악의 명언
이라고 생각하는 조 대표는 야망은 열심히 일한 후에 나중에 꿈꿀 수

있는 것이라고 말한다. 그에 따르면 야망이 크고 이상이 높아지면 목표치까지 다다르는 동안 십중팔구 의욕을 잃고 실망하게 된단다. 꿈을 꾸되, 작게 그리고 자주 꿀 것을 제안한다. 그런 이유로 조 대표는 늘 새로운 시각으로 주변의 사물부터 제대로 보려 애쓰고, 지금 내 곁에 있는 사람들에게 긍정적인 에너지를 전파하려고 매순간 노력하고 있다.

"'내 일job이 있어야 내일dream도 있다'라는 것은 제 인생이 그대로 증명하고 있습니다. 꿈이 너무 크면 좌절하기 마련이에요. 일단은 지금 환경 속에서 할 수 있는 최선을 다하면 기회는 오고 자연히 꿈이 생긴다는 것을 젊은 사람들한테 말하고 싶습니다."

주어진 환경 자체가 인생의 계획이자 실천을 이끄는 원동력이 될 수 있다는 것을 설파하는 조 대표는 그 환경을 피하지 않고 잘 극복하는 것 자체를 '성공'으로 치환한다.

그는 한때 잘나가던 '삼성맨'이었다. 그중에서도 1,000명 중에 1명에게 기회가 주어지는 스페셜 인재양성 대상자 리스트에 오르기도 했던 입지전적인 인물이었다. 퇴사한 지 오래지만 아직도 '같이 일하고 싶은 선배', '인간적인 선배', '차별화된 아이템 제조기'로 그의 이름이 회자될 정도로 능력을 인정받았던 실력파였던 그 역시 처음부터 특출했던 것은 아니었다.

1961년 경상북도 청도 출신인 조재천 대표는 계명대 전자계산학과를 ROTC로 졸업한 뒤 고려대 MBA 과정을 통해 경영학 석사학위를 취득했다. 그리고 1984년 중소기업 4곳을 지원했으나 모두 탈락하고 삼성그룹 공채 25기로 입사했다.

대기업에 간신히 진입했지만 곧 지방대의 설움을 톡톡히 겪기 시작했다. 학교 탓이었을까? 3개월 동안 부서 내에서 그에게 떨어지는 일거리는 아무것도 없었다. 자격지심 탓인지 하루아침에 회사에서 쫓겨나는 악몽을 꾸기도 했다. 연간 실시되는 실적평가에서 낮은 점수를 받은 그는 권고사직을 당할 위험에 처하고 말았다.

반드시 살아남아 대리가 되어야겠다는 절박함은 그를 변모시켰다. 그는 누구보다 먼저 새벽 5, 6시 전에 출근하고, 마지막으로 퇴근하는 사람보다 30분 늦게 퇴근하기를 반복했다. 일을 주지 않으면 스스로 뭔가를 해야겠다고 생각한 그는 당시 부서 내 모든 사원들에게 보너스가 지급될 때 그에게 달리 지급된 옷들을 짊어지고 아파트와 초등학교 앞으로 가서 팔았다.

관리인이 잡상인이라며 그를 막기도 했다. 자신의 목숨이 달린 일이라고 사정을 하자 관리인이 오히려 주부들의 이동이 많은 장소를 물색해주기도 했다. 물건을 다 팔고 돈다발을 든 채 회사로 돌아온 그를 보고 선배들은 그제야 일거리를 던져주기 시작했다.

착실히 제 몫을 다하고 있었을 때, 인사 고위 임원진 앞에서 펼칠 인사과 주체의 프레젠테이션 발표회가 있었다. 다른 직원들이 두려워 모두 기피할 때 그 일이 당시 인사과 소속도 아닌 그에게 떨어졌다. 이 일을 기회로 그는 고위 임원진의 눈에 들게 되었고, 삼성 내에서 비로소 남들과 대등한 길을 걸을 수 있었다.

9년간 줄곧 정보시스템 분야에서 일하던 그는 정보기획팀장이었을 때 갑자기 상사에게 영업직으로 발령을 내 달라고 졸랐다. 그렇게 시작한 것이 막 시작 초기였던 교육 사업이었는데 운명처럼 그의 평생 직업이 되고 말았다. 영업부서로 자리를 옮긴 지 2년 만에 그는 'S(슈퍼)급' 인재가 되었다.

삼성SDS멀티캠퍼스 건립팀장을 맡았던 그는 약 16년의 삼성 생활을 끝내고 1999년 12월 인키움의 전신인 아이엔터를 설립했다.

컴퓨터를 전공한 조 대표처럼 그와 같이 창업자로 나섰던 후배 3명 역시 전자공학, 화학공학 등 이공계열을 전공한 사람들이었다. 사정이 이렇다 보니 창업 초기 교육시장에서 누구를 가르친다는 것은 엄두도 못 낼 상황이었다. 그나마 삼성SDS 출신이라 그들에게는 정보시스템에 대한 무한한 역량이 있다는 것이 다행스러운 일이었다.

빅 데이터를 활용한 분석과 진단, 예측은 각종 취업서류 진단이나 코칭 등 다양한 분야에서 폭넓게 활용되고 있기 때문에 인키움의 최대 경쟁력이 되었다.

조 대표가 인키움을 통해 한결같이 고수하는 것은 '교육의 체계화, 시스템화'이다. 교육을 시스템화 시켜서 개인의 역량에 맞게 차별화를 이루는 것이 그의 목표다.

"기업에 있어서도 그 기업체에 부족한 부분이 무엇이고, 어떠한 특성이 있는지를 제대로 파악해 차별화된 교육을 하는 게 필요합니다."

이런 확고한 신념이 빛을 발해 아이엔터를 설립한 첫해부터 흑자를 내며 승승장구했다. 2000년 인터넷 교육자원 거래중개서비스 실시와 비즈니스모델 국내특허출원으로 시작부터 호조를 보였다. 초창기에는 기업 인재육성을 위한 위탁교육 사업에 중점을 뒀다. 회사 역량이 점차 커지면서 컨설팅과 인재육성 분야까지 진출하게 됐다.

현재는 온라인연수원과 강사자격, 개인역량 진단 등 교육시장 전반으로 진출했다. 한마디로 '교육 분야 종합상사'와 같다. 혹자는 인키움을 '인재육성 종합비타민'이라고 부르기도 한다.

2001년에 서울지방중소기업청으로부터 벤처기업으로 지정되기도 했던 아이엔터는 2014년 9월 창립 10주년을 맞아 제2창업의 의지를 담아 새로운 시작과 도약의 의미하는 '인키움'으로 이름이 바뀌었다.

설립 이후 현재까지 인키움은 300여 개 기업, 관공서, 대학을 대상으로 고품질의 다양한 서비스를 제공해오고 있다. 동종업종 6,000여 개 회사 중 크레듀, 삼성SDS가 이끄는 교육시장의 선두그룹에 합류할 정도로 독보적인 성장을 보이고 있다.

대형 IT서비스업체가 휩쓸고 있는 이 각축장에서 인키움이 무서운 성장세를 이룰 수 있었던 이유가 무엇일까? CEO의 강력한 HRD 의지가 내부 역량을 강화시켰기 때문이다. 이렇게 길러진 인키움의 우수 인재들은 매년 새로운 제품을 발표하고 새로운 시장을 만들어 내는 첨병 역할을 톡톡히 하고 있다.

순수 국내 기술력을 바탕으로 웹 2.0 기반의 e-HRD 시스템 '인키움INKIUM'을 개발한 후 전년 대비 200% 이상의 매출신장을 이루게 된 것은 독보적인 성과였다. 국내 인사교육 담당자들의 니즈와 요구사항 분석기간에만 3년을 소요했고 이러한 분석을 바탕으로 1년간 개발기간을 거친 '인키움INKIUM'은 확장성과 유연성이 매우 뛰어난 상품이었다. 어느 기업이라도 해당 기업의 요구사항에 맞게 커스터마이징이 수월했다.

한국 기업 최초로 애틀랜타에서 열린 세계 최대 HRD 박람회에서 부스를 설치하고 '인키움INKIUM'을 전시하여 해외 유수 기업으로부터 우수성을 인정받았고, 베트남 등 4개국에 수출하기도 했다.

전시회 참가에 든 비용의 20배 정도의 수익을 거두었다.

우리나라에서는 처음으로 개발한 역량진단시스템iCAP도 유명하다. 이 툴은 기업의 구성원들이 어떤 역량을 갖고 있는지를 파악해 적재

적소에 배치함으로써 기업의 경쟁력을 강화시킬 수 있다는 게 장점이다. 기존 해외 제품에 비해 가격도 저렴한 데다 우리나라 기업의 특성을 반영한 점 때문에 시장에서도 좋은 반응을 받았다.

인키움은 이 독특한 역량평가로 끝나지 않고 개인 역량과 진단평가 역량이 차이가 날 경우, 이를 극복할 수 있는 교육 로드맵도 제공한다. 70점밖에 나오지 않은 임직원의 역량을 95점으로 끌어올리는 교육과정을 제공하는 식이다. 하지만 인키움은 자사의 교육과정을 받을 것을 강요하지 않는다. 다른 교육업체들이 가지고 있는 가장 최적의 교육과정 로드맵을 제공해준다는 점이 일반 산업교육 회사와 차별화되는 지점이다.

아이엔터의 '스터디마트studymart'는 온라인 교육 콘텐츠를 한데 제공해 교육 수요자들이 다양한 콘텐츠를 접할 수 있는 기회를 제공하는 사이트로, 삼성SDS e-campus, 유비온, 휴넷, YBM, 능률교육, 표준협회 등 교육기관이 제공하는 약 13,000여 개의 콘텐츠를 보유했다.

인키움의 혁신적인 역량진단 프로그램은 주로 대기업들이 선호한다. 한국전력, 한국철도공사, 금융결제원 등 공기업과 미래에셋, 산업은행, 제일은행 등의 금융기관에서도 많이 찾았다. 특히 조 대표가 삼성그룹 공채 출신이기 때문인지 삼성전자, 삼성엔지니어링, 삼성전기 삼성화재 등 삼성 계열사의 선호도도 높다.

사실 조 대표처럼 사실 소트웨어 개발자가 경영을 한다는 것은 무모한 도전일 수 있었다. 개발자들이 중간관리자가 된다는 자체가 쉽지 않았고 관리자가 되기 위해 MBA를 취득하거나 별도의 경영공부를 통해야만 기회가 주어지는 경우가 많았던 까닭이다.

하지만 자신이 가진 환경을 극복하기 위해 먼저 부지런히 실행부터 하고 마는 조 대표의 집요함과 열정이 '100억의 가치를 창출하는 기업의 대표'라는 꿈을 현실로 가능케 한 원동력이었다.

기업 경쟁력의 비밀 ; 인재개발

"아무리 회사가 어려워도 교육비는 절대 손대지 말라!"

이병철 회장이 입버릇처럼 말했던 소리다. 그는 인재개발이야말로 기업의 핵심 경쟁력이라 여겼다.

많은 사람들이 비즈니스에 목을 매고 있다. 그저 열심히 발로 뛰면 성공에 가까워진다고 믿는다. 그러나 똑똑한 경영자들은 잘 안다. 비즈니스를 성공시키기 위해서는 인적능력부터 체크해야 한다는 것을. 인적능력의 차이가 비즈니스의 성패를 좌우한다는 것은 이제 경영의 전부가 되고도 남음이 있다.

게다가 인적자원 관리와 개발이 잘되는 기업일수록 매출액과 경상이익도 높다는 객관적인 통계는 너도 나도 앞다퉈 도입을 서두르는 계기가 되기도 했다. 조 대표는 HRD 성공 열쇠는 CEO의 강력한 의지에 있다고 말한다.

그러나 현실적으로 중소기업들이 대기업 수준의 투자와 지원을 하기에는 어려움이 있는 것이 사실이다. 실제로 규모가 크지 않는 이상 HRD 시스템에 투자를 하기는 쉽지 않다.

국내 기업들이 경영환경이 어려워지면 가장 먼저 하는 조치 중 하나가 바로 '인력감축'과 '교육훈련비 감소'라는 사실을 보면 아직도 많은 기업의 CEO들이 HRD를 경영전략적인 관점에서 바라보지 못하고 있음을 알게 한다. HRD를 장기적인 투자로 인식하는 경영자만이 기업에 HRD시스템을 도입하고 이를 성공적으로 운영할 수 있는데 그런 마인드를 가진 중소기업 CEO들이 많지 않은 것이 현실이다.

예전에 비해 달라졌다 해도 아직까지도 중소기업 사장들은 '돈이 없어서, 시간이 없어서'라며 핑계를 댄다. 노골적으로 "직원 공부 시켜 뭐하겠냐?"는 말을 하는 CEO들도 있다.

"실컷 공부시켜 놓으면 임금인상을 요구하거나 이직을 한다고 생각합니다. 하지만 그런 이유로 HRD 시스템이 도입되지 않으면 이는 조직의 도태를 앞당기는 일이 될 겁니다."

글로벌 기업이 '리더십'이나 '역량개발' 차원에 비중을 두고 인적자원의 효율적인 활용과 성과측정 등 거시적인 관점에서 HRD를 조망하는 경향이 강한 반면, 국내 기업들은 HRD를 직무교육 차원에서 이해하는 경향이 강하다는 것도 문제다.

실제로 많은 경영자들이 HRD를 그저 교육이나 몇 번 시켜주면 되는 것으로 생각하고 그 역시 고용보험 환급 범위 내에서 실시하는 경우가 많다. HRD를 이해하는 못하는 CEO들은 좋은 취지로 시행한 정부의 지원 정책을 다른 방향으로 잘못 활용하기도 한다.

인키움은 HRD에 대한 열망은 있으나 현실적인 조건이 뒷받침되지 않는 중소기업을 겨냥해 일정금액의 월 사용료를 내는 방식으로 서비스되는 솔루션을 개발해 중소기업의 비용적인 부담을 줄이고 양질의 HRD 서비스를 제공하는 데 주력해왔다.

조 대표는 기업 교육에 있어서도 남다른 철학을 가지고 있다. 교육은 커뮤니케이션이기에 교육장에서 앉아서 주입하는 교육보다는 직접 일을 해보고 깨닫는 것이 더욱 훌륭한 교육이라는 것이다. 때문에 그가 제공하는 HR 서비스 또한 특별하다.

인키움의 서비스는 일반적인 교육비용에 비해 고가에 제공된다. 그럼에도 불구하고 한번 인키움의 교육을 제공받은 회사들이 재차 교육을 의뢰하는 까닭은 무엇일까?

"교육 대상자의 수준을 일일이 점검하고, 각 대상에 맞는 교육을 준비하는 데서부터 인키움의 HR 서비스가 시작됩니다. 또한 교육이 끝나면 얼마나 성과가 있었는지 역량을 진단해 보고서를 제출합니다. 교육 전과 후의 차이점을 명확히 알 수 있도록 말입니다."

조재천 대표는 현재 서울디지털산업단지(이하 G밸리) 경영자협의회 수석부회장으로 산학협력과 일자리 창출에 주력하고 있다. G밸리에 몸담고 있는 직원들의 교육을 위해 기쁘게 봉사하고 있다.

"1만 개의 중소기업이 몰려있지만 아직 G밸리는 직원 교육의 불모지입니다. 대기업 임직원이나 연구원 중심의 트렌드 분석형태의 세미나 등을 지양하고 중소벤처 중심의 G밸리인들을 위한 맞춤형 교육사업을 마련하기 위해 노력하고 있습니다."

G밸리 내 기업 임직원의 역량개발을 위해 이러닝, 독서통신교육, 지식정보서비스 등 다양한 콘텐츠를 제공하는 온라인 연수원 'G배움터'를 운영하고, 사회 저명인사들의 강연을 무료로 들을 수 있는 '지식 나눔 릴레이 특강'을 진행하기도 했다. G밸리 CEO들이 중심이 된 지식포럼도 운영하여 기업 CEO들 간 정보를 공유하고 토의하는 과정을 통해 스스로가 교육의 필요성을 느끼도록 한다는 복안도 갖고 있다.

또한 한국산업기술대학교와 MOU를 체결하여 산학캠퍼스촌 건립, MBA 교육 등 직무능력 교육 확대, 4년제 졸업장 취득 교육 프로그램 운영 등을 추진하고 있다. 각 분야 유망 CEO를 선정하고, 이를 교

산업기술대 특강

육 콘텐츠로 제작하는 방안도 계획하고 있다. 유망 CEO들과의 대담을 통해 경영 노하우를 들어보고 이를 동영상으로 제작해 '청년 창업 가이드', '자생력 있는 기업의 롤모델'로 활용한다는 방안이다.

새로운 HRD 모델이 무럭무럭 자라는 산실 G밸리에서 그 산파 역할을 자처하는 조 대표가 만들어나가는 인재양성 시스템에 대해 높은 기대감이 모아지고 있다.

무대포 사장님의 독특한 소통법

헤드헌팅 기업 러셀 레이놀즈의 클락 머피 회장은 "심사숙고형 현자의 시대는 갔다. 지금 필요한 CEO는 소통의 달인”이라며 리더와 조직원 간의 소통은 매우 중요하다고 말했다.

조 대표 역시 소통을 매우 중요하게 여긴다. 조 대표의 처음 인상은 냉철한 워커홀릭이지만 알고 보면 조 대표처럼 매우 잘 노는 CEO도 별로 없다.

조 대표에게는 ‘파격’, ‘독특’이라는 수식어가 따라 붙어 있다. 그는 스스로를 “잡기에 능하다”고 표현했다. 학창 시절엔 미술 관련 상을 휩쓸다시피 했고, 색소폰 연주는 수준급이다. 남들은 한 권도 내기 힘들다는 저서를 9권이나 출간했고 수없이 많은 강의를 다니기도 한다.

조 대표가 색소폰과 인연을 맺게 된 계기는 너무나 시시했다. 아이엔터를 설립했던 초기 그는 벤처CEO들의 인맥을 취재하던 기자를 만났는데 그 기자가 취미를 물은 적이 있었다. 정신없이 일만 했던 그에게 변변한 취미생활이 있을 리 만무했다.

난색을 보이던 그를 보며 취재기자는 취미란에 ‘색소폰 연주’라고 적어 넣었다. “이제부터라도 악기를 하나 배워보는게 어떠세요?”라는 말과 함께. 오보를 막아야 했던 조 대표는 그날 당장 음악학원으로 달려가 색소폰을 배우기 시작했다.

그렇게 인연을 맺은 색소폰은 그의 삶을 풍성하게 해 주었다. ‘밝아졌다!’라는 주변 평가를 듣고, 스스로 자신감을 갖고 더욱 활동적으로 일하게 되었다는 조 대표. 어쩌면 인키움이 성장가도를 달리게 된 저변에는 이 색소폰의 힘도 결코 무시할 수 없을지 모른다.

산악자전거 타기도 즐기는 취미 중 하나다. 자전거와 맺은 인연은 삼성 시절로 거슬러 올라간다. 서울 소재 유명 대학 출신에 밀려 자신의 설 곳을 잃을 수도 있겠다고 생각했던 그는 남들보다 곱절 이상으로 노력하기 위해 가장 일찍 출근하고 가장 늦게 퇴근하기로 마음 먹었다.

대중교통의 첫 차보다 더 빠르게 움직이기 위해 자전거를 선택한 그때부터 시작된 자전거와의 인연은 중견기업의 대표가 된 지금까지도 이어지고 있다. '두주불사'로 통할 만큼 술을 좋아하지만, 별다른 일이 없으면 마포 집에서 구로디지털밸리에 위치한 회사까지 편도 20Km 거리를 애마인 '트렉8500'으로 출퇴근한다. 주말이면 주로 관악산을 찾아 석수역에서 시작하는 코스에서 라이딩을 즐긴다.

조 대표는 작사가이기도 하다. 700만 중소기업 CEO들의 고뇌를 함께하고 그들이 용기와 자긍심을 갖고 국가경제의 선봉에 설 수 있도록 격려하기 위해 만든 2013년 10월 25일 '제1회 CEO의 날' 행사에 울려 퍼진 'CEO의 노래'의 노랫말은 그가 손수 붙인 것이다.

"우리 사회는 CEO들에게 책임 의식만 강조하지 그분들에 대한 고마움을 표시하지 않아요. 10월 25일이 발음이 CEO와 비슷한데 이날만이라도 그분들에게 고마움을 표시하고 애환을 같이 하자는 의미로 만들었습니다."

조 대표는 얼핏 보기에도 에너지가 넘치는 사람이다. 그 넘치는 에너지가 좀처럼 여유가 없는 그를 다양한 취미의 세계를 이끌고 있는 게 아닌가 하는 생각이 든다. 이처럼 다재다능한 조 대표의 인생 좌우명은 무엇일까? 특이하게도 '무대포'라 말한다. 꿈보다 해석이라고 그 의미를 들으면 그의 성격과 딱 어울리는 좌우명이라는 사실을 인정하게 된다.

"'무'는 무한성취를 말합니다. '대'는 대의명분을 의미하고요. 대의명분에 맞는 일에서 끝없는 성취감을 느껴보자는 겁니다. 마지막으

로 '포'는 포의지교布衣之交입니다. 어려울 때 도와준 사람들을 잊지 말
자는 것이죠.”

사실 무대포는 '무데뽀' 정신을 말하는데 임진란 당시 새를 잡는 조
총鳥銃을 일본인들은 데뽀라고 했다. 그 당시 데뽀鐵砲의 위력이 워낙
강해 조총 없이 덤비는 무모함이란 뜻으로 사용했던 말이다. 실제로
조 대표는 인근 고등학교 실내체육관을 통째로 빌려 전 직원을 비롯
해 다른 회사로 이직한 직원들과 퇴사한 직원들까지 모두 불러 명랑
운동회를 개최하기도 했다. 비록 지금은 둥지를 떠났지만 인키움에
기여했던 그들의 공을 조 대표는 절대로 잊지 않는다.

잡기에 능한 이 '무대포 사장'은 자신의 유쾌발랄한 에너지를 직원
들과 나누기를 전혀 꺼리지 않는다. 회사에서 종종 깜짝 파티를 열기
도 했던 조 대표가 자신과 직원들이 허물없이 대화를 나누기를 바라
는 마음에서 소통 프로그램을 만들어 화제가 되기도 했다. 일명 '129
미팅'이었다.

1인이 최소한 2가지의 주제로 가지고 말하되, 20분을 넘기지 말고
회식은 9시 이전에 끝내자는 의미에서 129미팅이다. 수시로 진행하
는 '129 미팅'은 직원들과 조 대표 간의 소통의 장이었다.

자유롭게 말하는 자리인 만큼 상호간에 솔직담백하게 이야기를 함
으로써 신뢰를 쌓을 수 있는 장점이 있었다. '129 미팅'은 현재 매년 4
월 1일 실시하는 사원Day로 변형되어 이어지고 있다.

다양한 '잡기'와 '무대포' 정신, 그리고 활발한 소통으로 조 대표가
인키움의 조직원들과 함께 이뤄나가는 성장의 콜라보레이션은 여전
히 ing다.

바보를 찾습니다

조재천 대표는 '청년일자리 전도사'로 잘 알려져 있다. 2011년에 펼쳤던 구인 프로젝트 '바보를 찾습니다' 이후에도 청년들을 위한 여러 캠페인과 교육활동 덕분에 붙게 된 닉네임이다.

2011년 그는 직원을 채용하기 위해 샌드위치 광고판을 몸에 두른 채 12개 대학을 순회한 것으로도 유명하다. 당시 그의 회사도 심각한 구인란을 겪고 있었다. 대부분의 구직자들이 대기업·공기업만 선호해서 중소기업은 사람 뽑기가 여간 힘들지 않았던 탓이었다.

그나마 인키움은 연 매출액이 110억 원인 데다 이쪽 분야에서 선도 그룹에 들어가는 데도 채용이 쉽지 않다는 사실은 조 대표에게 충격을 주기에 충분했다.

언제나 그렇듯 조 대표의 고민은 짧았다. 여느 때와 같이 그의 몸이 먼저 움직였던 탓이다. HRD를 다루는 회사의 특성상 인키움은 어느 회사보다도 우수 인력이 필요했다. 답답한 사람이 우물을 파는 법이다. 처음에는 '함께 일할 직원을 찾습니다'라는 내용의 샌드위치 광고판을 두르고 연세대, 서강대, 이화여대 등이 밀집해 있는 신촌 대학가를 찾아갔다.

굳이 중소기업 CEO가 그렇게까지 하면서 직원 채용에 나설 필요가 있냐는 일부의 시각도 있었지만 조 대표는 중소기업들이 얼마나 인재를 찾는 데 고민하고 있는지를 제대로 보여주고 싶어 캠페인을 꾸준히 벌여나갔다.

하지만 그런 그를 바라보는 시선은 생각보다 냉정했다. 잡상인으로 오인받아 경비원들로부터 쫓겨나기 일쑤였고, 관심을 기울이는

바보를 찾습니다

대학생들도 별로 없었다.

이렇게 해서는 안 되겠다 싶었던 조 대표는 '바보 찾기 프로젝트'로 전환했다. 중소기업에는 드문 우수 인재를 '바보'로 일컬으며 사회에 역설적 메시지를 전하기로 한 것이다.

"제가 말하는 '바보'는 작은 회사를 존경받는 기업으로 만들 사람, 역경을 즐겁게 헤쳐 나갈 수 있는 사람, 5년 내에 우리 회사에서 최고의 연봉을 받을 사람, 자신이 한 약속을 지킬 수 있는 사람, 이 세상 누구와도 자신 있게 대화할 수 있는 사람 등 5가지의 가능성을 품고 있는 인재를 말합니다."

'똑똑한 놈이 중소기업에 가는 것은 바보다! 바보를 찾습니다'로 바꾼 문구로 수도권 일부 대학과 지방 대학을 열심히 돌아다녔지만 관심이 별반 더 나아지지는 않았다. 조 대표의 모습은 언론의 관심을 받아 기사화되기도 했다. 언론 노출 후에는 '악덕 업체'라는 악성 댓글에 시달리기도 했다.

하지만 "당신을 지지하는 사람과 부정적 인식이 각각 95%와 5%라고 칭할 때, 단지 5%를 차지하는 소수의 사람이 95%의 부정적 여론을 만들어내는 것"이라는 당시 취재기자의 말에 깊은 감명을 받고 더 열심히 뛰어다닌 결과 학생들에게 중소기업에 대한 긍정적 인식을 전파할 수 있었다.

그는 바보 찾기 프로젝트를 통해 큰 사명감을 느낀 뒤 전국의 청춘들에게 유익한 정보를 전달하는 시간을 갖기로 마음먹었다. '왜 놀고 있니?'라는 타이틀의 프로젝트를 개최하고 10박 11일 동안 전국 9개 대학을 자전거로 순회하며 청년정신에 대한 특강을 펼쳐나갔다. 938km에 달하는 거리를 자전거로 달리며 1,500명이 넘는 대학생을 만났다. 계산하면 하루 100km에 육박하는 수치다.

사전에 해당 학교 측과 일정을 조율해 학생들을 대상으로 강연하고 교수들과는 식사를 함께하는 일정을 반복했다. 강연과 교수면담의 주제는 대학생들의 일자리 구하기에 초점을 맞췄다.

'바보 찾기 프로젝트'가 우수 직원들을 채용하기 위한 일종의 마케팅이었다면 전국 대학 자전거 순회는 학부모나 사회에 메시지를 던지고 싶었던 마음을 표현한 것이다. 대학 교육사업 활성화로 직원들도 30% 증가했고, 성균관대, 한양대, 강남대 등 전국 20여 개 대학에 취업역량 개발을 위한 진단도구를 공급하는 실적도 거두면서 자연스럽게 대학교육 사업에 진출할 수 있었다. 이런 일련이 활동 덕분에 2012년에 고용노동부로부터 일자리 창출 공로를 인정받아 대통령상을 수상하기도 했다.

인키움은 청년취업 관련 다양한 지원 프로그램 '잡캡JobCAP;Competece Assessment Program'을 운영하고 있다. 지원자가 작성한 기업조사서, 이력서와 자기소개서 내용을 컴퓨터로 처리하여 회사가 원하는 인재상과 적합성 여부를 판단하는 프로그램이다. 체계적 역량 개발에 중점을 둔 이 프로그램을 잘만 활용할 경우 취업 성공률 상향은 물론, 취업 후 업무 적응에도 상당한 도움을 받을 수 있다.

조 대표는 "노력 없이는 얻는 것도 없다"고 청년들에게 뜻을 전했다. 2013년에는 'YES, START'라는 타이틀의 프로젝트로 대학코치 23명과 함께 전국 9개 대학을 10일간 돌았다. 청년정신, 기업분석, 자기소개서 작성, 이미지 메이킹, 면접방법 등에 대해 피력한 행사를 통해 2,500여 명 이상의 대학생이 취업에 대해 진솔한 대화를 나눴고, 자신의 진로 및 적성에 대해 진단하는 뜻깊은 시간을 가질 수 있었다.

서강대학교에서 개최한 '취업의 진실과 거짓_(이하 취진거)' 토크 콘서트는 기획부터 진행까지 모두 대학생들이 한 행사였다. 토크 콘서트를 통해 그는 자신의 가치와 생각을 전달하여 많은 청년이 도움을 받고 이를 스스로 극복하기를 원했다.

'무슨 생각하니?'는 HRD_(인적자원개발) 컨설팅 및 교육전문기업 인키움의 CEO로 10여 년 이상 활동해온 조재천 대표가 그동안의 노하우를 통해 청년들에게 참된 가치를 전하는 국토순례 청년 캠페인의 2014년 프로젝트다.

4가지 주제를 통해 전국의 청년들이 유익한 정보 습득과 자아 성찰의 시간을 가질 수 있도록 마련된 자리로 10일간 전국 10개 대학에서 진행했다. 특히 각각의 주제에 맞는 유명 강사 및 해당 분야의 전문가가 학생들의 멘토가 되어 약 15분간 릴레이 형식으로 강연하는 것은 물론 학생들이 직접 참여 가능한 토크 콘서트 자리가 함께 마련돼 전국 청춘들의 기대감과 호응을 모았다.

시무식에 전국대학생 연합동아리 회장을 초청하여 특강을 진행하는 등 '바보'를 찾기 위한 조재천 대표의 노력은 오늘도 계속되고 있다. 진심 어린 행보로 이 시대 청년들의 가슴을 많이 움직이게 만드는 조 대표는 시대의 멘토로서 전혀 부족해 보이지 않는다.

인재(人災)와 인재(人財) 관리법

현대 사회의 기업에 있어서 인재는 단지 생산을 위한 한 요소가 아니라 생산 자체를 좌우하는 핵심요소가 되었다.

인키움은 매년 일정 수의 직원들을 회사가 보조금을 주어 대학에 보내주는 복지제도뿐만 아니라 직원들의 성장을 자연스럽게 견인하는 자체 인재 육성 시스템을 갖고 있다.

우선 인키움은 엄격한 승격 제도를 갖고 있다.

상위직급으로 가려면 업적, 논문평가, 프레젠테이션, 외국어, 면접심사 등 까다로운 5가지 평가를 통과해야 한다. 설립 초기부터 유지된 이 제도는 업무에 지장을 초래한다는 팽팽한 내부 의견도 있지만 현재까지 엄격히 유지되고 있다. 기본적으로 조직원들의 역량을 키우는 데 그만이라는 게 조 대표의 생각이다.

인키움은 임직원들의 직무배치에 대한 도구를 보유하고 잘 활용하는 기업이기도 하다. 신입사원부터 최고 CEO에 이르기까지 수행해야 할 직무영역을 일정한 규칙으로 변하는 곡선을 의미하는 WBCworkship balance curve라는 진단 툴을 이용하여 모든 직원들에 대한 직무배분 가중치를 판단하고 있다.

단 1시간 만에 개인, 단위부서, 그리고 조직 전반에 있어서 효율성을 제고할 수 있는 가이드를 제시해준다. 이것으로 직원의 업무 스타일을 진단하고 업무병목을 파악하며. 업무조정 가이드를 짜고 직무궁합을 파악하여 보다 효율적이고 한다.

자기 업무 방식이 아니라는 이유로, 역량을 넘어서는 과업이라는 해당 업무와 관련해 저조한 실적을 내거나 그만둘 수 없게끔 시스템적으로 보완한 것이다.

인키움에서는 인재의 유형을 5가지로 나누어놓고 유형별로 솔루션을 제공하고 있다.

첫 번째는 인재人財다. 이들은 회사에 필요한 보물과 같은 부류다.

자신의 능력을 100% 발휘할 뿐만 아니라 주변 동료들에게도 긍정적인 영향을 준다. 이 인재들은 자신이 하고 있는 일의 목표를 정확히 안다. 더 나은 방법을 늘 모색하고 무엇보다 일을 즐길 줄 안다. 특히 '이 일은 그가 아니면 안 돼!'라는 평가를 받는다. 월등한 성과는 당연하고 이들을 잃으면 회사로서는 큰 손실이 되는 핵심인재다. 이들에게는 함께하는 가치를 만드는 자세를 심어주는 방식으로 육성한다.

두 번째는 인재人才다. 생산의 한 요소로 필요하지만 비슷한 조건을 갖춘 사람이라면 누구든 대체가 가능한 사람이다. 자신만의 경쟁력을 갖추지 못하고 주어진 일만 기계처럼 하다보면 어느새 설 자리를 잃게 된다. 이들에게는 더 잘할 수 있도록 미래를 읽고 준비하는 자세를 심어주는 식으로 육성한다.

세 번째는 인재人在다. 이들은 그냥 조직의 부속품으로서 역할만 충실히 한다. 더 하려고도, 더 생각하지도, 뭔가 더 시키면 앵돌아지는 타입이다. '이만하면 됐잖아!'라는 생각을 가진 이들에게는 본질을 알고 해결하는 능력을 심어주어야 한다.

네 번째는 인재人再다. 늘 살펴야 하는 문제적 인간이다. 이들에게는 소통하고 약속을 지키는 자세를 기르게 해야 한다.

마지막으로 인재人災다. 기업에 해를 끼지는 재앙과도 같은 사람이다. 본인의 일뿐만 아니라 주변 동료들의 일까지 망치게 한다. 언제나 불평불만이 가득하며 불필요한 오해나 시비를 만들기도 한다. 회사 운영에 치명적인 손해를 끼치기도 한다. 그러면서도 본인이 잘한다고 착각한다. 결국 회사와 본인 모두 성장의 기회를 빼앗는 사람이다. 그에게는 긍정적인 자세부터 가질 수 있도록 도와줘야 한다.

인키움에는 채용에 있어 2불不 3고考의 원칙을 고수한다.

절대로 두 가지를 하지 않는데 제일 먼저 프리랜서 출신을 채용하지 않는다. 프리랜서 집단들은 유목민과 같아 씨앗을 뿌리기보다는 거두어들이는 데 관심이 더 많기 때문이다. 어려움을 극복하기보다는 피하는 경향이 높기도 하다.

망한 회사 출신을 절대 쓰지 않는다. 망한 회사 출신은 회사에 대한 불신을 가지고 있고 조직을 위한 희생정신이 결여돼 있을 가능성이 높기 때문이다.

채용을 할 때는 세 가지를 깊숙이 생각한다. 첫째 유능하기보다는 유용한 사람인가를 파악한다. 유능한 사람을 우선하면 오래 근무하지 못하고 다른 직장으로 가는 경향이 높다. 둘째는 다짐을 하기보다 행동하는 사람을 찾는다. 미래를 위한 준비보다 실행한 것에 더 많은 가치를 부여하는 사람을 찾는다. 마지막 셋째 '기생'보다는 '기여'하는 사람을 찾는다.

인키움의 사무실 벽면에는 'Whatever we make, That's the rule!'이라는 슬로건이 걸려있다. "우리가 만드는 그 무엇이든 새로운 룰이 된다"라고 말할 정도로 창조 정신을 특히 강조하고 있다.

1인이 감당해야 할 직무가 매우 다양한 인키움에서는 전문성만 가지고 있고 융합과 협업에 미숙한 '1'자형 인재보다는 멀티플레이가 가능한 'ㅡ'자형의 다양성에 기반을 둔 인재를 원한다. 'ㅡ'자형 인재는 정치·사회에 대한 폭넓은 이해, 전문 분야를 넘어설 수 있는 돌파력, 새로운 관계를 받아들이고 협업協業을 할 수 있는 융통성을 가진 인재다.

스스로가 주도하여 협조를 이끌어내어 해결하는 주도형 인재, 끊임없는 개선을 통해 비즈니스를 찾기 위해 항상 새로운 이슈를 고민하고 실행하는 아이디어형 인재도 원한다. 하지만 그 무엇보다 가장 절실하게 원하는 인재는 '실천형'이다.

"지금의 대학생들은 자신이 처한 상황은 고려하지 않고 꿈만 꾸고 있어요. 환경은 항상 자신을 지배하고 있는데 꿈만 꾸면서 잘될 거라는 믿음은 허황된 생각이죠. 실천이 먼저입니다. 그래서 뛰어난 인재는 주어진 상황에 수동적으로 적응합니다. 다만 자신의 내면은 능동적인 고민과 행동으로 가득 차야죠. 그런 상황을 제대로 인지하고 그 다음에 내가 해야 할 것들을 해 나가는 겁니다. 환경을 극복하는 것은 매우 큰 삶의 목적이에요."

수많은 인재人災들을 수없이 인재人財로 단련시켰던 사람, 조 대표의 고심과 해법은 경영을 하는 사람들이라면 누구나 해야 하고, 탐내야만 하는 것이다.

따뜻한 독설가

"때로는 당신이 일하는 곳이 어디인지가 아니라 당신의 마음이 어디에 있는지, 시선이 어디를 향하는지가 훨씬 중요하다."

알리바바 마윈 회장의 말이다. 조 대표는 이 말에 새겨진 의미를 우리나라 대학생들에게 전달하고 싶어 한다. 자신의 심장이 원하지 않는 일을 타이틀이 좋다고 붙잡고 있는 사람도, 근시안적으로 당장 들어가기 급급해 정작 자신이 원하는 것을 볼 줄 모르는 사람도 그는 답답하게 생각한다.

사실 대학생 대상 강의에서도 다른 사람들과 달리 때론 독설을 퍼붓는 등 파격적으로 하는 편이다.

"어떤 위인이 어떻게 살았고 무슨 말을 했다고 하면 학생들 귀에 들어오겠습니까? 학생들의 고민이 뭔지, 뭐가 잘못됐는지를 파악하고 그에 맞는 강의를 합니다. 농담 잘하고 때론 비속어도 섞기 때문에 독설가로 알려져 있는 것 같아요."

그는 편향된 시각을 가진 많은 젊은이들을 보면 안타까움이 마음이 든다고 말했다. 대부분의 젊은 구직자들은 대기업만을 무조건 선호하고 중소기업은 쳐다보려고도 하지 않는다. 싶은 일에 대한 절실한 마음은 없어 보이고 공무원 시험 준비생이 너무 많은 것도 우려스럽다고 말한다.

기본자세가 안 된 젊은이들도 실제 기업을 운영하면서 여러 번 만나면서 많은 자리에서 '취업은 어려운 것이 아니다. 안 하는 것이다'고 단언하기도 한다.

한 달 내내 신입사원 면접을 봤는데, 면접에 지각하는 것은 다반사고 아예 연락도 없이 오지 않는 사람들도 있었다고 한다. 합격자 통보를 하면 '생각해 보고 수일 내에 답을 주겠다'고 하거나 출근한다고 해놓고도 출근 당일엔 출근도 안하고 연락도 아예 안 되는 경우도 왕왕 있었다.

중소기업에 대해 무조건 색안경을 보는 시각도 그렇거니와 열정 자체가 없는 구직자들이 너무 많았다. 의외로 취업 준비에 게으른 학생들도 많이 보았다고 한다. 취업에 필수적인 TOEIC 800점 넘는 학생들도 적고, 자기소개서 필수항목인 아버지 이름 석 자를 한자로 쓰지 못하는 경우도 태반이었다.

"당나라 시대에 관리를 등용할 때 신언서판身言書判이라는 기준이 있었습니다. 사람을 판단하는 순서가 외모, 말, 글, 판단력이라는 거죠. 그런데 인재가 성장하는 순서는 반대에요. 먼저 공부를 열심히 하고(判), 그것에 대해 글도 써 보고(書), 다른 사람들과 얘기해 보고(言), 마지막으로 그런 것들이 용모에 드러나는 겁니다(身). 하지만 지금 대학생들은 면접에 가면 어떻게 해야 하는지 연구하고 외모만 가꾸고 있어요."

그가 보기에 취업난의 큰 책임은 학부모와 대학, 언론과 정부 당국 모두에게 골고루 있다.

현재 대학생 자녀를 둔 부모세대들이 중소기업이라도 들어가서 열심히 하라고 한다. 그런데 막상 자기 자식이 중소기업 들어가면 좋아하는 부모는 거의 없다. 실상 취업 3, 4수를 조장하는 존재가 부모가 될 때가 많은 것이다.

대학 역시 똑같다. 학생에 대한 애정이 부족해 보인다. 우리나라 몇 대 대기업에 들어가면 여기 저기 플래카드 걸어 놓거나 홈페이지 상에 홍보를 요란하게 한다. 중소기업에 들어간 학생들을 위한 플래카드는 바라지도 않는다. 입사지원서 진단과 코칭 지원에 너무 인색하다. 질 높은 기관으로부터 취업지도를 받을 수 있도록 지원을 권유하면 "우리 학교 학생들은 이걸로도 충분해요. 어차피 좋은 회사 못 가요"라고 답하는 취업 담당직원이 많다는 점도 경악스러웠다는 조 대표.

그는 학생들의 취업을 관해 무신경한 태도를 가진 학교의 행태에 많은 실망을 느낀 적이 한두 번이 아니라고 말한다.

"기업 강의를 가면 극진한 대접을 받아요. 반면 대학에 강의를 가면 저에게 신경도 안 써요. 저에 대한 조사도 전혀 없어요. 이미 학생들한테 제대로 투자하겠다는 마음이 없는 거예요. 대학은 숫자만 정리합니다. 제대로 될 리가 있겠습니까?"

대학교에 근무하는 교직원 약 700명 중 기업 경험이 7년 이상인 사람이 한 명도 없다. 3년 이상 넘는 사람도 10% 내외, 경영마인드나 기업가적인 마인드가 부족하다. 교직원은 순환 보직제이기 때문에 전문성이 전혀 없다. 취업에 있어 학생들을 위한 여러 시스템이 제대로 갖추어지지 않을 수밖에 없다.

대학이나 학부모가 그런 식으로 반응하는데 어느 학생들이 선뜻 중소기업에 들어갈 수 있을까? 언론도 대기업 채용 뉴스만 튼다. 중소기업에 대해 제대로 알려줄 채널 자체가 전무한 것이다.

정부의 정책에도 문제는 많다. 정부에서는 지원금 줄 테니 몇 명 교육시켰는지 서류화해서 보내라 하고는 끝난다. 그러면 과정은 상관없이 대학에서는 그냥 한다. 심한 경우에는 학생들 끌어들이려고 호텔에서 취업강의를 하기도 한다. 비싼 호텔에 돈을 다 쓰니 제대로 된 강사진은 못 구하는 일도 비일비재하다.

조 대표 스스로도 기업을 운영하지만 중소기업, 중견기업의 문제점도 그냥 지나치지 않는다. 중소기업은 대기업에 비해 정부 혜택의 범위가 매우 넓다. 심지어는 거의 돈을 들이지 않고도 직원들에게 많은 교육을 하거나 책을 읽힐 수 있다. 온라인 교육이나 독서통신을 활용하면 시간문제도 자연스럽게 해결된다. 그러나 이런 좋은 제도를 알고 있는 중소기업 사장이나 임직원은 그리 많지 않다.

채용할 때의 수준이 아니라 채용 후의 육성이 더 중요한데도 1인당 투자하는 교육비가 대기업에 비해서는 저조하다. 포장기술 역시 대기업에 비해 현저히 달린다. G밸리는 지식산업이 주축을 이루기 때문에 더구나 포장기술이 중요하다. 그것이 프레젠테이션이다. 대기업은 프레젠테이션의 중요성을 안다. 많은 회사들이 사내 프레젠테이션 경진대회를 연례행사로 연다. 그렇게 단련된 사람들과의 경쟁에서 이길 수 없는 것은 당연하다. 실력에서 밀리고 제대로 알리는 포장술에서도 밀리니 생산성 500분의 1이라는 결과가 나온다.

중소기업은 스스로 바꿔야 한다. 배워야 하고 알려야 한다. 그래야 무시를 당하지 않는다. "우리나라가 악플이 유독 심한 것은 표현력이 부족하기 때문에 '뒷담화'가 성행하고 있는 것입니다. PT능력은 디자인 능력이며 자기의 상품을 극대화할 수 있는 가장 빠른 지름길입니다. 개인이나 기업의 PT능력이 우수할 때 사회는 도덕적으로 변하고, 경쟁력도 생깁니다."

세상을 향해 돌직구로 던지는 조 대표의 주옥같은 독설은 모두가 다 이유가 있다. 하지만 그 독설은 상처를 입히기 위해 세운 날이 아니다. 힘든 현실을 타개할 수 있는 길을 알려주는 길라잡이다. 성장을 위한 자양분이다. 그래서 따뜻하다.

교육 없는 세상을 꿈꾸는 교육회사

우리나라 교육시장은 시스템보다는 사람 의존도가 높다는 단점이 있었다. 인키움은 기존 시장이 떠안고 있는 이런 문제점에서 '시스템'을 더욱 장착하여 새로운 방향으로 선도해 나갔었고, 많은 성과를 거둘 수 있었다.

하지만 인키움은 요새 또 다른 고민에 빠졌다. 짧은 시간 교육시장에 입지를 단단히 굳히기는 했지만 새로운 성장을 위해 현재 B2B

사업형태로는 한계가 있음을 근래 조재천 대표는 제대로 인식하고 있다.

앞으로 B2C 사업으로 전환을 꾀하고자 하는 인키움의 노력 역시 성공할 것으로 보인다. 시장에서의 브랜드 이미지가 매우 좋을뿐더러 대학 교육 사업이라는 블루오션으로의 진출은 새로운 변화를 모색하는 시점에서 큰 도움이 될 것으로 보이기 때문이다.

인키움은 교육을 업으로 하는 기업임에도 역설적으로 교육 없는 세상을 꿈꾸고 있다. 사업방향을 'No Teaching No Learning, Coaching & Communication'에 두고 있다.

"교육 없는 세상이 제 꿈입니다. 교육기업이지만 인 키움은 커뮤니케이션으로 시스템 관리하는 기업으로 갈 것입니다."

인 키움은 단순히 가르치고 배우는 것이 아닌 코칭과 소통을 통한 학습방법을 꾸준히 고민하여 상품을 개발하고 있다. 개인의 역량을 찾아 그 꿈의 영역을 넓혀가도록 안내하는 다양한 스토리 발굴 프로그램도 실행하는 이유다.

"기업이 시간과 자본이 부족할 때는 사원에게 스펙을 가르치지만, 여유로워지면 사원에게 스토리를 가르치게 됩니다."

세계적인 미래학자인 다니엘 핑크가 『새로운 미래가 온다』라는 저서에서 미래 인재의 조건으로 제시한 6가지(디자인, 스토리, 조화, 공감, 놀이, 의미) 중에 '스토리'가 포함되어 있는 것은 우연이 아니다. 즉, 단순히 주장하기보다는 스토리를 만들어낼 수 있는 능력을 가진 인재가 핵심인재가 되는 미래를 곧 맞이할 터다.

'스토리가 있는 사람'을 키우는 기업을 꿈꾸며 기업이 원하는 인재를 직접 찾아내는 것이 중요하다고 말하는 조 대표는 전국의 수많은

청년들을 위한 강의

대학을 발로 뛰며 자신의 생각을 직접 실천하고 있다. 그는 대학생들을 향한 강연에서 '자신만의 스토리 만들기'를 끊임없이 당부하고 있다.

경영환경이 복잡해지고 협업이 갈수록 중시되는 흐름에 맞춰 기업들이 단순 지식이나 어학 능력과 같은 '스펙형 인재'보다는 융합적인 사고를 바탕으로 창의력을 발휘할 수 있는 '스토리형 인재'를 선호하고 있다. 교육 역시 이런 채용 경향에 발맞추어 나가야 한다고 조 대표는 생각한다.

"경영 환경이 글로벌화되고 새로운 먹거리 발굴이 현안으로 대두되면서 스펙보다는 직무적합성과 역사관, 소통 능력, 상상력 등 스토리를 가진 인재들을 기업들은 더 선호하고 있습니다."

최근 인키움은 특히 프레젠테이션 자격시험과 대학 취업 센터를 통한 취업역량의 강화 사업에 공들이고 있다.

전국대학생 비즈니스 프레젠테이션대회의 심사위원장을 역임한 이후로 프레젠테이션 전도사가 되어 기업과 대학을 오가며 열정을 불태우고 있다. 그는 청년들의 취·창업, 진로에 대한 탐색 등 청년활동을 지원하는 비영리단체 '청년we함'에도 회원으로 참여, 재능기부 활동을 펼치기도 했다.

"대학생에게 경험은 한계가 있어요. 그럼 간접적으로라도 해야죠. 많은 사람을 만나는 거죠. 그러면 그 사람의 기회까지 공유할 수 있어요. 얼마나 대단합니까? 제가 그 기회를 주는 사람이 되고 싶습니다."

조 대표는 요즘 급변하고 있는 정보기술IT의 발달, 특히 모바일 분야의 눈부신 성장에도 큰 관심을 기울이고 있다.

"스마트폰 기반의 HRD 교육서비스와 전문 직무 맞춤형 콘텐츠와 컨설팅 방법론 콘텐츠, 베스트셀러 기반 콘텐츠 등의 모바일 러닝시스템이 갖추어지면서 새로운 인재 개발 시장이 열렸습니다. 변화를 미리 예측하고, 남보다 한발 앞서 나가는 인재가 필요합니다. 이런 인재를 육성하기 위해서는 중·고등학교에 재학 중인 청소년들에게 세계 수준의 앞선 기술과 트렌드 변화에 대한 정보를 알게 하는 교육을 할 계획입니다."

교육콘텐츠, 교육솔루션, 교육쇼핑, 오프라인 교육 등을 아우르는 종합교육 기업으로 발전시킨다는 야심찬 계획을 실행 중인 조 대표. 오늘도 그는 인키움의 새로운 스토리에 부지런히 써 나가고 있다.

이 글은 한국형 인사조직 연구회 회원이신 'KT&G – 홍석환 상무'께서 사례분석 보고서를 써주셨고 '인키움 – 조재천 대표'께서 여기에 소개되는 글이 회사의 경영철학이나 제도가 본래 취지와 벗어나지 않도록 꼼꼼하게 체크해주신 글임을 밝히는 바이며 노고에 감사드립니다.

한국콜마

사람 키우고 남기는
유기농 회사

한 국 콜 마

'브랜드'를 최고의 가치로 여기는 시대 역설적으로 '브랜드'에 얽매이지 않으려는 회사가 있다. 그럼에도 불구하고 엄청난 성장으로 업계를 평정하고 있다. 국내외 유명 화장품 회사의 대표 브랜드들뿐만 아니라 외국 제약사들의 제품까지 만드는 '얼굴 없는 빅리더'. 바로 한국콜마다. 1990년 농협중앙회를 거쳐 대웅제약 부사장 자리까지 올랐던 윤동한 회장이 40대 초반 오로지 자신의 꿈을 위해 안온한 둥지를 박차고 나와 일본콜마와 합작하여 만든 ODM 전문기업이다. 설립 당시 매출액 10억 원이었던 한국콜마는 25년 만에 매출액 규모 8,300억 원에 육박하는 중견기업으로 성장했다. 복지도 성장만큼 가히 월드클래스인 한국콜마는 부모를 모시는 직원에게 매월 20만 원을 지급하는 효도수당과 정부 지원 이전부터 시행해 온 '미취학아동교육수당'이라는 가족중심의 복지제도를 갖고 있다. 더불어 R&D에 목숨을 건 회사인 만큼 기술 인력에 대해 제공하는 여러 파격적인 보상을 펼친다. 이 모든 복지제도는 윤 회장의 '유기농 경영' 철학에서 비롯되었다. 자생력으로 땅에서 식물이 성장하듯 직원 스스로 경쟁력을 갖출 수 있도록 적극 지원하는 것이 바로 '경영'이라고 생각하는 윤 회장은 브랜드나 매출액이라는 외형에 욕망하고 집착하는 대신 직원을 성장시키고 꿈꾸게 하는 것이 기업가의 벅찬 책무라고 생각한다. 이런 CEO의 곁에서 우직한 소걸음으로 천 리를 함께 걸어가는 콜마인들이 열어갈 미래는 아름답고 건강할 수밖에 없다.

- ■ 창 업 자 : 윤동한
- ■ 창업년도 : 1990년
- ■ 사 원 수 : 800여 명
- ■ 매 출 액 : 8,300억 원
- ■ 소 재 지 : 세종시 연기군
- ■ 특　　징 : 4성 5행, 유기농 경영, 우보천리 경영

대표이사 회장 **윤동한**

성장도 복지도 월드클래스

"대접받고 싶은 대로 먼저 대접하라"

단돈 5천 달러로 시작한 매리 케이 뷰티 코스메틱을 세계 최고의 화장품 판매 회사로 키워낸 매리 케이 애시의 말이다. 그녀 자신의 말을 철저히 실현한 덕분에 매리 케이 뷰티 코스메틱의 직원들은 회사를 '절대 그만두고 싶지 않은 직장, 다시 태어나도 다니고 싶은 회사.'라고 치켜세우기를 주저하지 않는다.

우리 주변에도 이런 화장품 회사가 있다. 바로 한국콜마다. 한국콜마 역시 성장과 복지면에서 월드클래스급이다. 회사 이름이 생소한 사람들도 있겠지만 한국콜마는 우리나라 국민들이 거의 매일 쓰다시피 하는 다수의 화장품을 생산하는 회사다.

사실 '콜마' 그룹은 전 세계적으로 유명하다. 100년 전에 창립한 미국콜마는 현재 전 세계 9개국에 거점을 확보해 5대양 6대주를 커버하는 글로벌 화장품 ODM(*제조자 자체개발 주문생산) 기업이다.

한국콜마는 윤동한 회장이 일본콜마와 합작하여 1990년 5월 설립된 화장품·의약품 연구개발 제조 전문기업이다. 국내 유명사뿐만 아니라 해외 유명 화장품과 제약사의 제품들까지 만드는 한국콜마는 우리나라 업계 최초로 ODM 시스템을 정착시킨 기업이다. 높은 성장과 매출, 연구개발 수준에 비해 회사 이름이 다소 생소한 이유가 바로 이 때문이다.

회사가 생긴 이래 단 한 번도 마이너스 성장을 한 적이 없는 한국콜마는 창립 당시 매출액 10억 원이었던 규모를 25년 만에 매출액 8,300억 원에 육박하는 중견기업으로 성장시켰다.

남들이 어렵다고 하던 IMF 위기 때도, 성장이 둔화된 지금도 한국콜마는 매년 평균 20%라는 성장률을 기록하고 있다. 외형적인 면에서도 단단하다. 1996년 코스닥시장에 등록했고, 2000년 벤처기업으로 지정되었다. 동시에 벤처기업대상 '대통령 표창'을 수상하였다. 주식을 증권거래소로 옮겨 상장한 2002년에는 '300만불 수출의 탑'을 달성하기도 했다.

2003년에는 생명과학연구소를 설립하며 제약 사업에도 뛰어들었다. 그리고 2004년에는 한국원자력연구소와 민·관 최초 합작법인인 건강기능식품기업 '선바이오텍'을 설립했다. 아름다움과 건강을 만드는 뷰티& 헬스케어 연구개발 전문기업으로도 한 단계 도약을 시작한 것이다.

한국콜마는 지식경제부가 시행하는 '월드클래스300' 프로젝트에서 화장품 산업의 대표업체로 선정되기도 했다. '월드클래스300'은 잠재력을 갖춘 중견 기업 300개를 선정, 2020년까지 세계적인 기업으로 육성하는 내용을 담고 있는데, 한국콜마는 천연 한방 화장품 시장의 제패를 목표로 출사표를 던졌다.

2012년 10월 한국콜마는 기업을 분할했다. 사업부문별 사업특성에 맞는 신속하고 전문적인 의사결정이 가능한 지배구조 체제를 확립하여 경쟁력을 강화하고자 내린 결정이었다. 현재 지주회사, 화장품·제약·건강기능식품의 사업회사 등 총 16개 계열사로 나뉘어져 있다.

이런 회사의 내적, 외형적 성장 못지않게 복지 역시 월드클래스 수준이다. 특히 직원을 중시 여기는 문화는 한국콜마만의 독특한 복지제도를 탄생시켰다.

친부모든 처가나 시댁부모든 상관없이 실제로 부모를 모시는 경우 매월 20만 원이 지급되는 '효도 수당'과 정부가 지원하기 이전부터 미취학 자녀를 둔 직원에게 자녀 한 명당 19만 원씩 지원하는 '미취학아동교육수당'이 있다. 아울러 금연을 성공하면 60만 원의 보상금도 지급하고 있다.

회사가 잘되려면 직원 가정이 편해야 하고, 그 직원 가정이 편하기 위해서는 부모님과 자녀, 건강 문제가 먼저 해결돼야 한다는 생각에서 시작된 복지제도들이다.

이뿐만이 아니다. 대웅제약 상무 시절 윤 회장이 국내 최초로 도입했다는 '반일휴가제'는 한국콜마를 설립하면서부터 지금까지 꾸준히 이어오고 있다. 눈치 보지 말고 당당하게 반일휴가를 내고 용무를 보는 제도가 마련되자 근무시간에 외도하는 분위기가 사라졌고, 업무효율성도 현저히 높아졌다. '콜마 휴일'이란 제도도 있다. 설, 추석 등 명절 연후 전후로 추가적으로 하루를 더 쉴 수 있는 제도다.

R&D에 목숨 건 회사인 만큼 기술 인력에 대해서는 연구에 따른

파격적인 보상을 제공한다. 대기업 못지않은 연구개발비를 주고, 해외연수의 기회도 자주 준다. 또한 석사로 입사하면 박사 학위를, 학사로 오면 석·박사 학위를 지원하는 제도도 있다.

연구개발자에 있어서 가장 좋은 보상은 돈이 아니라 연구 의욕을 고취시켜주는 것이라고 파악한 한국콜마는 채용 단계부터 차별화된 투자를 하고 있다. 5년만 지나면 떠날 것이라고 생각하는 석사급 병역 특례요원을 로열티 높은 우수한 R&D 인력으로 만들기 위해 최상의 처우를 펼치고 있다. 주도적으로 연구할 수 있도록 환경을 만들어주고, 특례를 마치고 정직원이 된 연구원들이라면 대학원 진학까지 적극적으로 도와준다. 이 모든 과정에 걸리는 시간은 대략 10여 년 정도이다. 대기업 중에서도 한국콜마처럼 긴 시간 동안 사람에게 투자하는 회사는 거의 없을 것이다.

인재 확보에 어려움을 겪는 국내 중소·중견기업들의 이미지를 일거에 긍정적으로 변화시키는 한국콜마 특유의 성장과 복지 정책은 모두 사람을 키우고 남기는데 전력을 다하는 윤 회장의 '유기농 경영'에서 싹 트고, 성장하고, 열매 맺은 것들이다.

무모한 혈기? 준비된 도전!

세븐앤드아이홀딩스 스즈키 도시후미 회장은 "운은 도전하는 사람에게만 온다."라고 말했다. 그가 말하는 도전은 될 때까지 되풀이하는 습관적인 반복의 도전이 아니라 변화에 도전하는 것이다.

이런 점에서 윤동한 회장 역시 변화를 즐기고 도전을 두려워하지 않는 사람이다. 영남대 경영학과를 졸업한 윤 회장은 농협협동중앙회에서 사회생활의 첫발을 내디뎠다. 1970년대에 농협과 같은 금융권에 취직했다는 것은 보장된 엘리트 코스로 진입한, '잘나가는 샐러리맨'이라는 것을 의미했다.

하지만 윤 회장의 사전에 '안주'란 단어가 애당초 없었던 것처럼 그는 남들의 만류에도 불구하고 4년 만에 안정적인 직장을 박차고 나와 당시만 해도 중소기업에 불과했던 대웅제약에 들어갔다.

꿈을 실현하기 위해서였다. 훗날 자신의 사업체를 운영하고 싶었던 윤 회장은 기업체에 들어가 일을 배우고 싶었고, 그래서 대웅제약을 선택했던 것이다.

조직의 부품처럼 미시적인 영역에서 활동하는 대기업과 달리 중소기업은 경영진이 일하는 모습을 직접 보고 함께 호흡할 수 있는 분위기와 여건이 있다. 실제로 관리·영업·생산 등 전 파트를 두루 거친 대웅제약에서의 경험은 한국콜마의 CEO로서 관록이 붙은 지금도 여전히 그에게 든든한 자산이 되고 있다.

대웅제약에서 부사장까지 오른 1990년, 윤 회장은 자기 사업을 하기 위해 독립하기에 이르른다. 그의 나이 43세 때였다. 인생 정점의 순간에 꿈을 위해 지금까지 이룬 모든 것을 과감히 버리는 그를 보고 주위 사람들은 '무모한 혈기'라며 혀를 차기도 했다. 복을 걷어찬 '바보'라 부르기도 했다. 하지만 예전이나 지금이나 그는 단언한다. 자신의 창업은 혈기가 아니라 오랜 기간 치밀한 준비 끝에 내지른 회심의 한 방이었다는 것을.

당시 충남 연기군(現 세종특별자치시)에 있었던 작은 사무실에서 직원 3명과 함께 화장품 사업을 시작했다. 보통 자기 사업을 할 때는 그동안 해오던 분야에서 시도하는 게 인지상정이었다. 하지만 윤 회장은 그러지 않았다. 특이하게 그는 제약 대신 화장품을 선택했다.

윤 회장은 당시 화장품 OEM(* 주문자 상표부착 생산방식) 전문회사였던 미국콜마를 찾아가 투자유치를 부탁했다. 미국콜마는 일본콜마가 한국 진출을 위한 합작선을 찾고 있다는 사실을 알려주었다. 윤 회장은 일본콜마를 홀로 찾아가 한국 시장에 대해 브리핑하며 사업계획서를 펼쳤다. 내심 '잘될까?' 하고 식은땀을 흘린 채로.

"당시 우리나라는 반일 감정의 골이 깊었습니다. 일본 역시 한국산 제품에 대한 신뢰도가 높지 않았던 탓에 쉽게 마음을 열지 않았고요. 난항을 거듭했지만 저는 좌절하지 않고 일본콜마를 찾아갔습니다."

부지런히 발품을 파는 윤 회장의 모습에 일본콜마는 한번 들어나 보자고 했다. 처음 윤 회장은 일본콜마가 80%의 지분을, 자신이 20%의 지분을 갖는 조건으로 합작을 제의했다. 일본 측은 윤 회장에게 왜 그렇게 밑지는 제안을 하냐며 호기심을 나타내며 물었다. 윤 회장은 그들에게 단호히 말했다. 자신이 필요한 건 '경영권'이 아니라 '일'이라고. 윤 회장의 열정과 진심을 알아본 일본콜마는 결국 'OK'를 사인을 내렸다.

합작사 설립 며칠 전, 일본콜마는 윤 회장에게 "당신이 경영권을 갖고 전권을 행사해도 좋겠다는 판단을 내렸다."고 통보해왔다. 결국 윤 회장이 51%, 일본콜마가 49%의 지분을 갖는 조건으로 한국콜마가 설립됐다.

비즈니스 파트너로 콜마를 택한 것도 되돌아보건대 가장 만족스러운 선택이었다. 기술 제휴는 물론 전 세계에 포진해 있는 콜마 네트워크를 손쉽게 활용해 글로벌화를 앞당기는 단초를 마련할 수 있었다.

일본콜마 역시 막대한 수익을 거두었으니 서로 손해 보는 장사는 절대 아니었다. 현재까지도 일본수출입은행은 기업 투자 성공사례로 한국콜마를 손꼽는다고 한다.

하지만 '콜마' 브랜드를 가져온 그때 당시 상황은 녹록치 않았던 것이 사실이다. 브랜드를 가져오는 데에는 성공했지만 아직 미성숙한 국내 화장품 시장 여건으로 매일이 위기였다.

사업을 시작하고 2년 가까이 제대로 된 고객은 구경도 못한 채 비정기적으로 들어오는 소일거리만으로 연명해야만 했다. 심지어 전기료를 제때 못 내 단전 통보를 받은 적도 있었다.

전기료를 마련하기 위해 전전긍긍하던 중 꽤 큰 주문이 들어왔다. 뛸 듯이 기뻤지만 윤 회장은 곧 주문을 거절했다. 고객사가 관행이라는 이름으로 '무자료 거래'를 요구했기 때문이었다. 주문의 대가로 뒷돈까지 요구하던 시절의 세금 회피 방식이었던 셈이다.

당장의 위기를 넘기기 위해서는 절실한 주문이었지만 윤 회장은 그의 신조와 원칙을 어길 수는 없었다. 고지식한 원칙주의자였던 윤 회장의 결정에 처음에 반대하던 직원들도 결국 설복당했다.

그러나 윤 회장 역시 더는 직원들이 고생하는 모습을 지켜볼 수만은 없었다. 어느 중견기업 회장을 찾아가 계약금을 요구했다. 갑을 관계가 명확하던 그 시절에 상상도 못하던 일이었다.

납품에 실패하면 모든 책임을 지겠다는 보증서까지 써서 가져온 윤 회장을 보고 그 기업 회장은 그 자리에서 현금으로 계약금을 지급했다. 이 일을 계기로 한국콜마의 자금난은 숨통이 틔였고, 사업은 점점 안정을 되찾을 수 있었다.

윤 회장은 돌파해야 앞으로 나아간다고 믿었다.

윤 회장은 단 한 번도 편히 가자는 마음으로 지름길을 선택해 본 역사가 없다. 2007년 중국 시장에 첫 진출할 때도 그랬다. 웬만한 한국 기업들이 상하이로 많이 진출하던 것과 달리 한국콜마는 규제가 가장 많은 베이징에 둥지를 틀었다. '중국식 표준'을 가장 잘 배울 수 있는 최적지라 판단했기 때문이다. 물론 이 생각은 곧 위기를 맞고 말았다.

베이징 올림픽이라는 생각지도 못한 복병을 만난 것이다. 중국 정부의 지시로 인해 한창 진행 중이던 한국콜마 공장 건설공사는 10개월 동안이나 정지되고 말았다. 행정 절차를 하는 시간까지 합치면 1년 이상이나 준공이 늦어졌다.

하지만 윤 회장은 조급해하지 않기로 마음먹었다. 오히려 그 모든 시행착오와 고난들이 한국콜마가 중국에서 제대로 자리 잡기 위한 기초 훈련으로 삼고자 했다. 이 배포 큰 확신은 그대로 보상을 받았

북경콜마 내부 전경

다. 이후 한국콜마는 중국시장에서 탄탄하게 자리잡을 수 있었다.

비록 초기에는 일본콜마로부터 기술지원을 받으며 성장했지만 지금은 국내화장품 업계의 국제경쟁력을 업그레이드시키는 데서 더 나아가 화장품 판매사들 매출까지 위협할 정도로 성장했다. 2000년대 들어 중견 화장품 업체들이 줄줄이 무너져가는 상황에서도 한국콜마만은 매년 성장하고 있다.

윤 회장에게는 '무에서 유를 창조한 사나이'라는 타이틀이 붙어있다. 이것은 깐깐하게 원칙을 지켰기에 가질 수 있었던 것이다. 그는 늘 욕심과 환경에 의해 원칙과 정도를 잃어버리는 경영자가 될지도 모른다는 생각을 가지고 경계의 끈을 늦추지 않는 올곧은 경영자다. 평소 윤 회장은 지인들에게도 '넘치는 것을 경계하라'는 의미로 '계영배(戒盈杯 · 술이 일정한 한도에 차오르면 새어 나가도록 만든 잔)'를 줄 정도다.

윤 회장의 호인 '석오石梧'는 메마르고 척박한 바위 위에서도 강인하게 뻗어 올라 큰 재목으로 성장하는 오동나무를 뜻한다. 그 호에 걸맞게 그는 낙후된 국내화장품 시장을 한 단계 성숙시키면서 국제무대에 올려놓은 주역이라는 타이틀까지 꿰찼다. 오로지 '일'에 대한 자신만의 철학과 자신감으로 무장했기에 받을 수 있는 당연한 상찬일 것이다.

얼굴 없는 빅 리더-ODM의 한 우물

현대 사회는 '브랜드 시대'다. 국가나 지자체, 기업이 아닌 개인한테도 브랜드가 주는 가치와 경쟁력은 적지 않다. 당연히 화장품 업계의 브랜드 경쟁은 점입가경이라는 말이 과하지 않을 정도로 거세다. 특히 국내 화장품 시장에는 큰 지각변동이 생긴 2000년대에는 더해졌다. 몇 개 메이저 브랜드가 중심이 되던 시장에 중저가 브랜드숍이 태동한 것이다.

가격 고저에 상관없이 브랜드 파워가 기업의 운명을 좌지우지하는 시대가 됐다.

그런데 이런 대세를 한국콜마는 거슬렀다. 왜 한국콜마가 '브랜드는 중요하지 않다'고 외치며 브랜드 출범 유혹을 뿌리치고, ODM 전문 기업을 고수하고 있는 것일까?

여기에는 "크게 흥하진 못하더라도 절대 망하지는 말자!"라는 게 윤 회장의 경영철학이 깔려있다. 기업이 망하면 수많은 직원들은 생계를 잃게 된다. 그는 한 가정의 가장을 준비 없이 벼랑으로 내모는 기업은 비윤리적이라고 말한다. 이런 그의 철학을 안성맞춤으로 구현할 수 있는 분야가 바로 ODM이었다.

한국콜마가 정한 타깃 시장은 아모레퍼시픽이나 LG생활건강 등과 같은 여느 화장품 기업과는 사뭇 다르다. 한국콜마는 개인과 만나는 B2C 기업이 아니라 고객사와 만나는 B2B 기업이다. 고객사를 위해 매년 2만 여개의 화장품을 생산하고 있다. 개수만 따진다면 한국콜마가 단연 1위의 규모다.

한국콜마가 만들어낸 제품들이 모두 유명 브랜드를 달고 고가에 팔리는 걸 감안하면, 한국콜마 자체로 브랜드를 만들어냈을 경우 매출액은 수 조원을 넘을 것으로 보인다. 그런데 왜 윤 회장은 ODM을 고수하는 것일까?

한국콜마가 설립된 1990년 이전까지만 해도 국내 주요 화장품 업체들은 제조와 판매를 모두 직접 챙기는 사업 방식을 고수했다. 반면 미국, 일본 등 선진국에서는 전문성과 효율성을 높이기 위해 제조와 판매를 구분하기 시작했다. 윤 회장은 이런 시장 트렌드를 정확하게 읽고 있었다.

OEM과 ODM의 차이는 자체 기술력을 확보하고 있느냐의 차이다. 자체 연구원을 통해 제품을 개발하여 유통망을 확보한 판매업체에게 상품이나 재화를 공급하고 있다. 윤 회장은 자체 연구개발에 인력을 보강하면서 화장품 품질을 최고로 키워나갔다. 한국콜마는 ODM과 더불어 OEM까지 병행하는 경영 전략을 인정받아 '대한민국 가장 신뢰받는 기업상'을 수상하기도 했다.

여기서 자체 브랜드 보유 욕심보다는 기술력으로 승부하는 '얼굴 없는 빅리더'로서 진정 만족할까, 라는 의문점이 들 수도 있을 것이다. 어느 기업이든 자기 이름표를 단 상품을 갖고 싶어 안달하는 게 인지상정이다.

브랜드사업을 시작하면 매출을 금방 늘리는 것은 그리 어렵지 않다. 하지만 그 다음이 문제다. 갖가지 마케팅 리스크를 떠안느니 그 노력과 비용으로 연구·개발 능력을 키워 글로벌 시장을 공략하는 게 생존과 성장에 훨씬 도움이 될 거라 윤 회장과 콜마인들은 판단했다.

제약 부문도 마찬가지다. 2004년에는 오래도록 열망해온 제약 공정수탁(일정 공정을 맡아 대신 제조해주는 것) 사업도 시작해 2년 만에 연매출 300억 원대 규모로 키워냈다. 현재 제약사들은 약가 인하 정책에 따라 직접 제조하기보다는 한국콜마와 같은 ODM 전문기업에 제조를 위탁하는 것이 트렌드다.

한국콜마는 150개 전문의약품, 184개 일반의약품, 161개 의약외품

관정공장(신공장)

등 다양한 제품 포트폴리오를 구성해 생산, 판매하고 있다. 한국콜마 제약사업부문뿐만 아니라 글로벌 제약사와의 합작법인으로 설립된 파마사이언스코리아, 한국크라시에약품, 중소형 제약사 인수로 더욱 규모가 커진 콜마파마 등 글로벌 CMO Contract Manufacturing Organization로 서의 위상에 걸맞게 사업을 확대하고 있다. 아울러 정부가 주관한 혁 신형 제약기업 43곳 중 하나로 선정되기도 했다. 앞으로도 개량신약, 천연물신약, 한방생약 과학화를 통해서 기업의 신성장 동력을 제대 로 장착한다는 계획이다.

ODM이라는 한우물을 꿋꿋하게 팠고, 25년간 한 번도 뒷걸음치지 않고 성장을 한 한국콜마. 이름뿐인 브랜드를 보유하기보다는 얼굴 없이도 강력한 빅리더로 전 세계인들의 마음을 휘어잡고 장악하는 기업이 되기를 원하고 있다.

유기농 경영-4성 5행의 가치

유기농 농산물은 농약 등 화학 성분을 사용한 일반 농산물보다 공급이 적기 때문에 가격이 비싸 이익이 많이 남는다. 이를 기업 경영에 적용해 작지만 강한 기업을 만들겠다는 '유기농 경영'은 윤 회장의 대표적인 경영 철학이다.

윤 회장의 유기농 경영은 "원칙·기본에 충실하면서 환경에 맞게 개선·창조하는 것", "원칙을 지키되 변화의 끈을 놓지 않는 것", "인위적 환경(비료)에 의해 만드는 것이 아니라 근본 자생력(퇴비)을 높이는 것"으로 요약된다.

윤 회장은 매출 증대에 대한 유혹으로 브랜드를 출범시킬까, 하고 마음이 흔들릴 때마다 자신의 '유기농 경영론'을 되뇌며 스스로를 다잡는 편이다. 농약과 비료 등 화학성분을 사용하지 않는 유기농을 제대로 하려면 그 순간의 이해관계에 타협하지 않고 고집스러워야 한다는 생각이다. 매출액이라는 외형에 눈 돌리지 않고 고집스럽게 ODM 한길을 걸어갈 수 있었던 원동력이 바로 이 신조에서 나온 것이다.

윤 회장이 주장하는 '유기농 경영'의 요체는 '기술 경영'과 '인간 경영'으로 나눠진다.

기술경영으로 품질 최우선주의를 추구한다. 그런 까닭에 한국콜마 제품은 경쟁사에 비해 단가가 높은 것으로 유명하다. 하지만 윤 회장은 값싼 원재료를 사용하여 결국 경쟁력을 잃고 마느니 계속 자신의 원칙을 지켜나가려고 한다.

인간경영을 직원의 생활수준을 높이는 것으로 이해하는 사람들에게 그는 성과가 돈으로 환산되어서는 안된다고 말하곤 한다. 그의 표현을 빌리자면 '성과'는 단지 인위적인 비료일 뿐이다. 성과로 사람을 평가하면 기업문화는 메마를 수밖에 없다. 화학비료가 아닌 퇴비를 이용하는 것이 토양의 질을 윤택하게 하듯, 임직원의 자생력을 높이는 것이 회사를 위해 최선이라고 윤 회장은 판단했다.

CEO의 역할에 대해서도 단호하게 선을 긋는다. 윤 회장은 직원 개개인이 자생력을 키울 수 있도록 경영자는 인내하고 책임지는 역할만 해야 한다고 말한다. 모든 것을 일일이 지시하고, 챙기려 들어서는 직원의 성장을 기대할 수 없다는 소리다. 한국콜마의 직원들은 자기에게 맞는 옷을 입고 가장 잘할 수 있는 일을 해야 한다.

윤 회장은 유기농 경영의 실천 키워드로 '4성 5행四性五行'을 제시한다. 4성은 '창조성', '합리성', '적극성', '자주성'을 가리킨다. 이 4성은 콜마인들이 일할 때 모든 판단의 근거가 되는 잣대이고, 회사가 일관되게 지켜온 전통이다.

'창조성'은 항상 열정과 호기심으로 사물을 살펴보고 뭔가 개선하거나 개량할 수 있는 부분이 엿보이면 그것을 탐구하여 새로운 가치를 창출하는 것을 뜻한다. R&D 기업인 한국콜마의 연구원이라면 당연히 변화의 끈을 놓치지 않는 열의를 가져야 한다.

'합리성'은 원칙과 기본을 지키면서 최적의 방법을 선택하여 Win-Win하는 것을 모색하는 것이다. 뚝심 있는 원칙, 정도를 걷는 기본이 없으면 기업은 무너질 수밖에 없다. 처음에는 이익이 날 수 있을지언정 지속경영에 해악을 끼치는 변칙과는 결코 타협하지 않아야 한다. '적극성'은 주도면밀한 계획과 과감한 실천으로 가능성을 실현하는 태도를 말한다. 모든 연구 결과와 합리적 분석도 실천으로 연결되지 않으면 절대로 뭔가 만들어낼 수 없는 법이다.

'자주성'은 상호신뢰를 바탕으로 보람의 일터를 스스로 만들어 나가는 것이다. 한국콜마의 조직원들은 반드시 주인의식을 가지고 있어야 한다.

'독서讀書', '근검勤儉', '겸손謙遜', '적선積善', '우보牛步'의 5행은 콜마인들이 갖춰야 할 행동규범으로, 4성에 도달하기 위한 방법으로 제시되고 있다.

첫째, 독서讀書는 지혜와 실천력을 제공하는 양분이 된다. 독서로 이뤄지는 폭넓은 간접경험은 위기 시 큰 무기가 될 수 있다. 둘째, 근검勤儉해야 한다. 부지런하지 않다면 아무것도 이루어지지 않는다. 절약은 무조건 하면 궁핍이고, 적절하게 하면 검약이다. 불필요한 것을 줄여 필요한 것을 한다. 셋째, 겸손謙遜은 스스로 익을수록 고개를 숙이는 벼와 같아야 한다. 스스로 낮출 수 있으면 언제 어디서나 뭔가를 배울 수 있는 법이다. 넷째, 적선積善은 선함을 쌓아야 오랫동안 복을 누린다는 의미이다. '나'가 아니라 '우리'를 생각하고, '홀로'가 아니라 '함께'를 생각하는 가치다. 다섯째 우보牛步는 늘 일정한 걸음걸이로 절대 뒷걸음질 치지 않으며 앞으로 묵묵히 나가는 것을 강조하는 것이다. 자기 수련과 정진이 필요한 덕목이다.

윤 회장은 4성 5행을 바탕으로 콜마인들은 늘 학습하고, 생각하고, 실천하는 인재가 되기를 바라고 있다. 게다가 이웃과 사회와 더불어 공존하는 '함께'의 가치를 소중히 여긴다면 더욱 금상첨화라 여기고 있다.

한국콜마는 지금까지 매년 신입사원을 뽑았다. 윤 회장은 진정한 콜마인으로 변모하는 시간을 평균 5년으로 보고 있다. 기술이 뛰어난 경력직을 외부에서 데려와도 그는 이 정도의 시간 동안 콜마의 철학을 공유해야만 한솥밥을 먹을 수 있다고 믿는다.

유기농은 장수의 비결이다. 관리의 대상이 아니라 사랑의 대상으로 직원들을 바라보는 윤 회장은 자신과 한국콜마 전 조직원들이 함께 만들어 나간 '유기농 경영'의 가치와 생각들이 100년을 훌쩍 넘어서도 후세의 콜마인들에게 잘 전달될 것이라 확신하고 있다.

사람이 곧 기업이다

"회사를 만든다는 것은 사람을 만드는 것이다. 인재는 이윤이 가장 높은 상품이며, 인재를 제대로 경영하는 기업이 최후의 승자다."

중국 IT업체 렌상그룹 CEO 류촨즈의 말이다.

기업은 단순히 제품을 만드는 곳이 아니라 사람을 끌어 모으고 한 길로 이끌 수 있는 힘이 모인 곳이다. 기업의 '기업'의 '기企' 자를 파자해 보면 '사람 인人' 밑에 '머물 지止' 자를 쓴다.

기업이, 경영자가 먼저 신뢰를 보여주면 조직원들은 반드시 더 큰 보답을 돌려준다고 말하는 윤 회장은 '되로 주고 말로 받는다'는 속담이 적용되었던 자신의 일화를 즐겨 들려준다.

70년대 후반 다니던 은행을 그만두고 잠깐 성남의 모 제조회사에 대리로 취직한 윤 회장은 생산성을 파악하는 임무를 맡게 되었다. 몇 개월간 관찰한 결과 오전보다 오후의 생산성이 급격히 떨어지는 걸 발견했다. 그리고 동시에 직원들이 점심시간인데도 밥을 먹지 못하고 공장 한 켠에 모여서 쉬고 있는 모습을 목격했다. 가난한 근로자들이 점심을 거르다 보니 오후 불량률은 오전의 2배에 달한 것으로 파악한 것이다.

당시 성남 일대 모든 공장에서 점심을 제공하지 않았다. 그런데 윤 회장은 "점심을 줍시다."라고 회사에 제안했다. 점심식사를 제공한 뒤부터 기적이 생겼다. 오전의 불량률만 유지해도 성공이라고 생각했는데 1~2%에 수준이던 불량률이 0.1~0.2%로 떨어진 것이다.

윤 회장은 자신과 함께 일하는 사람들에게 확실한 믿음을 주는 리더가 되는 것이 얼마나 조직에 중요한지를 깨달았다. 단전이 되는 한이 있어도 직원들 봉급 약속은 한 번도 어기지 않으려고 했던 이유다.

한국콜마는 창립 이후 한 해도 빠지지 않고 신입사원을 채용해왔다. 채용이 확정된 인원은 2주간 신입사원 입문교육을 실행하고, 10주간의 OJT를 거친 후 부서배치를 받는다.

신입사원 마지막 시험이 100명 동기 이름 쓰기인데 2주간의 교육 훈련 기간 동안 동기의 이름을 무조건 외우게 하며 외울 때까지 시험을 본다고 한다. 사람에 대한 신뢰와 친화가 바탕이 되어야 하는 기업문화를 잘 보여주는 사례다.

그가 1996년에 겁 없이 코스닥에 상장한 이유는 단순히 자금을 조달하기 위한 목적이 아니었다. 그것 역시 '사람' 때문이었다. 대중광고를 할 수는 없는데 아무래도 신문이나 주식시장 전광판에 회사 이름이라도 나면 인재 선발에 도움이겠다 싶어서 상장했던 것이다.

윤 회장은 스펙에 의존해서 사람을 모으려고 해서는 안 된다고 말한다.

한국콜마 역시 처음 창업하고 몇 년간은 소위 스펙이 좋거나 능력이 있는 직원은 별로 없었다. 윤 회장도 조바심이 났다. 그러던 중 명심보감의 "天不生無祿之人 地不長無名之草(하늘은 녹없는 사람을 내지 아니하고, 땅은 이름 없는 풀을 기르지 아니한다)"이라는 구절을 보고 사람에 대한 관점을 달리했다. 모든 사람과 사물에는 나름의 강점이 있다는 것을 깨달았다.

한국콜마는 서열화된 대학 순으로 절대 채용하지 않는다. 구르는 재주가 있는 굼벵이에게는 구르는 것만 시키면 된다. 뛰라고 하는 것은 욕심이다.

윤 회장은 '풍란風蘭'과 '열과裂果'에 대한 이야기를 종종 한다. 풍란은 높은 바위틈 나무기둥에서 자란다. 중소·중견기업은 이런 풍란처럼 척박한 환경에서 아름다운 꽃을 피우는 일이다. 그리고 열과는 글자 그대로 '찢어진 사과'다. 상처는 났지만 맛은 아주 좋다.

대학 학점이 낮아도 외고 출신이면 서류는 통과될 수 있다. 살면서 한번 방황했던 사람들에게 재기의 기회를 주려고 노력한다.

비록 일류대학을 나오지 못했어도, 유학을 가지 못했어도 분명 그들 역시 자기만의 능력과 열정이 있다. 중소·중견기업에서는 이 '열과'와 같은 인재, 즉 B급 인재를 찾아내 잘 기르는 게 중요하다. 보통 기업은 A급 인재에 신경 쓰느라 대다수의 B급 인재를 내버려 두는 치명적 실수를 저지르곤 한다.

윤 회장은 A급 인재만큼은 아니지만, 꾸준히 성과를 창출하고 충분히 더 성장할 수 있는 잠재력을 가진 B급 인재들의 능력을 잘 키워주기 위해 '밥상머리 소통'과 '멘토-멘티 제도'를 실시하고 있다. 2000년 처음 도입된 '밥상머리 소통'은 매월 각 팀의 부서원들 간 런치미팅을 1~2회 진행토록 해 유대감을 높이고 있다. '멘토-멘티 제도'를 통해 B급 인재의 경력 방향을 함께 설계해 나가고 있다.

한국콜마는 퇴직하는 임직원과 면담을 실시하는 걸로 유명하다. 퇴직면담을 7~8회씩 하고 놓치기 아까운 인재라면 집에까지 찾아가는 수고도 마다하지 않는다.

"연구원들은 자기가 하고 싶은 일, 뭔가 새로운 것을 탐구하려는 성향이 뚜렷한 사람들이에요. 떠난 뒤에도 자꾸 바라보고, 애정을 기울이면 되돌아올 가능성이 큽니다."

퇴직면담은 비교적 진솔하게 이뤄지기 때문에 경영자에게 여러 가지 새로운 사실을 알게 해주는 계기가 될 때가 많다. 우수사원일 경우 재입사의 가능성도 항상 열어 놓는다.

2011년에는 3명의 공채 1기 직원들을 임원으로 승진시켜 화제를 모으기도 했다. 경영 2세가 아닌 일반 사원으로 시작했던 직원 수 명이 임원진으로 대거 등장하는 것은 흔치 않다.

새로운 인사제도인 '셀프 추천 승진제KSR-Kolmar Self Recommend'를 도입해 결실을 맺은 결과다. KSR은 승진을 원하는 직원은 본인이 직접 승진 심사 신청서를 제출하고 신청서를 제출한 사람을 대상으로 승진심사기회를 부여하는 한국콜마의 인사 제도다.

한국콜마는 단순히 오래 다니는 기업, 사표를 내지 않는 기업이라는 의미에서 이미 평생직장으로 불리어도 무방하다. 거기에서 더 나아가 '사람을 어떻게 생각하고 육성할까?', '기업과 개인이 상생을 통해 어떻게 발전해 나갈 것인가?'라는 이슈를 경영화두로 내걸고 있는 한국콜마는 새로운 유형의 인재 사관 기업으로 정착하고 있다.

역발상 경영-R&D에 목숨 걸다

'하청업체는 원청업체만 잘 만나면 성공하는 것 아닌가?'

당연한 의문이다. 하지만 한국콜마를 만나면 이 질문은 이렇게 바뀐다.

'어떻게 하청업체가 오히려 시장을 선도하는 것일까?'

국내에서 특허기술과 기능성 화장품인증 보유수가 가장 많은 기업이 유명 브랜드 기업이 아닌 한국콜마라는 사실은 그리 알려져 있지 않다. 하지만 사실이다. R&D관련 다수의 수상 실적도 놀랍지만 관련 분야의 논문과 특허가 업계 1위라는 사실에는 경이롭기까지 하다.

사회 통념으로는 중소·중견기업은 연구개발(R&D)이 어렵다고 말한다. 그래서 최고의 인재가 연구 환경이 좋은 대기업을 포기하고 중소·중견기업에 오는 일이 희박하다는 것을 아주 당연하게 여기기도 한다.

하지만 윤동한 회장은 이런 통념을 받아들이기를 고스란히 거부한다. 그에게 인건비는 비용이 아니라 투자이고, 최고의 회사가 되기 위한 주춧돌이다.

한국콜마는 매년 매출액의 약 5%를 연구개발에 투자해왔다. R&D에 투자하는 비율이 중소기업 평균 3.36%, 중견기업 평균 1.6%와 비교해보면 매우 높은 비율임을 알 수 있다. 한국 콜마는 전체 직원의 1/3이 모두 연구원들이다.

제약업계 출신답게 윤 회장은 1994년 KGMP(우수의약품제조및품질관리기준)를 적용해 CGMP(우수화장품제조및품질관리기준) 시스템도 만들었다. 그가 창업할 당시만 해도 화장품업계에는 시설이나 품질관리 등에 대한 기준이 없었다. 국내에서 가장 먼저 ISO22716(국제우수화장품제조 및 품질관리기준)을 획득, ISO14001(환경경영시스템), ISO9001(품질경영시스템), OHSAS18001(보건안전경영시스템), ECOCERT(국제유기농화장품) 인증을 통해 친환경·품질 관리 적용 사업장의 면모도 갖췄다. 윤 회장은 1992년 과학기술부에서 인정한 기업부설 '한국콜마중앙연구소'를 설립하고 R&D에 박차를 가했다. 그가 처음 회사 내에 중앙연구소를 만든다고 했을 때 주변 사람들의 반응은 싸늘했다. 심지어 미쳤다고 말했다.

"1등 기업이 품질로 경쟁하고 인재를 키우고 기술을 개발하는 데 반해 2등 기업은 가격으로 경쟁하고 인재를 '입양'하고 '카피'를 합니다."

'작은 회사라 R&D로 승부해야 한다.'는 역발상을 전면에 내세운 윤 회장은 회사 형편이 어려운 시절에도 연구소에서 필요한 장비를 바로바로 들여놓아 주곤 했다. 현재 한국콜마는 화장품과 제약 연구소를 합친 통합기술원 산하에 11개 연구소를 두고 있다.

윤 회장이 생각하는 중소·중견기업의 핵심적인 R&D 성공 비결은 시간투자와 사람투자다. 둘은 동전의 양면으로 어느 하나가 빠져도 성공은 힘들 수 있다.

"시간투자는 거창한 얘기가 아닙니다. 될 때까지 기다려줘야 한다는 겁니다. 기다려주면 사람들은 떠나지 않아요."

한국콜마가 믿고 기다려주었던 직원들은 어김없이 히트상품을 연이어 개발하여 회사에 보답했다. 대표적인 제품이 BB크림이다. 한국을 대표하는 화장품 BB크림의 탄생에는 한국콜마의 정신이 오롯이 담겨있다. 4성의 으뜸 생각인 '창조성'이다. '창조'는 '개량'과 '개선'으로도 가능하다. 세상에 없던 전혀 새로운 것을 만들기는 어렵지만 '조금만 바꾸면 된다'고 생각하면서 용기를 내었기에 만들어진 성과였다. 이런 성과들이 한두 개가 아니다.

세계 최초로 개발한 나노복합캡슐과 다중멀티캡슐, 업계 최고수준의 기능성화장품 개발기술, 제약업계 상위권에 속하는 제네릭 의약품의 개발, 화장품 유화기술을 결합시킨 퓨전테크놀로지의 결정체인 고함습 아토피연고의 개발 등 화장품분야와 제약분야에서의 신기술과 장점을 접목, 결합한 성과를 계속 창출해 내고 있다. 100% 국내 소재와 인력으로 개발해낸 'AHA 유도체 이용 나노에멀션 기술'은 피부침투력 30% 향상의 경쟁력으로 세계 1위 제약사 화이자의 립밤 '챕스틱' 4,000만 개 생산에 적용되는 주요기술이 되기도 했다.

한국콜마가 글로벌 콜마네트워크를 활용할 수 있다는 점도 회사 R&D에 큰 장점으로 작용했다. 일본콜마와 연구원 교환 프로그램을 운영하는 한국콜마는 연수를 보내 선진 기술을 익히고 전문성을 높이도록 하고 있다. 한국콜마와 일본콜마는 매년 2회씩 공동으로 프레젠테이션 투어 및 독자적인 프레젠테이션 투어를 실시해 세계적으로 유행할 수 있는 신제품, 각 브랜드 기업에 어울리는 제품들을 소개해 시장에 출시할 수 있도록 지원하고 있다. 또 콜마그룹 세계 500여 명의 연구진이 개발한 최신 기술과 정보를 받아들여 신제품 개발에 적극 반영하고 있다.

윤 회장은 대기업 연구원보다 한국콜마 연구원의 성장 폭이 훨씬 더 크다고 단언한다. 케이스를 그만큼 많이 보기 때문이다.

"똑같은 쌀로 밥을 지어도 밥맛은 다르다."

한국콜마는 하나의 고객사만을 위한 1사 1처방(Only One) 전략을 구사하고 있다. 원료나 제형, 효능이 다른 2만개 화장품을 만들어 낼 수 있는 개별 처방 기술을 보유한 한국콜마는 새 고객이 생기면 항상 R&D를 새로 하곤 한다.

한국콜마 세종 사옥에는 '연구논문 탑'이 있다. 논문 탑은 회사의 존망이 연구개발에 달려 있다는 것을 제대로 웅변하고 있다. 그는 국내 기업들의 R&D를 진흥하는 기관인 한국산업기술진흥협회 수석부회장과 중견기업들의 모임인 한국중견기업연합회 부회장을 맡는 등 R&D 전도사를 자처하고 있다.

새로운 경영 키워드로 'C2CContribution to customer'를 설정한 한국콜마는 궁극적으로 '고객이 원하는 것을 미리 찾아서 제공하는 회사'가 되기를 주저하지 않는다. R&D 전문회사가 갖는 일반적 자기모순인 '내가 만든 게 최고'라는 생각에서 벗어나 '고객이 원하는 R&D'를 지향하겠다는 모습에서 세계적인 R&D 및 제조 전문기업으로 약진하는 한국콜마의 새로운 저력과 가능성을 한껏 엿볼 수 있다.

다 함께 천 리 가는 소걸음

"팀워크에 의한 총체적 능력이 개인의 탁월함보다 훨씬 중요하다"

이탈리아 의류기업 베네통의 창업자 루치아노 베네통의 말이다. 그는 팀워크를 강조하는 기업인이다. 각 분야별 최고를 꿈꾸어야지 모든 분야의 최고는 있을 수 없다고 생각한 그는 팀을 개인보다 신뢰했다.

한국콜마 역시 이렇게 팀워크를 중요하게 여긴다. 그것이 구현된 것이 바로 '우보천리牛步千里'다.

‘우보’는 이 회사의 기업이념인 유기농 경영의 가치와 행동강령인 4성 5행 중 5행의 하나이다.

‘소걸음으로 가더라도 멀리까지 멈추지 말고 가자’는 ‘우보천리牛步千里’는 원칙을 지키면서도 변화의 끈을 놓치지 않는 정도경영으로 100년 기업을 꿈꾸는 윤동한 회장의 경영철학이 담겨있다.

한국콜마에는 ‘우보천리’라는 이름을 본 뜬 산행도 있다. 윤 회장이 매년 연말 연초에 임직원들과 함께 지리산을 오르며 한 해를 정리하거나 신년 다짐을 하는 행사다. 강골이라 불리는 윤 회장은 히말라야 안나푸르나 코스를 완주하기도 한 등산 마니아다. 젊은이들보다 걷는 속도가 빠르고, 쉬이 지치지 않는 강철 체력을 자랑한다. 칠순을 바라보지만 윤 회장은 직원들과 소통하고 싶어 우보천리 산행을 강행한다.

“서로 밀고 끌어주면서 천천히, 우직하게 걷다 보면 어느새 정상에 오르게 됩니다. 빠르게 변하는 세상에 살다 보니 서로의 손을 잡고 걸어갈 여유가 잘 없는 게 사실입니다. 우리 임직원들과 정상을 향해 함께 나아가는 시간을 통해 가족과 같은 연대감을 만끽합니다.”

우보의 정신이 투영된 행사는 이것 말고도 많다. 한국콜마의 신입사원이 되어 들어오는 순간부터 접한다. ‘우보천리 행군’은 충남 연기군 한국콜마 본사에서 온양 온천에 이르는 30km 행군을 하루 동안 걷는 것이다. 신입사원 행군에도 윤 회장은 어김없이 동참한다. CEO와 함께 걸으면서 신입사원들은 사회 초년병으로서의 굳건한 의지를 다지고, 기업의 철학을 몸소 체험한다. 해마다 시행하지만 낙오자가 단 한 명도 없었다는 것이 윤 회장의 자랑거리다.

기업을 운영하면서 윤 회장은 빠른 단기 성장보다 꾸준한 노력으

신입사원 우보천리행군

로 얻을 수 있는 가치가 많다는 것을 알았다. 자칫 단기성과에 매몰되면 장기 성과를 놓칠 수 있다.

그래서 윤동한 회장은 매출에 대해 잘 묻지 않는다. 매출목표에 집착하여 무리하면 반드시 부작용이 생기는 법이다. 그가 기업을 하고, 성공하고자 하는 목적은 '사람'이다. 성공은 단 하나의 수단일 뿐이다.

"소의 걸음은 느린 것 같지만 결코 그렇지 않습니다. 소는 절대로 뒷걸음치지 않거든요. 오래 가는 것이 결국 가장 빨리 가는 것임을 한국콜마 임직원들은 항상 명심하고 있습니다."

내부 조직원들하고만 이런 '우보'를 걷는 것이 아니다. 사회와 이웃과 같이 연대하지 않고, 동행하지 않는 기업이란 도태될 수밖에 없다고 윤 회장은 생각하고 있다.

한국콜마가 창립 초기부터 소외된 이웃과 함께하는 나눔 활동 역시 우보의 하나다.

처음 봉사활동을 시작하게 된 계기는 충남 연기군에서 사업을 발전시켜나갈 수 있음에 대한 감사의 표현이었다. 전의면 지역에 있는 노인 회관과 요셉의 집을 방문해 청소와 식사 준비, 목욕 봉사를 하는 등 어르신들의 손과 발이 되어 주었다.

한국콜마가 성장하고 사업장도 곳곳으로 확장되면서 나눔 활동은 지역과 대상을 구분하지 않고 더욱 활발하게 진행되고 있다. 한국콜마 직원들은 사무직과 생산직을 가리지 않고 독거노인의 배식을 돕는 봉사 활동을 매주 실천하고 있다.

도시와 농어촌의 벽을 허물고 정보에서 소외됨이 없기를 희망하며 외딴 시골 학교에 아동 신문도 꾸준히 보내주고 있다. 소외된 청소년들에게 문화 체험의 기회를 주기 위해 클래식 콘서트를 후원하기도 하는 등 자라나는 아이들의 꿈을 위한 나눔 활동에도 주력하고 있다. 또한 사업장 주변의 쓰레기를 공수하는 등 지역 환경 정화 운동을 통해 사람과 자연을 향한 관심과 애정을 실천하고 있다.

한국콜마에서 운영하는 쇼핑몰은 수익금 2%를 사회의 손길이 필요한 곳에 기부하고 있다. 봉사활동을 하나의 이벤트나 특화된 일로 생각하는 것이 아니라 작은 사업의 일부에서도 항상 실천해나가는 생활의 일부로 사고하는 습관이 그대로 반영된 것이다. 또한 각 고객사의 상품을 함께 판매하고 있기 때문에 고객사가 자연스레 콜마의 사회공헌 활동에 동참할 수 있도록 하고 있다.

제약 부문으로도 발전을 거듭하고 있는 한국콜마는 의약 부문에서 역시 봉사활동을 실천하고 있다. 몇 해 전 파키스탄에 지진 피해가 일어 세계적으로도 이슈가 된 사건이 있었다. 한국콜마는 이에 긴급히 필요한 항생제 및 기타 의약품을 파키스탄에 긴급 지원하는 등 따뜻한 도움의 손길을 내밀었다. 북한 수해 주민에게 의약품을 제공하고, 아름다운 가게를 통해 바자회를 진행하기도 했다.

매달 실시하는 월례조회에서 '봉사하는 콜마인'이라는 코너를 아예 따로 마련해 매주 봉사활동을 경험한 사원들의 사례는 물론 전 직원이 함께 공유하기에 좋은 크고 작은 봉사활동에 대한 정보 등을 공유하는 자리로 활용하고 있다.

내수가 아닌 세계시장으로 영역을 넓히고 있는 한국콜마의 도전은 CEO 한 사람의 힘으로만 성공시킬 수 없다. 세계 시장은 신념과 의지를 공유하는 선한 임직원들이 하나가 돼야 개척할 수 있는 신세계이기 때문이다. 하지만 천리를 가는 '우보'를 멈추지 않는 한국콜마라면 능히 닿을 수 있는 곳이라는 걸 잘 알고 있다.

선비형 CEO와 책 읽는 콜마인

"리더의 분위기는 순식간에 전염된다."

퍼스트 다이렉트 은행의 창립자 마이크 해리스은 리더들은 부지불식간에 조직의 분위기를 망칠 수도, 띄울 수도 있는 위치에 있기 때문에 자신들이 어떻게 처신해야 하는지 곰곰이 생각해봐야 한다고 말했다.

그런 의미에서 '외유내강형 CEO', '선비형 CEO'로 꼽히는 윤동한 회장이 보여주는 삶 자체가 그대로 한국콜마의 경영문화를 일구는 바탕이 되고 있다.

60세가 넘은 나이에 늦깎이 경영학 박사학위를 딴 열정적인 태도, 점잖고 온후한 인상 등 전형적인 선비의 풍모를 갖춘 윤 회장은 늘 역사 공부에 심취해 관련 책자를 섭렵한다. 출장 때마다 박물관을 빼놓지 않고 들르며 골동품을 수집해 회의실에 작은 박물관을 만들고, 역사와 한자 등 다방면에서 해박한 지식도 자랑한다.

그는 본인이 성장한 원동력이 독서라는 지론을 펼 정도로 책을 아낀다. 그에게 독서란 하나의 '건강법'이자 스트레스를 이기는 '취미생활'이다.

고등학교 3학년 때 아버지 돌아가시는 바람에 역사학자의 꿈을 포기했던 윤 회장. 집안 형편을 위해서 상대를 가라는 담임교사의 권유로 대학을 갔던 윤 회장은 절친했던 친구가 미국 유학을 간 날 부러움과 자괴감에 내심 눈물을 흘렸다고 한다. 이후 자신의 갈 길이 뭘까 라는 생각에 사로잡혔던 윤 회장은 다독을 하면서 도움을 많이 받았다고 한다. 지금도 그는 일주일에 책 1권 이상은 꼭꼭 읽는다. 그러다 보니 1년에 300여 권을 사는 편이다. 출장을 가거나 등산을 갈 때 항상 제일 먼저 책을 챙긴다.

윤 대표에게는 소박한 꿈이 하나 있다. 은퇴 후 역사를 공부하는 것이다.

"대학에서 역사학을 전공한 후 일반인들에게 무료 역사 강의를 해주고 싶습니다. 생활 속에서 역사를 즐길 수 있도록 말이죠."

너털웃음을 지어보이는 윤 회장은 자신이 좋아하는 역사에 대한 지식과 열정을 콜마인과 적극적으로 공유하고 있다. 한국콜마는 신입사원 교육할 때 역사 탐방과 한국사 교육에 열성이다. 입사할 때 수습기간에 천자문 교육도 실시한다. 채용할 때 한국사능력검정 합격자를 우대하고 있다.

한국콜마의 사보 '콜마사랑'을 통해 역사 속 인물도 꾸준히 소개하고, 호사카 유지 세종대 교수 등 활발히 활동하고 있는 역사가들과 꾸준히 친분을 유지하면서 한국사 발전을 위해 기여할 부분은 없는지 등 늘 관심의 끈을 놓지 않고 있다.

지난 2005년 대학수학능력시험 필수과목에서 선택과목으로 바뀐 한국사를 수학능력시험 필수과목으로 지정하는데도 큰 역할을 했다. 2013년 서명운동을 적극 주도하고 있는 서경덕 성신여자대학교 교수를 수소문해 서명운동에 동참하고 후원한 것이다.

역사와 인문학을 사랑하는 CEO가 있는 회사답게 한국콜마 전 사업장에는 북카페가 있는데 이곳에는 자기계발서, 경영. 경제서 등 약

역사특강

7,000여 권의 책이 비치되어 있다. 지식을 공유하는 것만큼 값진 일이 없다는 것이 윤대표의 철칙이다. 결혼, 출산, 승진 등 기쁜 일을 맞은 직원들이 자발적으로 책을 기증하면서 책들이 점점 늘고 있는 추세이다.

이러한 '책 읽는 콜마인'은 기업문화로도 연결되어 KBS_{Kolmar Book School} 독서장려 프로그램을 운영하며, CEO부터 신입사원까지 '매달 1권 책읽기' 문화를 통해 매년 6권 이상의 독후감을 등록한다. 독후감을 제출하지 않은 경우 인사평가에 반영된다. 생산, 영업, 연구직 구분 없이 적용되며 회사에는 독후감을 평가하는 전담 직원이 따로 있을 정도다. 현재 2014년 말 기준으로 등록된 독후감상문은 총 2만여 건에 이른다.

쉼없이 진화하는 사람과 기업은 세대를 아우르는 힘을 갖게 된다. 혁신을 위해서는 끊임없이 독서를 해야 한다. 이것이 윤 회장의 믿음이다.

화장품은 이미지 산업이다. 이미지를 높인다는 것은 결국 어느 정도의 역사가 뒷받침돼야 가능한 일이다. 윤 회장과 콜마인들은 단시간에 세계의 중심으로 우뚝 서는 것을 원하지 않는다. 차근차근 우보천리의 정신으로 정신적 소양을 충분히 갖추는 콜마인들의 손끝에서 언젠가는 세계를 놀라게 할 美와 건강의 르네상스가 탄생될 것이라 확신한다.

아름답고 건강한 한류열풍

1964년 우리 화장품이 처음 외국에 선보인 시간에서 겨우 반세기만 지났을 정도로 국내 화장품 산업의 역사는 짧다.

그럼에도 불구하고 50여 년 만에 우리나라 기업들이 화장품의 품질을 세계적인 수준의 반석으로 올려놓은 힘은 순전히 뛰어난 인재들과 쉼 없는 R&D에서 나온 것이다.

하지만 안타깝게도 이제 내수 시장은 거의 포화상태가 되었다. 더군다나 국내 화장품 업체들이 성장 가도를 이어가면서 다른 대기업들도 화장품 업체 인수합병M&A을 통해 속속 화장품 시장에 뛰어들고 있어 신흥 격전지가 따로 없을 정도로 치열해졌다.

기업끼리의 특색 없는 '자가 복제' 역시 화장품 시장 상황을 열악하게 만드는 원인이 되고 있다. 브랜드 파워도 없고 유통망도 튼튼하지 못한 기업들이 히트상품만 따라 하려고 하니 시장에서 도태된다. 같은 아이템을 놓고 경쟁하는 국내 기업들은 내상을 감수해야 한다. 차별화? 거의 이뤄질 수가 없다.

그런 점에서 쉴 새 없이 신기술과 신소재로 세계가 감탄하는 상품들을 만들어 내고, 그 상품들이 각종 언론매체가 주최한 뷰티 어워드에서 랭킹 되는 모습을 보면 한국콜마가 얼마나 뼈를 깎는 노력을 철저히 하는 기업인지를 잘 알 수 있다.

한국콜마는 그뿐만 아니라 세계 곳곳으로 수출하며 made in Korea를 확산시키고 있다.

특히, 중국은 이제 세계의 굴뚝이 아니라 소비시장이 되고 있다. 지리적으로 한국과 가까운 중국은 한국의 준 내수 시장이나 다름없다. 한류 열풍까지 맞물려 성장세를 이어가는 중이다. 중국 화장품 시장 규모만 45조원이라 지금도 성장 가능성은 충분하다.

넘치는 중국 수요를 충당하기 위해 한국콜마는 준비작업도 대부분 마쳤다. 2007년 6월 설립된 베이징 콜마법인이 오는 7월이면 증축을 완료한다. 북경콜마는 중국 화장품 회사의 주문을 받아 현지 내수용 화장품을 생산·공급하는 역할을 맡고 있다. 진출 2년 만에 손익분기점을 넘겼다. 2008년 중국 베이징 경제개발 지구에 7000평 규모의 화장품 생산 공장에 완제품 생산라인도 구축했고 증축이 완료되면 생산캐파는 5배 증가, 1억200만 개를 생산하게 된다.

아시아 최대 규모의 세종시 화장품 생산 공장도 중국시장을 겨냥한 것이다. 한국콜마가 글로벌 시장 확대에 발 빠르게 대응하기 위해 설립한 세종시 공장의 생산 능력은 기존보다 3배 증가된 수준이다.

중국은 다른 나라의 기업에는 배타적이다. 군관민 모두가 자국 회사를 돕는 중국의 경계심을 덜어주기 위해 한국콜마는 경쟁이 아니라 '도와주는 비즈니스' 전략을 명확히 했다.

한국콜마는 중국에서 기술력은 공유하되 각 국민의 취향에 맞춰 현지화 전략을 펼치는 전략으로 거센 저항없이 점령할 수 있었다. 이제 중국시장에서도 한국콜마의 품질은 유명해졌다. 신제품 발표회에 전국 각지의 고객사가 몰려와 성황을 이룬다.

한국콜마는 현지 공장건립을 계기로 중국 화장품 회사들의 공장설립을 대행해주는 플랜트 수출 사업에도 적극 나서고 있다. 중국 현지 생산 공장을 한국형 화장품 공장의 모델하우스로 활용해 중국 전역에 10여 개 이상의 화장품 공장을 수출할 계획이다.

앞으로 화장품 ODM 분야가 과거처럼 크게 성장하기는 힘들 것으로 내다보고 있는 윤 회장은 화장품 사업에 주력하면서도 제약 사업 분야에서 새로운 성장 동력을 꾸준히 찾고 있다. 제약 사업 자체가 성장 가능성이 큰 데다 화장품 사업과 시너지를 일으킬 수 있다는 판단에서다.

윤 대표가 공을 들이고 있는 또 다른 사업 분야는 건강기능식품이다. 한국콜마는 2004년 1월 과학기술부 산하 한국원자력연구소와 국내 최초로 민·관 공동 출자 합작 벤처기업인 선바이오텍을 설립하고 건강기능식품 사업에 뛰어들었다. 이후 콜마비앤에이치로 사명을 변경, 건강기능식품 사업에 박차를 가하고 있다.

한국콜마는 아름답고 건강한 한류열풍을 이끌 최고의 콘텐츠로 '안티에이징'에 주목하고 있다. 고령화와 외모 중시 경향이 심화되면서 영원한 인류의 소망 '안티에이징'은 사회적 유행을 넘어 화두로 떠올랐다. 시장도 활황이다. 피부미용 개념이 화려한 치장에서 건강, 젊음을 추구하는 방향으로 변하고 있다. 제약부문과 병행하고 있는 한국 콜마의 강점이 한껏 발휘될 수 있을 분야로 내다보고 있다.

윤동한 회장은 '화장품', '의약품', '건강기능식품' 산업의 삼각형과 종래의 의식주 산업의 삼각형을 연계시켜 6각형 별 모양 구조의 산업 모형을 만들었다. 이들 산업을 단순제조업이 아닌 미래가 유망한 스타STAR 산업으로 이름 붙였다.

한국콜마는 중국을 비롯한 아시아권과 미주 시장, 남미시장 역으로 사업을 확대하여 이 스타 사업을 적극 육성할 계획이다. 이 한국콜마의 꿈을 실현시킬 가장 강력한 도구는 두말할 것 없이 바로 '기술'과 '사람'이다.

유기농 경영으로 성장한 자생력 강한 콜마인들이라면 세계 시장을 점령하는 최고의 첨병으로 활약할 수 있을 것이다. 세계 화장품업계에 유행 트렌드를 제시하고 리드하는 스타 기업으로서 역사에 영원히 빛날 한국콜마의 모습은 충분히 기대할 만하다. 왜냐하면 꿈(★)은 반드시 이루어지기 때문이다.

이 글은 한국형 인사조직 연구회 회원이신 '과학기술정책연구원 - 김선우 단장'께서 사례분석 보고서를 써주셨고 '한국콜마 - 인사팀 이성기 대리'께서 여기에 소개되는 글이 회사의 경영철학이나 제도가 본래 취지와 벗어나지 않도록 꼼꼼하게 체크해주신 글임을 밝히는 바이며 노고에 감사드립니다.

에필로그

.
.

　우리가 생각하는 '꿈의 직장'은 어떤 모습일까? 출근은 자기가 알아서 하고, 자부심을 가진 전문가로 성장할 수 있고, 조직의 비전에 자신의 꿈을 실을 수 있고, 일과 삶의 균형을 찾을 수 있고, 좀 놀면서 자율적으로 일해도 되고, 소통과 공감을 통해 매일 신나게 한바탕 웃을 수 있고, CEO를 사원들이 투표로 뽑고, 3만 원짜리 호텔식 식사를 삼시 세끼 먹어도 되고, 정년이나 해고가 없는 그런 회사… 참으로 여러 가지의 모습을 즐겁게 상상할 수 있을 것이다. 단언컨대 아마 대부분 구글이나 SAS, 미라이공업 등 세계적으로 유명한 회사를 떠올리며 그들의 제도와 시스템을 우리나라 회사에 대입해 볼 것이다.

　그런데 놀라운 반전이 발견되었다. 우리가 꿈꾸던 회사의 생생한 기업 모델이 대한민국에도 많다는 사실을 알고 전율할 수밖에 없었다. 게다가 오히려 대한민국이니까 가능할 수 있는, 새롭고 혁신적이고 따뜻한 사례들이 속속들이 나왔다.

　「한국형 인사조직연구회」 회원들이 3년간 직접 현장을 뛰면서 발굴한 20여 개의 소중한 현장 사례 중에서 선별한 9개사의 이야기들은 대한민국이 앞으로 저성장기조에서도 살아남을 수 있는 국가 생존전략 모델로 차용해도 손색이 없는 것들이다.

대한민국은 물적物的자원이 거의 빈한하다. 그나마 인적人的자원인 사람이 유일하기 때문에 그들이 창의적이고 열정적으로 도전해서 새로운 부가가치를 만들어내야 하는 현실이다. 현대인은 일부 자영업자들을 제외하고 대부분 기업이라는 조직에 속해서 조직을 통해 사회와 연결된다. 결국 기업이라는 조직에 속한 직원들이 신나고 즐거워야 창조와 열정과 도전이 열매를 맺을 수 있는 구조다.

그 열매를 오롯이 맛보려면? 그 전에 그 열매를 일구는 텃밭, 즉 기업이 지속성장을 하려면? 뭐니뭐니해도 직원이 우선 행복해야 한다. 행복한 젖소가 주는 우유가 양도 많고 영양도 더 좋은 것처럼 행복한 사람이 생산성도 높고, 적극적으로 문제도 해결할 수 있다.

행복한 사람이 성과를 더 내고, 기업 역시 더 성장하게 된다. 결국 행복한 사원이 주주를 행복하게 해주고, 세상의 행복총량을 늘리게 된다. 그렇다면 기업은 사원들이 행복하도록 도와주려는 철학과 정책, 전략과 방침을 수립하고 이를 CEO가 먼저 솔선해서 실천해야 한다. 말로는 직원 행복을 외치면서 실제로는 사람을 쓰고 버리는 일회용품으로 생각하는 경영자와 관리자는 세월호사고나 땅콩회항사건에서 보듯이 앞으로 맞이하는 시대에서는 큰코다칠 수 있다.

경쟁과 승자독식이 통했던 '소유'의 시대는 지났다. 협업과 공존이 필요한 '공유'의 시대를 맞아 어서 빨리 새로운 생각과 시스템을 탑재할 필요가 있다. 멀리가려면 함께 가야 한다. 혼자 북치고 장구치는 세상이 아니라, 서로 'Give & Give 정신'으로 도우며 살아가야 한다. 채용에서 퇴직까지의 인사제도, 복지후생 등이 사람을 행복하게 하도록 설계해야 한다. 시간과 공간, 그리고 시스템이 사람중심으로 짜

여겨야 한다.

"가치성, 관계성, 도전성, 전문성, 공정성, 신뢰성, 창조성, 자율성"

직원행복 경영을 좌우하는 8가지 키워드다. 사원이 행복하려면 첫 번째로 자신이 하고 있는 일이 즐거우면서 긍정적이고 기업이 정직과 헌신을 통해 사회에 의미 있는 '가치'를 창출해야 한다. 두 번째로 상사, 동료, 부하 등 구성원들이 배려와 나눔으로 소통하고 협업하며 관심과 배려를 통해 서로간의 '관계'가 좋아야 한다. 세 번째로는 혁신과 투자를 통해서 미래에도 지속적으로 성장하고 발전하도록 만드는 '도전' 정신이 충만해야 한다. 네 번째로는 인적자원개발을 통해 각자의 핵심역량을 육성하면서 열정을 가지고 몰입할 수 있는 '전문성'을 키워줄 수 있어야 한다. 다섯 번째로는 보상과 승진이 '공정'하고 자부심과 인정을 통해 조직에 감사할 수 있는 환경을 만들어야 한다. 여섯 번째로는 안전과 고용안정이라는 믿음을 통해서 가족과 직장생활이 균형을 이룰 수 있는 믿음과 '신뢰'가 있어야 한다. 일곱 번째로는 일에 대한 재미와 창의를 바탕으로 연구개발을 통해서 경쟁력을 갖출 수 있도록 지원을 하는 '창조성'이 있어야 한다. 여덟 번째로는 권한위양과 의사결정에 참여시키고 독서나 학습을 통해 자발적으로 자기계발을 할 수 있는 '자율성'을 부여해야 한다.

현장을 발로 뛰며 연구한 결과, 이 책에 수록된 기업들은 글로벌적 지속가능기업의 롤모델인 동시에 히든챔피언hidden champion으로서 손색없는 곳들이다. 연구회에서는 여기에 그치지 않고 지속적으로 사례를 발굴해나가는 동시에 한국형 모델을 만들어 갈 예정인데 이러한 경영사례들은 대한민국의 희망이며 우리의 미래상이다.

아울러 연구회의 기둥이 되어 이끌어주신 서울과학종합대학원 김일섭 총장님, 현장방문과 자료수집, 원고정리, 세미나 발표 등을 함께 해주신 「한국형 인사조직연구회」의 장상수 부회장, 그리고 회사 일로 바쁜데도 총무로서 열정으로 궂은 일을 도맡아 뛰어주신 홍석환 상무, 바쁜 와중에서도 사례연구를 맡아 수고해주신 류랑도 대표, 이준호 교수, 홍승재 실장, 박양근 교수, 장동익 대표, 김선화 박사, 홍석환 상무, 노부호 교수, 김남민 대표, 김환일 교수, 김선우 박사, 문수모 대표, 최영미 상무, 염동호 교수 등 회원 여러분의 헌신적인 노력에 진심으로 감사 드린다. 더구나 이 책이 나오기까지 기쁜 마음으로 책을 만들어 주신 권선복 대표님 이하 가족들과 이 글을 스토리텔링으로 이쁘게 다듬어주신 조정아 작가에게도 감사를 드린다.

끝으로 직원이 행복한 회사 사례는 더 많은 CEO나 경영자들에게 읽히고 현장에서 실행되기 위해서 찾아가는 최고위과정, 세미나개최는 물론 진단모델인 'K-Employee Happiness Index'도 개발하여 확신시킬 예정이다. 여기에 관심있는 분들의 조언과 적극 참여도 부탁드리는 바이다.

'가장 한국적인 것이 가장 세계적인 것이다.'

이 멋진 사례들이 대한민국뿐만 아니라 영어, 중국어, 일본어 등으로 번역되어 전세계로 확산되기를, 그래서 국가의 품격까지 높아지기를 기원해본다. 그리고 많은 기업들과 그들의 조직원들이 제대로 된 '행복'을 더 많이 누릴 수 있기를 바라 마지않는다.

'한국형 인사조직 연구회' 부회장 구건서

권선복(도서출판 행복에너지 대표이사,
대통령직속 지역발전위원회 문화복지 전문위원)

대한민국의 새로운 기업문화를 선도하다!

21세기 들어 기업경영의 풍속도가 급속히 변화하고 있습니다. 오직 성장과 성과에만 집착하던 현실에서 벗어나 직원의 행복을 위해, 직원을 중심으로 한 인본주의 경영 사례를 곳곳에서 확인할 수 있습니다. 책『직원이 행복한 회사』는 그 우수한 기업을 선정하여 면밀히 분석한 책입니다. 아마도 많은 독자 분들은 이 책을 읽으며 '정말 이렇게 직원들의 행복을 위해 최선을 다하는 기업들이 있구나.'라며 깜짝 놀라실 것입니다.

대표 저자이신 가재산 피플스그룹 회장은 삼성의 여러 계열사에서 25년간 다양한 분야를 거친 기업경영·인사관리 전문가입니다. 날카로운 혜안을 통해 대한민국 기업문화의 현재 흐름과 그 미래를 파악하고 오랜 연구와 현장 경험을 집약하여 책에 담아냈습니다. 그 노고와 열정에 큰 박수를 보내드립니다.

이 책이 대한민국의 새로운 기업문화를 선도하고 선진국 반열에 오를 발판을 마련하기를 염원합니다. 또한 모든 독자 분들의 삶에 행복과 긍정의 기운이 팡팡팡 샘솟기를 기원드립니다.